Entre
sœurs

Sophie Carquain
et Maryse Vaillant

Entre sœurs

Albin Michel

À ma petite sœur, Claudie

M. V.

À Anne et Véronique, la petite et la grande

S. C.

Introduction

Un inconscient collectif truffé de sœurs

Des sœurs qui se crêpent le chignon, se déchirent, roulent la plus jeune dans la boue et la cendre ; des jalouses qui manigancent pour faire échouer les noces de la plus belle, des « trios » qui s'associent pour accomplir de sombres forfaits… Les sœurs occupent une place de choix dans les contes et légendes. Notre inconscient collectif est truffé de sœurs, et cet inconscient n'est pas tiède… Les histoires de sœurs entre elles peuvent être teintées de sadisme, de haine, mais aussi de complicité, d'amour fou et d'entraide.

Oui, ce qui nous est apparu au départ de ce livre, c'est que les relations entre sœurs sont d'une subtilité et d'une complexité rares… Pour autant, curieusement, si le sujet a été abordé maintes fois dans les romans et dans les films, il n'a jamais été exploré dans un essai. Est-il si intime, si brûlant ? Serait-il tabou de parler de sa sœur ?

« Par sa beauté elle surpassait les autres… »

Dans les contes et légendes, un leitmotiv : une sœur, aussi belle que bonne, dépasse ses sœurs… Qu'elle soit dotée d'un ravissant petit pied (signe de vertu et de joliesse chez Cendrillon) ou d'une beauté plus qu'humaine, comme l'était Psyché dans la mythologie, elle sort du lot. N'est-ce pas une première trahison par rapport à la loyauté sororale ? Être plus belle, plus intelligente, bref, différente, se paie au prix fort dans les contes de fées ! Car on représente alors la figure de l'autre, proche et lointain à la fois, menace directe pour notre identité.

Livrée en pâture à la jalousie de ses semblables, la déloyale va jusqu'à se transformer en souillon pour survivre. Que ce soit dans *Cendrillon* de Perrault, dans *La Belle et la Bête* de Mme Leprince de Beaumont, ou *La Petite Sirène* d'Andersen, le thème du bouc émissaire parcourt les contes de fées, comme l'acmé de la rivalité sororale. Dans la mythologie, les mésaventures de Psyché sont également provoquées par la jalousie de ses sœurs aînées : en pénétrant dans le riche royaume où leur jeune et belle sœur célèbre ses noces avec Apollon, elles sont dévorées de jalousie et s'ingénient à semer le doute dans l'esprit de Psyché : son mari, qu'elle n'a pas le droit de regarder, n'est-il pas un monstre hideux ? La curieuse Psyché se lève alors en pleine nuit, allume sa lampe à huile et regarde dormir son époux. Surprise : c'est un magnifique adolescent ! Muette d'adoration, elle laisse malencontreusement tomber une goutte d'huile sur son bras. Apollon se réveille et s'enfuit. Elle passera sa vie à tenter de le rattraper, jusqu'aux enfers.

Ne nous méprenons pas : cette jalousie, comme l'analyse Bruno Bettelheim[1], est le déplacement des sentiments de rivalité qui agitent la petite fille face à sa mère, pendant la période œdipienne. Il est certes plus acceptable de détester sa sœur que sa mère… Cette rivalité, cette compétition effrénée qui se joue parfois entre les sœurs n'est-elle pas accentuée par le fait qu'elle nous est si proche ? Et cette proximité suscite de l'agacement, de l'irritation, de la colère ! La sulfureuse Catherine Breillat donne un bel aperçu de ce type d'exaspération qui peut aller jusqu'à la haine, dans *À ma sœur !* (2001). Elle y met en scène un couple tout à fait improbable de deux sœurs, l'une, Elena, 15 ans, très belle et mince, aux faux airs de Romy Schneider, l'autre, Anaïs, 12 ans, boulotte pas jolie : « Quand je te déteste, c'est comme si je détestais une partie de moi-même. C'est pour ça que je t'exècre si

1. *Psychanalyse des contes de fées*, Robert Laffont.

violemment ! » lance Anaïs. Et la grande de rétorquer : « Tu me mets plus en colère que n'importe qui d'autre. Je ne te pardonne rien car tu es ma sœur. » Suit une scène de gloussements complices et irrépressibles. Comme si entre sœurs l'on passait en un tournemain des vacheries aux fous rires.

L'une crache des rubis, l'autre des crapauds…

Quand les contes et les films mettent en scène un duo, les sœurs sont figées soit dans une relation fusionnelle « jusqu'à la mort », épousant deux frères, comme dans *Neigeblanche et Roserouge*, soit dans une opposition franche et marquée. L'une semble avoir raflé tous les prix de beauté et d'intelligence. L'autre semble éteinte. L'une est docile, comme Ismène, l'autre, vindicative, comme Antigone. Une chose est sûre : elles s'opposent souvent l'une à l'autre, comme s'il y avait la fille œdipienne, « fille à papa », toute douceur, et la « fille à maman », redoublant l'image maternelle, donc particulièrement menaçante.

Il en est ainsi dans *Cendrillon* : Perrault précise que la marâtre a « deux filles de son humeur, qui lui ressemblaient en toutes choses », tandis que Cendrillon, est « d'une douceur et d'une bonté sans exemple ». Et c'est encore plus marqué dans *Les Fées*. Une veuve, raconte Perrault, avait deux filles. « L'aînée lui ressemblait si fort d'humeur et de visage, que qui la voyait, voyait la mère. […] La cadette, qui était le vrai portrait de son père pour la douceur et pour l'honnêteté, était avec cela l'une des plus belles filles qu'on eût su voir. » Et Perrault de poursuivre : « Comme on aime naturellement son semblable, cette mère était folle de sa fille aînée et avait une aversion effroyable pour la cadette. » Nous verrons au fil des témoignages qui ponctuent cet ouvrage que la réalité dépasse, de loin, la fiction ! Fille à papa ? Fille à maman ? On ne pardonne pas à la « fille œdipienne » qui, comme dans *Les Fées*, se retrouve souvent soumise aux corvées domestiques. Le destin bascule quand elle rencontre une fée déguisée en vieille dame – la fameuse marraine-fée, défenseur des sœurs opprimées – qui la gratifie d'un don précieux : « À chaque parole que tu diras, tu cracheras des roses ou des rubis. » Chose faite : de retour à la maison, la jeune fille égrène des pierres précieuses à chaque parole. Loin d'en être contente, la mère n'a qu'une idée en tête : envoyer son aînée – sa vraie fille ? – à la fontaine pour qu'elle rapporte le même don. Mais la brutale revient, elle, en crachant des crapauds. Juste retour du destin...

La gentille et la méchante ? L'opposition se retrouve dans bon nombre de films contemporains, comme dans *Les Sœurs fâchées* d'Alexandra Leclère, dans lequel Martine, alias Isabelle Huppert, Parisienne glaciale, s'oppose à Louise, esthéticienne de province, la « gentille » de l'histoire ! Mais c'est surtout Woody Allen qui, à longueur de films, s'est illustré comme le cinéaste des sœurs. On se souvient du film *Alice* comme de la vie sans saveur d'une riche bourgeoise new-yorkaise qui voit sa vie changée par les herbes magiques de son acupuncteur chinois. On en oublierait presque le personnage, pourtant essentiel, de sa grande sœur, Dorothy, une intello de gauche choquée par la richesse de sa sœur... « Tu voulais être une sainte ! Et tu offres des animaux empaillés à tes enfants », lui lance Dorothy. Ce qu'elle lui reproche le plus, n'est-ce pas d'avoir trahi ses rêves d'enfance, donc leur passé commun ?

La sœur qui s'éloigne du modèle d'origine paie au prix fort cette trahison ultime comme la Petite Sirène, souffrant mille morts pour l'acquisition de ses jambes humaines, s'éloignant du destin en queue de poisson qui lui était réservé. Alice a, elle aussi, vendu une partie de son âme en épousant son riche avocat d'affaires : « Que puis-je faire pour gagner ton respect ? J'aimerais tant que nous soyons plus proches ! » supplie-t-elle. Mais il n'y a pas de rapprochement possible, semble-t-il, quand la jalousie y met du sien. À naissance égale, comment supporter que l'une soit plus favorisée par les fées ? C'est cette rivalité qui se fait jour dans tous les couples de sœurs. Et parfois même jusqu'à la mort : Antigone refusera que sa sœur Ismène partage son destin tragique mais glorieux. Il n'est pas sûr que cela soit par amour pour elle.

Trois sœurs : les « tria fata »

Si le thème des deux sœurs nous met sur la voie de l'opposition et de la théorie des vases communicants (l'une en pleine lumière, l'autre dans l'ombre), le mythe du trio est plus riche encore. De Tchekhov à Woody Allen, les trois sœurs sont un motif chargé de potentiel dramatique, le début d'un gynécée où viennent s'exacerber les passions et se distribuer les rôles.

La mythologie est truffée de ces trios de filles : les Heures étaient trois, de même que les Grâces ou les Grées, sœurs des Gorgones, qui se partagent un seul œil et une dent à elles trois. Même complémentarité de rôles dans le mythe des trois Parques qui, nous dit Hésiode, distribuent aux hommes dès l'instant de leur naissance tout le bonheur et le malheur que la vie leur réserve. La plus jeune, Clotho, la fileuse, déroule le fil de la vie, la cadette, Lachésis, l'installe sur la quenouille... Quant à l'aînée, Atropos l'inflexible, elle coupe le fil de la vie et donc décide de la fin des hommes, confirmant le rôle essentiel de la sœur aînée, la « grande sœur » dans l'autorisation à vivre et à mourir...

Cette grande sœur si parfaite...

À la tête d'un trio ou non, la sœur aînée occupe un rôle prépondérant dans nos contes. Très ambivalente, protectrice et maternante, elle est autoritaire jusqu'au harcèlement[1], faisant de l'ombre à ses sœurs, lesquelles, pour survivre, n'ont pas d'autre choix que de prendre le contrepied de cette aînée-modèle, s'installant dans un rôle de

1. Dans l'album *La Grande Sœur* (Didier jeunesse), l'auteur, Élisabeth Hanet, met en scène une aînée sadisante, qui s'amuse à effrayer la petite dans le noir, lui tend son pied au lieu de sa main... Jusqu'au jour où, ayant atteint l'âge de 6 ans, la petite se rebelle : « N'importe quoi ! J'ai plus peur ! » C'est alors que l'aînée se met à être terrorisée dans le noir. Et que, pour se rassurer, elles finissent par se donner la main. Un bel exemple de vases communicants !

junkies ou de paumées. Dans l'un de ses films les plus noirs, *Intérieurs*, Woody Allen met en scène Renata (alias Diane Keaton), femme de lettres renommée, torturée mais talentueuse, aînée de Joey, « petite souris » à lunettes, sans personnalité, mais pleine de ressentiment, ne trouvant pour survivre qu'à s'installer dans une opposition permanente à sa famille, refusant le remariage du père, contrairement à ses deux sœurs [1], et, surtout, se plaignant amèrement de sa sœur aînée. Car on récrimine beaucoup contre la sœur aînée, lui reprochant, comme à une mère, d'être dans sa tour d'ivoire, ou bien trop généreuse, trop douée, un modèle de perfection – récriminations également adressées à la grande sœur, dans *Hannah et ses sœurs*, par Holly et Lee, certes moins bien loties qu'elle.

Dans ce film, Woody Allen explore avec finesse les liens de dépendance entre Hannah et Holly sa cadette, ex-cocaïnomane. Hannah, dès la première scène, est toujours prête à subvenir aux besoins de sa sœur, dégaine son chéquier sans même ciller. Mais elle ne reçoit, pour tout remerciement, qu'une volée de bois vert digne d'une adolescente : « Tu n'as jamais cru en moi ! », « *You think I'm a looser* », pleurniche la cadette, au moment où elle s'apprête à embrasser la carrière de chanteuse. « Tu as le don de me couper les ailes. » Critiquée comme une maman bis à sa droite par la cadette, Hannah va aussi être mise à mal à sa gauche par la benjamine, Lee, la ravissante Lee aux yeux bleus et aux longs cheveux bouclés, qui s'offrira une aventure avec Eliott, le mari d'Hannah.

Coucheries croisées

La benjamine qui s'offre l'amant de sa grande sœur : le thème est moins vaudevillesque, mais tout aussi universel

1. La cadette, la « numéro 2 », semble bien occuper une place de rebelle dans le trio. Dans le mythe des trois Grâces, l'aînée et la benjamine regardent dans la même direction. La Grâce « du milieu », elle, regarde dans la direction opposée.

que l'amant dans le placard ! La mythologie est riche de ces amants partagés, comme dans l'histoire des Pléiades, sept sœurs qui se sont partagé Zeus et Poséidon... Plus près de nous, le fameux *Sexe, mensonges et vidéo*, de Steven Soderbergh (1989), démarre sur le même thème, Cynthia, la sœur cadette, très délurée et *hot*, s'offrant sans vergogne une aventure avec le mari de sa sœur aînée (la douce Ann, alias Andie Mac Dowell). Comme si l'aînée devait toujours craindre la benjamine... Cette crainte n'illustre-t-elle pas au fond l'angoisse de toute femme d'être détrônée par une plus jeune ?

Reste à savoir si l'aînée est innocente dans l'affaire... Dans le film de Woody Allen, Hannah joue les marieuses, jetant sa sœur Holly dans les bras de son ex-mari, et louant sans cesse la benjamine !

Parfois, la perversité va beaucoup plus loin, quand l'une oblige l'autre à la regarder faire tapisserie et même faire l'amour. Dans le film de Catherine Breillat, quand Elena, du haut de ses 15 ans, accueille son premier fiancé dans leur chambre commune, en cachette des parents, elle assène sur un ton menaçant à sa petite sœur : « Tu dors. Tu vois rien, t'entends rien », tout en sachant pertinemment que la cadette, allongée à l'autre bout de la chambre, ne pourra bien évidemment pas fermer l'œil de la nuit. De fait, juste après avoir filmé les préliminaires au plus près, la caméra se déporte sur le visage curieux et affolé de la petite Anaïs. Et l'on comprend alors que c'est elle qui voit, à travers nos yeux – elle, qui écarquille les yeux derrière ses doigts écartés, comme font les enfants, désireux de voir sans regarder ; la petite sœur qui souffre, aime, pleure pour sa sœur. On ne peut alors s'empêcher de penser au couple des deux sœurs, Catherine et Marie-Hélène Breillat, l'une (Marie-Hélène) bien plus jolie que l'autre, devenue quant à elle réalisatrice, donc « voyeuse ». Avec un an d'écart seulement, ont-elles partagé le même amant, sur le plan fantasmatique du moins ? Devrions-nous décidément évoquer un « complexe des Pléiades » aux côtés de l'Œdipe ?

Anne ma sœur Anne...

Pourtant, les sœurs ne font pas que se jouer des sales tours ! Comme nous le verrons, elles peuvent merveilleusement s'entendre, se rappeler leur enfance dorée comme on déguste une petite madeleine, à la manière de Hannah et ses sœurs, gloussant dans la cuisine en pensant à leur mère alcoolique. Ces formidables crises de fous rires font le sel de la bonne entente sororale. Anny Duperey le soulignait elle-même : « Il n'y a qu'avec ma sœur Patricia que l'on se regarde ainsi. On pique un fou rire, on ne peut s'arrêter. L'enfance n'est jamais loin... »

C'est aussi la sœur qui vient nous secourir. Quand elle est à deux doigts de mourir, la Petite Sirène voit arriver, sur l'onde, la cohorte de ses sœurs, « terriblement pâles, privées de leur belle chevelure » : elles ont vendu leurs cheveux (comme Fantine, la mère de Cosette, le fera pour sa fille dans *Les Misérables*) : « Nous avons donné nos cheveux à la sorcière, lui racontent-elles, pour qu'elle te sauve de ta mort. » Ce sont donc les sœurs qui, en dernier recours, « assurent », ce sont elles qui sauvent, financent les projets, jouant les mères Noël. Ce sont elles qui voient venir le malheur, l'avenir, et aident à tracer notre propre chemin. Quand on est perdu, il est rare, semble-t-il, qu'une amie soit aussi efficace qu'une « sœur de sang ». Au moment où elle sent la mort approcher et le couteau de Barbe-Bleue pointer sous sa gorge, c'est sa sœur que la jeune femme de Barbe-Bleue implore. Et c'est elle qui la sauvera des griffes du monstre.

Récits d'aujourd'hui, histoires de toujours

Les quinze témoignages qui suivent ont été sélectionnés pour leur intensité, leur force dramatique. Histoires de fusion, de passion, de rivalités... Leurs excès dévoilent nos retenues, leurs cris nos oublis, leurs verdeurs nos refoulements. La passion qui les habite, et a hanté nos nuits d'enfance, couve encore dans nos craintes et nos angoisses, pour surgir parfois même au cours d'une crise.

Certes, toutes les sœurs ne sont pas des harpies ou des anges gardiens pour leurs sœurs, toutes les relations entre sœurs ne sont pas virulentes ou passionnées. Certaines sont même parvenues à pacifier leur lien avec le temps. Mais, nous le savons bien, les gens heureux n'ont pas d'histoires à raconter. Il nous fallait, pour approcher au plus près la subtilité de ce lien entre sœurs, et analyser toutes les facettes de cette relation, écouter les haines, les rivalités, les relations d'emprise, les sentiments de culpabilité… Il nous fallait plonger dans l'excès de ces histoires extraordinaires pour saisir la subtilité de ce lien unique. Les récits que nous avons analysés ont la puissance des mythes d'hier. Leur parole est dense, parfois douloureuse, toujours passionnante. Écoutons-les nous dire ce que nous avons parfois du mal à entendre.

Sophie Carquain

I

MA SŒUR, MA RIVALE

Constance, 47 ans, avocate

« Nous étions trois rivales »

Les cheveux sont très courts, très noirs. Constance a le regard encadré par des montures noires à strass, derrière lesquelles elle abrite un fragile et joli regard vert. Elle est drapée dans son long manteau noir, une écharpe vert amande ficelée autour du cou comme une adolescente camouflée : « J'aime le noir, cette non-couleur qui efface les corps. Je ne m'aime pas, souffle-t-elle avec un ravissant sourire. Aujourd'hui encore, à 47 ans, je fuis tous les miroirs ! Peut-être parce que j'aurais aimé y voir Anne-Claire, ma petite sœur... »

Celle du milieu

Je suis la sœur du milieu, coincée entre Soizic, treize mois de plus que moi, et Anne-Claire, six ans de moins. Quand elle est née, Anne-Claire était déjà le plus adorable des bébés. Je me souviens du jour où mes parents l'ont ramenée de la maternité : un vrai « petit soleil », comme je l'ai entendu alors... Plus tard, elle s'est transformée en une ravissante rousse au teint pâle, aux jambes très fines. Ah ! ces jambes... Elles faisaient la fierté de mon père, qui ne cessait d'en parler : les mollets longs et musclés, la peau soyeuse... Avec ces jambes-là, ma sœur était promise à un brillant avenir car, aux yeux de mon père, lui-même officier, les grandes blondes épousaient des officiers, alors que les « petits tonneaux » n'avaient droit qu'à un mariage médiocre.

Un jour, il m'a lancé : « Le point fort de ta sœur, ce sont ses jambes. Ton point fort à toi ? C'est ton sourire. » N'est-ce pas ce que l'on dit aux laideronnes, pour essayer de leur remonter le moral ? Ce regard paternel torpillait ma confiance en moi et en mon corps, moi qui étais lourdaude, affublée de « lunettes Sécurité sociale », comme on les appelait alors. Il y avait de quoi vous interdire d'emblée l'accès à la séduction ! D'autant que ma mère tressait mes cheveux en deux nattes serrées le long des tempes, qui faisaient ressortir mes grosses joues... Elle aussi était en admiration devant ma sœur. Elle lui disait, en la coiffant : « Quelle jolie concertiste tu feras ! » Ma mère ne pensait qu'à la musique. C'était une femme intransigeante, inflexible. Une protestante qui nourrissait une obsession : nous voir toutes les trois devenir de grandes musiciennes.

Comme si Anne-Claire donnait le *la*, maman nous a inscrites au conservatoire à ses 4 ans. J'avais 10 ans, ma sœur aînée 11, et, pour rattraper tout le retard, nous prenions 6 heures de cours par jour. Nous allions au conservatoire et nous nous faisions « coacher » à la maison par un professeur particulier. J'ai montré, je dois le dire, quelques dispositions pour l'instrument, alors qu'Anne-Claire n'était pas très douée.

C'est moi qui cartonnais

À l'école aussi, c'est moi qui cartonnais. Quand vous êtes une gamine sans charme, il vous faut compenser, être drôle, décrocher les meilleures places. À 6 ans, ma sœur commençait déjà à récolter des remarques sur sa conduite : assez lente, pas très bonne... Ma mère a décidé de la retirer de l'école et de lui donner elle-même des cours particuliers ! Bref, elle l'a mise « sous cloche ». Anne-Claire était d'autant plus sous son emprise qu'à ce moment-là, papa est parti. Alors tout est parti en vrille. Ma sœur, ligotée à ma mère, n'avait plus aucun libre arbitre. Je ne l'enviais plus, car je comprenais, du haut de mes 15 ans, qu'Anne-Claire était passée du statut de favorite à celui de sacrifiée.

De mon côté, j'étais toujours la petite grosse qui a fini par décrocher son bac à 16 ans avec les félicitations du jury! Après ce succès, j'ai fui cette mère omnipotente, cette sœur qui me crachait ma laideur en plein visage. Je suis montée de Nancy à Paris pour tenter le conservatoire, j'y suis entrée... et Paris m'a sauvée! Alors que ma sœur continuait à porter des jupes bleu marine et des corsages, comme on disait alors, je me suis inventé mon style. Un jour, j'ai poussé la porte d'un magasin, parce que j'avais vu un jean Gaultier en vitrine. La vendeuse m'a sorti un petit haut Issey Miyake, une paire de bottes, un pantalon Yamamoto: « Ce que vous dégagez pourra être mis en valeur par des créateurs. » Cette femme était merveilleuse, un vrai substitut maternel.

« Avec le physique qu'elle a! »

J'ai commencé à faire des conquêtes. Au conservatoire, j'ai rencontré mon premier flirt, un type assez beau, de bonne famille. Un jour, dans la maison familiale où je rentrais tous les week-ends, j'ai entendu le rire de mon père: « Avec le physique qu'elle a, disait-il à ma mère, la pauvre, elle doit se raconter des histoires! En tout cas, si c'est vrai, il vaut mieux qu'elle ne lui présente pas Anne-Claire, il tomberait fou amoureux d'elle. » Je m'en souviens comme si c'était hier. J'étais sonnée...

Pour ce qui est de l'entente entre sœurs, on nous a savonné la planche! On nous a obligées toutes les trois à faire de la musique jusqu'à l'écœurement. On nous a mises en compétition. N'était-il pas logique que nous devenions rivales y compris sur le plan physique?

J'ai abandonné la musique

Moi qui étais la plus douée, j'ai brutalement décidé de ne plus toucher à un instrument. C'était il y a quatorze ans. Après avoir eu deux filles, j'ai accouché d'un fils – mon premier garçon! Le premier de notre famille. Mais le sort s'est acharné contre moi: à 18 mois, il a été atteint d'une tumeur au cerveau. Ma mère ayant elle aussi perdu deux garçons, il y avait là quelque chose de la répétition familiale. Comme si seules les sœurs survivaient, comme si nous étions condamnées à n'avoir que des filles…

Pendant la maladie de mon fils, Anne-Claire m'a beaucoup aidée, me téléphonant souvent, comme « apaisée » par mon retour de fortune. Nos relations se sont améliorées. Mais après sa mort, puis celle de ma mère, qui a suivi d'assez près, tout a été à nouveau chamboulé. Au cours de ces épreuves terribles, vous naissez à nouveau à vous-même. Libérée du désir maternel, qui avait fabriqué trois clones musiciennes, les trois Grâces, j'ai décidé de suivre mon rêve d'enfant en devenant avocate.

Je suis la Mère Noël

Je n'ai plus aucune nouvelle d'Anne-Claire. Je sais, par Soizic, qu'après la mort de notre mère, elle a consulté un psy qui, apparemment, lui a conseillé de prendre du large avec ses sœurs. Aucune visite, aucun coup de fil.

Aujourd'hui, je suis toujours le vilain petit canard – brune dans une couvée de sœurs rousses –, mais un canard qui s'est métamorphosé. En m'éloignant du modèle maternel, je me suis épanouie. Devenues professeurs de musique, mes deux sœurs ont exaucé le désir de notre mère. Mais comme elles se sont laissé porter par un autre désir que le leur, elles piétinent. Elles tirent le diable par la queue. J'aide financièrement Soizic, après avoir entendu quelques remarques du genre : « Tu mets ta fille dans cette école privée ? Tu as de la chance. Je n'ai pas les moyens. » J'ai pris l'habitude d'envoyer un chèque tous les mois pour la cantine, comme si le fait de me désolidariser du désir maternel m'avait fait changer de statut : je n'étais plus « fille de », j'étais en position de « mère symbolique ». La Mère Noël, c'était moi ! Soizic ne m'a jamais remerciée. Une fois, une seule, j'ai failli à ma mission : j'ai oublié le chèque. J'ai reçu un petit mot de réclamation par la poste…

Mes filles Clotilde et Lison

J'ai fait très attention à la manière dont j'ai élevé mes filles, Clotilde, 23 ans, et Lison, 17 ans. J'ai pris l'exact contre-pied du modèle maternel ! Je respecte le plus possible leur singularité. Elles ont des tempéraments opposés : Clotilde est introvertie, Lison extravertie. Avec Lison, nous parlons mode, éducation, politique... La complicité est totale. Devant Clotilde, je suis très admirative – comme on l'est devant quelqu'un qui nous est moins proche. Clotilde a eu le courage de partir seule poursuivre ses études de psychologie à New York, ce que je trouve admirable. Toutes les deux ont beau être extrêmement différentes, elles ont choisi la même voie, psychologue pour l'une, infirmière puéricultrice pour l'autre. Elles ont une vraie complicité : elles se téléphonent et, quand Clotilde est à la maison, elles vont au café, en discothèque, elles se voient sans moi. Elles sont très complices, ce qui me réjouit plus que vous ne pouvez l'imaginer. C'est leur vie de sœurs, différentes, autonomes, loin du regard de la mère. Tout le contraire de ce que nous étions, emberlificotées l'une dans l'autre, soumises à la loi du modèle unique, comme des poupées russes.

Le jeu cruel des comparaisons

La toise paternelle

Sophie Carquain : Commençons par la question de la rivalité physique entre sœurs : d'où peut-elle provenir ?

Maryse Vaillant : Dans ce témoignage, le regard du père étalonne, hiérarchise, il pointe les différences et les apprécie, ce qui provoque la rivalité entre les sœurs, par comparaison imposée. Celui de la mère paraît vouloir unifier, abolir ces différences, les soumettre à une norme commune, un projet unique. D'où une nouvelle rivalité, par comparaison induite. Dans les deux cas, le désir des parents s'impose aux filles avec la force d'une injonction – désir de perfection physique ou musicale, mise en scène d'un idéal à atteindre.

Cette situation est douloureuse mais assez classique. Les parents exposent leurs filles, sans aucun ménagement, à la force des rêves et des projets qu'ils ont conçus pour elles. En général, les enfants reçoivent de plein fouet les désirs parentaux, que ceux-ci soient exprimés ou latents. Ils les devinent et cherchent à les satisfaire. Autrement dit, beaucoup des rivalités entre sœurs sont préparées, voire souhaitées par les parents, que ceux-ci en soient conscients ou non – par leur désir profond, enfoui, qui appartient à leurs histoires personnelles, familiales et infantiles.

Ici, le père marque ses filles de son regard. Il nomme la féminité de l'une et le manque de séduction de l'autre. Il érige la beauté au rang des valeurs morales, mais son critère esthétique réside dans ce qu'il aime, dans ce qui le séduit chez une femme, et il en fait un gage de réussite pour ses propres filles ! En attribuant à une de ses filles le label « jolies jambes » alors qu'il donne à l'autre celui de « joli sourire » – vécu par cette dernière comme un lot de consolation –, le père impose son choix et les objectifs à atteindre pour lui plaire. Il est l'arbitre de la féminité et des élégances dans une maison de femmes où il règne en maître. C'est lui qui détient les clés du pouvoir de séduction des filles. Très tôt, il fait la différence entre celle qui aura le bon goût d'être belle, selon son goût à lui, et celle qui échouera dans cette tâche.

Vous voyez comment le regard d'un homme fait de ces fillettes des femmes. Et de ces sœurs des rivales. Cette rivalité tout œdipienne, fréquente pendant l'enfance, tend à s'atténuer lorsque les sœurs grandissent et sortent de l'œdipe, chacune au gré de sa propre maturation. La relation au père mûrit, se nuance. L'adolescence venant, les filles prennent de la distance avec celui qui a été l'arbitre de leur féminité. Il n'est pas rare toutefois que les avis du père en matière d'esthétique féminine et plus généralement sa conception même de la féminité restent des critères absolus pour l'une ou l'autre de ses filles, plus fidèle que ses sœurs à ses amours infantiles.

La mère ne peut-elle pas compenser les diktats paternels ?

En réagissant en *homme*, le père a posé les critères nécessaires pour lui plaire et pour réussir dans la vie. La mère va nommer le domaine où cette réussite devra s'exercer : la musique. Elle crée les conditions d'épanouissement de cette rivalité en projetant un rêve pour trois, les concerts. Toutes trois peuvent s'y essayer ; seule la dernière – la plus belle – devra réussir.

Il y a de la place pour elles trois à condition qu'elles acceptent de se hiérarchiser. C'est ainsi que Constance commence le violon à 10 ans, en même temps que sa jeune sœur de 4 ans. Sa réussite dans ce domaine n'était pas prévue. Ses dons n'étaient pas attendus. N'ayant pas l'heur de plaire au père en étant jolie, elle n'aurait pas dû être douée. Cette transgression ne lui sera pas pardonnée. Alors que le père était l'arbitre de la séduction, la mère est l'arbitre de la destinée professionnelle des fillettes. Il les a faites femmes, elle fera d'elles des artistes. Mais le père part, laissant la mère régner sans partage sur les filles, marquées par lui, mais sans repères. Son départ laisse la fille préférée sans autre regard que celui de sa mère. Elle ne pourra donc se soustraire à l'emprise maternelle. Et y étouffera. En revanche, la séparation de ses parents permet à Constance de s'échapper. Sa joliesse n'étant pas sa prison, elle peut s'envoler. Emportant avec elle, pour toujours, l'aveuglement parental sur ses propres talents. Et un violon dont elle finira par se séparer à la mort de sa mère. Comme si elle n'avait même plus besoin d'être douée pour exister et imposer son existence aux autres. Elle se sépare de ce qu'elle aime à un moment de grande fragilité pour elle – elle vient de perdre son fils –, dans un geste de libération qui est aussi une vraie mutilation. Comme s'il lui fallait payer d'elle-même pour se libérer de sa famille.

Ainsi en est-il de bien des familles apparemment soudées, resserrées sur un projet commun. L'étau est parfois si ajusté qu'il n'offre aucun espace de liberté psychique à celle qui voudrait s'en dégager. Il lui faut s'en arracher pour exister. Et la distance ne fait rien à l'affaire. Un véritable travail thérapeutique est alors nécessaire pour qu'elle puisse trouver sa place, son air, sa distance, se séparer de sa famille, de sa fratrie, de ses sœurs, sans devoir s'amputer d'une partie d'elle-même.

La force du projet maternel

En voulant la même chose pour toutes ses filles, la mère poursuivait un rêve personnel ?

Nous ne connaissons pas les raisons intimes qui poussent une mère à vouloir la réussite de ses filles dans la musique ou dans un autre domaine. C'est toute l'histoire d'une vie, inscrite dans la généalogie d'une famille ! Nous ne pouvons que constater combien ce désir violent peut être prenant pour les intéressées. Certaines s'y retrouvent et découvrent leur vocation, d'autres, même très douées, ont besoin de s'en libérer pour vivre leur vie. Car si le désir d'un parent dynamise un enfant, en lui donnant des objectifs et souvent des moyens, il peut aussi le stériliser. Pour s'approprier le projet maternel, dans la musique comme dans tout autre domaine, la jeune fille doit pouvoir en faire un projet personnel. L'extraire du rêve de sa mère pour en faire son propre rêve. C'est ce qui se serait produit si Constance avait pu développer ses propres dons musicaux et que ses parents les lui aient reconnus.

Il n'est pas toujours facile de devenir l'enfant de ses parents. Ni la fille de son père ni celle de sa mère. Se confronter à leurs rêves, et trouver le sien, accepter leur héritage et réussir à devenir soi-même, se libérer pour s'affilier, c'est l'aventure d'une vie. Une aventure difficile, houleuse, qui requiert tout un travail psychique. L'adolescence permet de l'initier et chaque crise de la vie peut lui donner un nouvel élan, mais il n'est pas rare qu'il faille également un accompagnement thérapeutique. C'est parfois le prix à payer pour oser être soi-même.

Comment le départ du père a-t-il influencé les relations entre les sœurs ?

En partant, le père a rompu le pacte, non seulement avec son épouse, mais aussi avec le projet parental d'excellence qui pesait sur ses filles et qui animait la vie des sœurs. La mère prend alors une importance démesurée.

Un projet maternel commun crée une stimulation chez ses filles. C'est tonique. Du moins tant que la liberté est laissée à chacune d'elles de trouver sa propre voie. Sinon, elles sont enfermées dans la compétition, dans la lutte pour être celle qui réjouit le mieux sa mère. Au plan fantasmatique, c'est très intense, surtout après le départ du père. Aux filles de compenser l'absence, de combler le manque créé par le vide. Leur succès devrait dédommager leur mère de la perte subie.

Et c'est de là que Constance tient sa chance. Bien qu'étant la plus douée, elle n'est pas la plus chérie, sa charge réparatrice sera donc moins lourde et elle pourra oser partir. C'est la chance des *moins* aimées lorsqu'elles n'ont pas été trop *mal*-aimées.

Les enfants préférés – tout comme les enfants rejetés – sont souvent prisonniers de l'attention qu'on leur porte ou de celle qu'ils recherchent. Pour quitter sa famille, il faut être autorisé à le faire, être libre de s'éloigner ou alors s'arracher, se faire violence. Abandonner soit l'amour dont on dispose à profusion – ce qui est une forme de prison –, soit l'amour qu'on attend encore et qu'on attendra toujours.

Constance n'attend rien de sa famille, elle peut partir. Cette liberté factuelle n'est pas une vraie autonomie psychique, car elle part mais souffre encore. Elle n'est pas quitte de ce qui lui manque encore et qu'elle attend, si ce n'est de sa mère, du moins de la vie. Mais justement, comme elle l'attend de la vie, elle ne l'attend que d'elle-même. Et elle sait qu'elle devra se battre. L'existence répare mal les blessures d'enfance. Elle ne soigne pas ce qui est à vif. Elle ne sait qu'offrir des occasions de répétition et des opportunités de changement.

Pacte et trahisons

En partant, Constance trahit ses sœurs et sa mère ?

En partant, elle trahit le pacte implicite qui les liait toutes quatre au père et à leur mode de vie esthétiquement et culturellement correct ! La vie qu'a menée Constance en quittant sa famille et sa province signifiait à ses sœurs et à sa mère qu'elle n'avait pas besoin d'elles pour vivre. Qu'elle pouvait inventer son style de vie, son style à elle. Le domaine où cette liberté s'est exprimée est celui de l'élégance, des vêtements, de la féminité – un domaine où le père, même parti, régnait encore. Créer son style, s'autoriser d'autres élégances que celles que le père aurait trouvées de bon ton, c'est nier l'importance de la culture familiale, transgresser le cadre culturel de la famille. Une telle trahison ne se pardonne pas.

Pour pouvoir vivre sa propre existence, il lui a fallu également s'amputer de la musique, là où elle excellait, mais qui la soumettait au registre maternel. Ce fut à l'occasion d'une tragédie personnelle alors que la rivalité entre sœurs s'était estompée.

Faut-il un drame pour que les rivalités s'estompent ?

En fuyant sa province, ses codes et son style, Constance a fait un choix personnel. Toutefois, pour ses sœurs qui restaient, son départ signifiait un rejet. Constance parisienne et élégante était un défi intolérable. Puisqu'elle était libre, elle aurait dû être moche et docile. Sa réussite était insupportable.

Mais lorsque le drame la frappe, il la montre vulnérable. Il la touche là où elle ne peut être forte, ni libre, ni originale, ni différente. Elle est comme toutes les femmes. Pour ses sœurs, elle redevient accessible. Elle a rejoint le rang des mères. Il n'est plus question de rivalité, juste d'un partage de douleur.

Il arrive que des rivalités entre filles s'estompent lorsqu'une sœur traverse une maladie, un deuil, un grand drame. Chacune ressent la violence de la souffrance éprouvée par sa sœur, même si celle-ci s'est éloignée. Ce n'est pas toujours le cas, car le malheur peut réactiver les compétitions imaginaires, pour savoir qui sera le plus atteint. Même l'horreur peut être l'objet de compétitions ! Les tragédies familiales peuvent également réveiller le sadisme enfoui sous la compassion et faire revivre d'atroces sentiments d'envie et de rivalité.

Toutefois, la plupart du temps, lorsqu'une sœur, même enviée ou jalousée, est atteinte par un coup du sort, les autres peuvent chercher à la consoler. Il leur serait impossible de partager sa joie ou son succès, il leur est possible de partager sa peine. Les relations familiales sont ainsi faites qu'il est plus facile de plaindre un frère ou une sœur que de l'envier.

Plaindre et se plaindre

Pourquoi pensez-vous que la plainte soit plus aisée ?

Les relations entre la plainte et l'envie sont au cœur des relations fraternelles. Et ce n'est pas différent selon les genres. Entre sœurs, comme entre frères, la plainte et l'envie sont les sentiments habituels de l'enfance partagée. C'est ce qui domine bien des fratries confrontées à l'œdipe. Un seul père et une seule mère à partager. Autrement dit, la plainte et l'envie parlent d'amour blessé, de frustrations affectives. On se plaint de ceux qu'on envie, pour éviter de pointer ce qu'on voudrait leur prendre, et l'on plaint ceux qu'on suppose nous envier, pour marquer ce qui leur fait défaut.

Constance avait deux filles, elle aurait pu mettre au monde une troisième fille et se trouver ainsi dans la même position que sa mère. Ses sœurs y étaient probablement attentives. En mettant au monde un garçon, elle met en danger l'équilibre fantasmatique familial. L'envie peut alors se réveiller avec violence. En perdant son fils, elle rassure tout le monde. Le destin l'a remise à sa place, cruellement. On peut la plaindre. Son drame ne fait de l'ombre à personne. Bien au contraire, il la fait rentrer dans le rang.

Il en est bien souvent ainsi entre sœurs, celle que les autres plaignent est celle qui ne les met pas en danger, qui ne leur fait pas concurrence. Celle dont elles se plaignent est celle qui obtient ce que les autres désirent, celle qui fait naître l'envie.

Il est fréquent que les femmes se plaignent de leurs sœurs. Pourquoi un tel ressentiment ?

Les plaintes apparaissent souvent dans les discours *sur* les sœurs. Comme si la sœur jalouse, envieuse ou cruelle était l'image négative qui troublait les souvenirs d'enfance, une figure absorbant toutes les récriminations et amertumes d'un passé où l'amour parental ne semblait jamais totalement équitable. Si l'enfance n'est pas le vert paradis de la justice et de la tendresse, c'est qu'un mauvais objet s'y est glissé. Une figure de soi-même ? Un substitut parental édulcoré ? Autrement dit, une sœur, trublion maléfique de ce qui aurait été parfait sans elle.

On voit bien le travail psychique qui opère dans ces reconstructions. La sœur est dans de nombreuses situations une gêneuse, une empêcheuse d'amour, une ombre dans un tableau que la nostalgie des souvenirs aurait voulu irréprochable. Elle est également l'alter ego gênant, sorte de sosie ou de clone qui ne devrait jamais avoir ce qui nous fait défaut. Les plaintes et les critiques sororales portent la marque de l'envie, de la jalousie, du désir, et de bien d'autres figures du manque, cet inestimable trésor à partager en famille.

Devenues adultes, il n'est pas rare que des sœurs revisitent leur enfance en cherchant ce qui a dérapé, ce qui est la cause de leur vie actuelle où les promesses de leurs premiers exploits sont rarement tenues. Une coupable est alors souvent désignée, la sœur, l'autre, la même différente, celle qui a fait dérailler le rêve du bel avenir promis. Comme toute sœur peut accuser l'autre de lui avoir volé son avenir, les querelles entre sœurs prennent parfois de belles proportions. Comme si la sœur, en prenant sa part d'amour, était la cause du ratage des vies, de l'impuissance des femmes aux déceptions des mères. Comme si la sœur dont on se plaint ou qu'on envie représentait le prototype de la femme haïe, celle qui empêche de se réaliser pleinement.

Pouvoir maternel, pouvoir féminin

La naissance d'un fils peut faire naître l'envie ?

Dans les histoires de femmes, et en particulier lorsque celles-ci sont invitées à parler de leurs sœurs ou de leur mère, les hommes sont rarement évoqués, les fils également. Leur absence du récit ne dit rien de leur insignifiance, bien au contraire. Le père est un des éléments clés, même à travers son absence. Quant à la place du fils, elle est fondamentale dans la vie de toute femme. Le sien ou celui de sa sœur. Car fantasmatiquement le fils est un signe de pouvoir, de supériorité. La sœur qui met au monde un garçon domine psychiquement ses sœurs en donnant un héritier mâle à la lignée de son mari comme à la sienne. Dans une fratrie exclusivement féminine, la première sœur qui met au monde un garçon fait mieux que sa mère.

La transmission de l'héritage par la féminité, par la maternité, est un élément puissant de l'imaginaire familial, rarement évoqué spontanément. Aucune sœur ne reconnaît facilement qu'elle a jalousé sa sœur à la naissance de son neveu. Rares sont celles qui en ont conscience. Il s'agit d'un fonds culturel patriarcal vieux comme le monde patriarcal lui-même, et lié à la transmission du patronyme par les hommes. La naissance du premier fils dans une fratrie de filles peut d'ailleurs faire l'objet d'une sorte de compétition inconsciente chez les sœurs au regard d'une attente implicite de la part de la génération précédente.

Les dons d'argent sont alors autant des signes de solidarité que des prises de pouvoir ?

L'argent donné est toujours un cadeau complexe, surtout en famille, surtout dans une relation censée être horizontale comme la relation sororale. Celle qui donne s'attribue une place singulière, forte, elle prend le pouvoir, celui de donner. Un pouvoir primordial dans une fratrie, car il fait sortir de la relation égalitaire.

Épanouie, sortie de l'emprise familiale, Constance voit ses sœurs de loin. Leur donner de l'argent, c'est en partie les dédommager d'être restées en enfance, dépendantes, inhibées, autrement dit manifester ainsi une forme de supériorité. C'est également se faire pardonner d'avoir pris une autre route, les rétribuer en quelque sorte, compenser ses propres choix par des dons. Ce faisant, ses cadeaux marquent sa distance, la confirment. Le cadeau sépare autant qu'il relie. Il établit une hiérarchie entre celui qui donne et celui qui reçoit.

C'est souvent inconscient, mais la générosité n'est jamais gratuite. Donner, c'est être fort, puissant, c'est dominer. La sœur qui donne à sa sœur sort de la symétrie factice de la relation sororale pour s'essayer à la hiérarchie parentale, dans le rôle de mère ou de père selon la destination de l'argent. Payer pour la cantine peut relayer les fonctions nourricières et éducatives de la mère, pour les vêtements les valeurs esthétiques du père. Quant à financer les études – dépasser dons physiques ou talents musicaux –, cela peut s'apparenter à un don parental mêlant les priorités paternelles et maternelles et les rendant caduques.

L'argent étant le symbole le plus labile qui soit, son très large spectre peut tout représenter et tout augurer, l'autonomie comme la servitude, la dette ou le don. Les aides financières entre sœurs peuvent ainsi autant favoriser l'emprise que la libération. Une plasticité qui renvoie à la multiplicité des rôles et des fonctions qu'une sœur peut avoir pour ses sœurs.

Juliette, 45 ans, architecte et peintre

« Elle était la préférée »

Un sourire. Un soleil. C'est ce que l'on voit d'abord de Juliette, avec ses yeux pétillants, son teint hâlé, sa pointe d'accent méridional. Juliette peint des portraits, des portraits de femmes, et plus particulièrement des visages de filles des îles. Sa mère ? « Non, plutôt ma sœur. » Une autre histoire de vilain petit canard...

L'enfant idéal

Née trois ans après ma sœur aînée, Ariane, j'ai toujours été « la seconde », la vilaine, celle qui rate tout. Il faut dire que mes parents ont été gratifiés dès le départ de l'enfant idéal, Ariane, ravissante brune aux longs cheveux brillants, petit nez retroussé, yeux légèrement fendus sur les tempes, sourire éclatant. Comme elle était jolie ! Elle fut ravissante pendant toute son enfance, une petite poupée Corolle avec un style asiatique.

Objectif braqué sur elle

Aujourd'hui encore, quand j'ouvre les albums de photos de notre enfance, je suis époustouflée par elle. Ariane le jour de la rentrée des classes, en ciré rose à capuche, Ariane jouant au ballon, avec deux couettes, Ariane prenant la pose, avec sa raquette de tennis, pendant les vacances à

La Baule. L'objectif était braqué sur elle. Je rôdais à ses côtés, comme la petite ramasseuse de balles.

J'ai traversé mon enfance avec ce sentiment douloureux de ne jamais lui être arrivée à la cheville – ce sentiment épuisant de vouloir rattraper une grande sœur que les fées ont beaucoup trop gâtée au-dessus du berceau.

Je me suis souvent demandé pourquoi mes parents m'avaient conçue, alors… Pour lui donner une compagne de jeux ? Pour ne pas la laisser seule ? Ariane et moi avons, du reste, assez peu joué ensemble. Je n'ai en souvenir qu'un jeu : l'une devait incarner Fantômette, l'autre la regarder. Ariane était toujours Fantômette, et moi, toujours Françoise… Il m'est arrivé de la détester, mais aujourd'hui je le sais bien : Ariane était victime elle aussi de l'adoration de nos parents.

Non contente d'être ravissante et d'attirer tous les regards, Ariane était brillante à l'école. Avec mon manque de confiance en moi, bien sûr, j'étais une cancre finie. « Pourquoi tu n'y arrives pas ? » me demandait ma mère. « Ariane, elle, y arrive. Regarde, ça n'est pas si compliqué ! » Peut-être à cause des exigences parentales, de la compétition à laquelle elle était implicitement soumise, elle était assez nerveuse, elle mangeait assez peu, elle a recommencé à faire pipi au lit. Quant à moi, je ne m'autorisais ni à faire pipi au lit, ni à être nerveuse ou anorexique. J'étais la bonne grosse qui bouffait bien ses biberons, ses coquillettes au fromage, qui ne mouftait pas, qui n'appelait pas sa mère la nuit… Et vous savez pourquoi ? J'étais sur le mode « veille », alors qu'elle, elle existait à pleins tubes !

Plus on vous aime, plus vous existez… Plus vous existez, plus vous brillez, donc plus on vous aime. Ariane était confortablement installée dans ce cercle vertueux et moi, je m'embourbais dans le cercle vicieux. Plus elle brillait, plus je m'enfonçais dans mon trou de souris. Alors, je devenais maladroite, je bégayais pendant les déjeuners de famille et je rapportais de sales notes à la maison.

À 12 ans, pourtant, j'ai eu ma petite heure de gloire : je fus la première à porter un soutien-gorge ! Ma sœur, à 15 ans, était ultra-plate, bien moins avancée que moi. Aujourd'hui encore, elle se souvient de mon premier soutien-gorge vert amande. C'est la première fois, je crois, qu'elle m'a enviée : j'avais des seins et pas elle. Dans la rue, les garçons ont commencé à se retourner sur moi. Cet état de grâce a duré deux ans et a été, je dois dire, un super-démarrage dans la séduction. Et puis, à 14 ans, je me suis mise à souffrir de crises de boulimie. J'étais ronde, je portais des minijupes en faux cuir rouge, des collants de couleur, des chaussures à talons compensés. Pendant ce temps, Ariane arborait tous les codes discrets de la bourgeoisie, jean blanc, ballerines plates... Ma petite parenthèse d'enfant prodige n'aura duré que deux ans !

Loin d'elle, j'ai respiré

Quand j'ai eu 17 ans, ma sœur m'a proposé que nous partagions un studio à Paris. J'ai refusé. C'était justement le moment pour moi de quitter la maison et d'essayer enfin de me débarrasser de son ombre étouffante. Je suis entrée en terminale dans un internat cannois pour gosses de riches. Si je n'étais pas partie, à ce moment précis, je pense que je serais morte. Délinquante ou droguée.

Loin d'elle, j'ai enfin respiré. Comme une plante que l'on aurait rempotée ou placée dans un meilleur environnement, sous un soleil direct. Ça y était, j'y étais : je pénétrais dans ce fameux cercle vertueux. Je me souviens très bien, aux Arts déco, du premier « regard d'amour » posé sur moi. J'avais peaufiné un projet pour un film d'animation et je l'exposais devant la classe. Le prof m'a hélée après mon exposé : « Vous avez un talent créatif inouï. Vous savez que vous devriez peindre ? Ou faire de la bande dessinée ? » Ce prof me rappelle celui dont Daniel Pennac parle dans *Chagrin d'école*, qui sort le petit Daniel de sa médiocrité, en exigeant qu'il écrive un roman « sans fautes d'orthographe, pour élever le niveau de la critique ». C'est important, un prof admiratif, ça peut vous sauver de la mort, quand vos parents sont en admiration devant vos frères et sœurs... C'était la première fois qu'on soulignait un talent qu'Ariane n'avait pas ! Je réalisai alors que ma sœur n'avait pas « bouffé » tous les dons.

Tous les enfants sont talentueux, disait Dolto. Mais le talent éclôt grâce au regard qui vous porte. Je n'ai cessé ensuite de prendre confiance en moi. Et je me suis lancée dans le dessin. Un de ces week-ends où j'étais rentrée chez mes parents, il a bien fallu que je parle à Ariane, que je lui raconte cette enfance empoisonnée par son ombre majestueuse. Elle a eu l'air de tomber des nues ! « Non. Tu fantasmes, a-t-elle dit. Ça n'est pas vrai, je ne suis pas la préférée. » Elle l'a vraiment mal pris. Et puis, quelques jours après, elle m'a téléphoné : « Je pense que tu as raison. Crois bien que ça ne me fait pas plaisir. Je vais tout faire pour que ça change. » Mais qui peut changer cela ?

Quand je suis devenue architecte, j'ai montré à ma mère ma première carte de visite professionnelle. Elle a jeté un coup d'œil et a lancé : « Architecte : c'est un métier qui aurait tellement convenu à ta sœur ! »

Le bouquet

Mes deux filles, Hélène et Noémie, ont trois ans d'écart... comme Ariane et moi. Inutile de préciser combien je suis vigilante sur toute suspicion de favoritisme. Quand Noémie est née, je lui ai présenté sa sœur : « Regarde comme vous êtes différentes. Mais regarde comme vous êtes jolies toutes les deux ! » Je n'avais pas peur de la jalousie de l'aînée ; je craignais plutôt que la cadette ne se fasse pas suffisamment écouter !

Quand je sens que cette injustice rejaillit sur mes filles, je deviens une vraie tigresse. Toutes mes colères d'enfant s'expriment quand elles sont concernées. Un jour, nous avions rendez-vous pour déjeuner chez mes parents, ma sœur Ariane, mes deux filles et moi. Nous nous sommes arrêtées en route pour acheter un bouquet de roses. Nous avons sonné à la porte – ma sœur était déjà là. Noémie, les yeux brillants, portait le bouquet. Quand ma mère nous a ouvert la porte, elle a embrassé Noémie puis contemplé le bouquet en grimaçant : « Mais je n'ai plus de place ! Ariane a déjà apporté un beau bouquet qui occupe tout le vase. Où vais-je le mettre ? » Ce jour-là, en voyant le sourire de Noémie qui s'effritait, mon cœur s'est retourné. J'ai attrapé le bouquet, je l'ai fourré dans la poubelle de la cuisine, en lui lançant : « Tiens, il a trouvé sa place. » Ma mère s'est confondue en excuses, mais c'était trop tard.

Les vases communicants

Je crois très fort, dans les relations entre sœurs, à cette théorie des vases communicants : je vais bien ? Ma sœur va moins bien. Je brille ? Elle est dans l'ombre. Elle reprend des forces ? Je m'enfonce... Comme s'il n'y avait, au fond, qu'une place pour une fille ! Aujourd'hui, c'est moi qui suis dans la lumière. Ma sœur, toujours aussi belle, est divorcée ; secrétaire de direction, elle enchaîne les petits boulots et les mecs de passage. Mes parents, je crois, sont fiers de moi. Mais ma mère, curieusement, est toujours très agressive à mon égard, comme si mon succès la mettait en danger. J'ai bien évidemment cherché à en savoir un peu plus, en faisant un petit tour sur le divan. J'ai compris que mon père et ma mère avaient été des aînés, et eux-mêmes, également, des préférés. Ma mère s'est-elle totalement projetée dans la destinée d'Ariane ?

Je fais tout pour « rompre » avec cette notion de préférence. Quand mes filles étaient petites, je parlais énormément de la cadette, Noémie, qui m'a toujours ressemblé : « Tu sais ce que Noémie a réussi à faire ? », « Noémie m'épate, avec son sens de la repartie... » J'ai continué ainsi jusqu'au jour où ma sœur elle-même a tiré la sonnette d'alarme : « J'ai l'impression que tu parles beaucoup de Noémie. Attention à Hélène. » Depuis, je fais très attention.

Mes filles me soignent aussi de la douleur de n'avoir pas été la préférée. Le jour où, contemplant les albums de famille, je disais, pour la énième fois, qu'Ariane était ravissante, Hélène s'est énervée : « Maman, tu étais très jolie aussi, regarde-toi ! » Mes filles, ça les rend furieuses. Les choses s'arrangent petit à petit avec Ariane. Car il y a quelque chose de plus fort que la rivalité : c'est l'humour que nous partageons. Cette complicité, qui s'est affinée au fil des ans, est pour moi la quintessence d'une relation entre sœurs.

L'été, quand nous nous retrouvons en vacances, il nous arrive de nous regarder et de rire comme des tordues pendant dix minutes, une vraie crise de fou rire sans raison ! On n'a pas notre pareille pour dire des petites méchancetés sur les autres. Mais l'humour nous sert surtout à désamorcer une scène qui se prépare. Quand Ariane, au hasard d'une discussion téléphonique, me lance, incidemment : « Comme maman m'a dit au téléphone hier », je reçois toujours un coup au cœur. Je lance d'une voix éperdue : « Ah bon ? Maman t'a téléphoné hier ? » Alors, elle part de son éclat de rire : « Tu ne vas pas recommencer, avec ton syndrome du vilain petit canard ! » Et nous rions toutes les deux.

De temps en temps, je « me titille » un peu. Je fais ce que j'appelle des « tests affectifs régressifs ». Je téléphone à maman, je lui propose de venir à un rendez-vous, elle refuse, prétextant la fatigue. Mais quand ma sœur l'appelle, elle ne se pose aucune question : elle arrive, elle court à bride abattue ! Je crois qu'elle la rejoindrait au bout du monde, même épuisée et handicapée, et que c'est au-delà de toute rationalité.

Quand maman veut appeler ses enfants, c'est d'abord Ariane. Et puis, Ariane est aussi placée en premier dans la liste mail. À 40 ans passés, vous voyez, je suis encore la comptable mesquine de ces petites différences. Et puis, après avoir senti les piques de la jalousie, je me mets à rationaliser : « Si Ariane est numéro un dans l'ordre alphabétique, c'est normal. Si je passe après, c'est normal : je suis à la lettre J ! »

Alors, pour couper court à la souffrance, je me rappelle que ma famille est ailleurs. J'attrape mon pinceau, je regarde mon chevalet, et la beauté du monde vient m'envahir. Je peins des visages de femmes qui ne sont ni moi, ni elle, mais peut-être un peu des deux : la fille idéale, et la sœur rêvée.

La préférence parentale

La moins aimée des deux

Sophie Carquain : Peut-on se sortir de la blessure de n'avoir pas été la préférée ?

Maryse Vaillant : Ne pas être la préférée, c'est ne pas être celle qui est aimée *plus*, mais c'est surtout être celle qui est aimée *moins*. Moins aimée, donc pas assez aimée, mal-aimée. Dans l'algèbre cruelle de l'amour, qui *peut* le plus *doit* le plus. Et, pour l'enfant, le parent pouvant tout, il lui doit tout. Les amours familiales confrontent les subtiles nuances de l'amour parental à la massivité de l'attente infantile. La moindre différence peut creuser un grand écart. Et les grands écarts sont cause de vraies souffrances.

C'est comme dans l'histoire de l'institutrice qui se vantait de ne jamais punir un enfant, mais qui ne les embrassait *pas tous*. On punit un enfant en le privant de ce qu'on donne à d'autres, surtout si c'est de l'attention, de la reconnaissance, autrement dit de l'amour. Or, dans toute famille, il existe des privilèges et des injustices. Véniels ou gravissimes, ils sont fréquents, bien que rarement reconnus. La plupart du temps, les parents n'en ont même pas conscience. Ainsi sont avantagés les fils par rapport aux filles, une aînée ou un cadet par rapport au reste de la fratrie. Les préférences tiennent à l'histoire secrète de chaque parent, aux circonstances entourant la gestation ou la naissance de chaque enfant. Le prénom donné peut porter à lui seul la charge d'une sorte d'identification secrète, parfois inconsciente, qui voue tel enfant à un parent aimé, décédé, à un amour d'enfance oublié, à une cause abandonnée, un rêve mort. Chaque enfant naît et prend sa place dans un contexte différent. Complexe. Heureux et malheureux. Tous arrivent dans une vie déjà pleine d'émotions, de soucis. Ils succèdent à des deuils, des déménagements, des ruptures, etc. Le contexte de la naissance est déjà une forme d'héritage. Autrement dit, privilèges et préférences sont souvent liés à l'histoire des parents plus qu'aux enfants eux-mêmes. Ces derniers vont toutefois s'en attribuer les mérites ou les torts.

Juliette dit qu'il n'y avait pas de place pour deux dans l'amour de ses parents.

La cruauté de certaines amours familiales ne fait aucun doute. Pour des raisons qui leur échappent le plus souvent, certains parents s'interdisent d'aimer un de leurs enfants. Que représente-t-il pour eux ? Trop de différence, trop de proximité ? Ce qui est certain, c'est l'effet de cercle vicieux. L'enfant aimé sera toujours plus aimable que l'enfant rejeté, il aura confiance en son intelligence et en ses capacités d'amour. Il réussira mieux. Dans un premier temps.

Ces banalités montrent comment l'amour construit un enfant. Et comment le manque d'amour et de reconnaissance le mine. L'enfant mal-aimé devra lutter pour voir son existence reconnue et si rien de ce qu'il fait ne trouve grâce aux yeux de ses parents, il devra inventer sa vie. C'est alors que le cercle vicieux peut s'inverser et devenir un vrai cercle vertueux. Si les carences affectives ne sont pas trop précoces ou trop profondes, en grandissant, l'enfant mal-aimé va rechercher des moyens personnels pour enjoliver son monde, pour échapper à la brutalité de son sort. Il peut ainsi arriver à créer les processus psychiques et réussir les conditions physiques qui lui permettront d'avoir une vie meilleure. Par la force de son imagination, de son désir, il utilisera ce que la vie mettra sur son chemin pour s'extraire de son triste sort. Les processus réparateurs se substituant aux schémas dépressifs, il construira sa vie. À travers la souffrance, avec elle, et peut-être grâce à elle.

Pourquoi cette souffrance ?

Psychiquement, l'enfant est au centre du monde, c'est une nécessité structurelle pour lui ; il a toute son enfance pour comprendre que les autres sont comme lui. Le monde a plusieurs centres qui, tous, se croient et se sentent uniques. En attendant, l'enfant s'attend à être le préféré. Et d'une certaine manière, il faut bien qu'il le soit. Pour grandir et s'épanouir, un enfant a besoin de sentir que l'amour parental ne lui est pas compté. Il ne peut supposer qu'on veuille lui en donner moins qu'à un autre. Quand cela se produit, c'est pour lui une carence. L'amour manque là où il devrait être.

Lorsqu'un enfant a le sentiment d'arriver toujours après son frère ou sa sœur dans les préoccupations parentales et surtout maternelles pendant les jeunes années, quand il a l'impression d'être toujours dans l'ombre, de ne pas compter, de ne pas être aimé, il grandit avec une piètre estime de lui-même, mais surtout avec la conviction d'être aussi peu aimable qu'il est aimé. Aucun enfant ne peut penser que ses parents se trompent. Là où va leur amour, sont les qualités des enfants. Là où vont leurs reproches, leurs défauts.

Ainsi, entre sœurs, la préférée sera toujours considérée comme meilleure par ses sœurs, dans tous les domaines où l'avis des parents comptera. Si elle est proclamée jolie, c'est qu'elle l'est. Si elle est aimée et cajolée pour cela, c'est qu'elle le mérite. Si elle est admirée, c'est qu'elle est admirable. Il n'y a pas à discuter. Juste à souffrir en silence pendant les années d'enfance, en attendant que les choses se modifient à l'occasion de l'adolescence. Grande période de mutation et de bouleversement de tout l'équilibre familial, la puberté fait changer les filles, et les parents également. La relation entre les sœurs s'en trouve transformée, parfois consolidée, souvent explosée, car les opinions et les préférences parentales sont vigoureusement remises en question…

À genre égal, chances égales ?

Quel effet la préférence parentale peut avoir sur des sœurs ?

L'amour parental est ainsi fait qu'il détruit ceux qu'il privilégie comme ceux qu'il oublie. La préférence peut jeter la zizanie entre deux sœurs, voire deux jumelles, et rendre la différence de traitement encore plus amère. Celle qui se voit rejetée peut vivement souffrir du moindre petit écart entre ce qu'on donne à sœur et qu'on ne lui donne pas, même si on ne la prive de rien d'autre. L'essentiel peut être garanti, c'est le superflu qui fera la différence.

Dans un premier temps, l'élue plus tendrement portée, cajolée, stimulée, sera rayonnante. Elle progressera, devient charmante, la peau plus lumineuse, les cheveux plus doux. En classe, elle sera vive, réussira. Se fera aimer. Mais il n'est pas rare que l'aventure tourne mal pour elle. Celle qui déclenche une véritable passion chez l'un de ses parents doit supporter autant le poids de cette exclusivité que celui de la jalousie, voire de l'envie de celles qui pourraient prétendre aux mêmes attentions, ses sœurs.

La relation qui s'établit entre les sœurs pose une sorte d'équation d'égalité, comme si la justice voulait qu'à genre égal correspondent des chances égales. C'est ainsi que certaines sœurs supportent mieux la préférence qui se porte sur un frère que celle qui va choisir l'une d'elles. L'envie et la jalousie peuvent alors prendre des proportions dévastatrices. Et ainsi, la plus chérie se voyant attaquée de toute part finit par perdre un peu de sa superbe. Surtout si elle se doit de tenir un rôle de support maternel, payant le prix fort pour l'amour qui lui est donné apparemment sans compter. La mère attend le retour sur investissement. La fille élue ne sera jamais libre de sa dette.

D'autres exemples nous montrent au contraire la fille malaimée se consacrer sans hésitation à sa mère que la vieillesse ne rend pourtant pas plus aimante. Dans un élan quasi sacrificiel, parfois aux dépens de sa liberté, de ses amours, de sa vie personnelle, elle se dévoue aux soins maternels, en attendant l'amour qui lui a été compté lorsqu'elle était petite et qu'elle est bien la seule à croire venir un jour.

Une sœur plus grande, plus belle, c'est stérilisant ou stimulant ?

La grande précède l'autre et lui montre le chemin. Elle peut être pour elle un modèle ou un repoussoir. Inaccessible mais toujours visée, si elle est celle qui attire tous les regards, elle n'est jamais quittée des yeux par la petite. Jaugée, jugée, admirée ou critiquée, elle est partie prenante du microcosme narcissique de sa jeune sœur. Elle en est le centre, le point lumineux vers lequel tout conflue. Là où se concentre le regard des parents, convergent tous les autres regards.

Lorsque la fille aînée est ainsi reconnue par ses parents comme fille *réussie*, belle et merveilleuse, elle contient en elle-même l'avènement de la satisfaction parentale. Elle exauce les vœux du père comme ceux de la mère. Point d'acmé de la jouissance maternelle, elle est la féminité promise, la féminité transmise. La féminité réussie.

En conséquence, celle qui reste dans l'ombre peut alors se vivre comme fille *ratée*. Aucun de ses dons n'étant chanté ne sera enchanté. Elle risque alors de s'inhiber, de rogner elle-même ses propres ailes, pour ne pas risquer de se mesurer à la merveille ni de troubler la jouissance maternelle. Jusqu'au jour où elle décidera de prendre son avenir en main et de ne plus dépendre de la considération parentale pour réussir sa propre vie.

Les injustices de l'amour parental

Pourquoi préfère-t-on tel ou tel de ses enfants, une fille à une autre fille ?

L'amour parental n'est pas plus juste que les autres amours. Avant de découvrir son enfant, on l'attend, on le rêve. On lui prête déjà des qualités et des défauts. Il incarne espoirs et craintes. C'est ainsi que bien des enfants préférés le sont bien avant que de naître. Chaque grossesse, chaque naissance, s'inscrit dans un tableau inconscient complexe. Les blessures infantiles des deux parents sont réactivées par leurs expériences actuelles. Relation complexe avec la mère de la mère, rapports tendus du père avec son père, tensions dans le couple, histoires d'amours passées, toute la charge culturelle de la famille pèse sur l'enfant à naître. Et il n'est pas indifférent qu'on attende une fille ou un garçon.

Il est assez fréquent qu'une mère se reconnaisse dans l'une de ses filles et la charge de tous les défauts qu'elle se reproche à elle-même. Ce mouvement inconscient peut varier en fonction du panorama psychique de la mère, de son enfance, de sa propre mère. Ainsi peut-elle doter une de ses filles des qualités qu'elle attribuait à une sœur admirée, à un père absent ou à une mère adorée. Il n'est pas rare qu'une mère identifie à son insu chacune de ses filles à un personnage marquant de son enfance ou de son histoire familiale. Différentes modalités de féminité, d'intelligence ou de séduction, plus ou moins assumées par la mère, se verront ainsi dédoublées et réparties, par projection, dans la palette féminine de la fratrie. Chaque fille recevra sa part. Les projections maternelles la dotant de dons et de tares dont la mère n'a pas conscience, elle développera ses potentiels ou les inhibera pour ressembler à l'image qu'on attend d'elle. C'est ainsi qu'éclatent bien des guerres féminines à partir de la puberté des filles de la maison, la puissance de l'emprise maternelle et du projet parental explosant sous la crise et la révolte des adolescentes qui cherchent à exister par elles-mêmes et à se dégager des assignations de l'enfance.

Les parents ne peuvent-ils pas tenter d'aimer tous leurs enfants de la même manière ?

Accepter de reconnaître qu'aucun amour n'est pur, que tout sentiment peut être ambivalent, que l'amour des parents est lourd de l'histoire familiale, en grande partie inconsciente, ce n'est pas prendre son parti de l'injustice et des préférences éhontées. Car la justice et l'égalité, dans la famille comme ailleurs, ne sont pas des données de la nature mais des volontés et des actes délibérément assumés. Ainsi les parents se doivent-ils d'élever leurs enfants en s'efforçant de leur donner à tous les mêmes chances, les mêmes droits, les mêmes attentions, y compris au niveau affectif, ce qu'ils font d'ailleurs, en général ; s'ils n'aiment pas tous leurs enfants de la même manière, ils ne vont pas jusqu'à priver l'un d'eux de l'amour ou de l'éducation qu'ils accordent aux autres.

En seraient-ils conscients qu'ils tenteraient d'y remédier, si ce n'est par affection ou souci d'équité, du moins par narcissisme parental. Personne n'aime reconnaître ses faiblesses et ses erreurs, mêmes violemment induites par une force inconsciente. La volonté d'équilibre affectif peut ainsi pousser certains parents à vouloir compenser leurs mouvements naturels, ce qui donne alors lieu à de bien singuliers retournements de situation. Tel enfant spontanément chéri peut ainsi se voir apparemment délaissé par une mère soucieuse d'équité qui va reporter ses attentions sur un autre de ses enfants, en particulier celui vers qui elle se sent moins attirée.

Le mécanisme de compensation qui va lui faire investir l'enfant le moins aimé est une réponse forte au sentiment de culpabilité qui peut accompagner certaines préférences maternelles. Ainsi en est-il parfois des exigences qui pèsent sur les filles. L'investissement éducatif des mères n'est pas toujours proportionnel à l'amour éprouvé. Bien des sœurs de frères en témoignent.

Pour rééquilibrer les choses, il est essentiel que le père et la mère partagent la prise en charge quotidienne des gestes et des missions éducatives. C'est là, au jour le jour, dans la répartition et l'infinie répétition des tâches domestiques comme dans le flot des petites attentions et l'attribution des grands privilèges, que vont se jouer les préférences, naturelles et supportables si elles sont bien réparties, et les injustices, insupportables pour tous les enfants.

Tous les parents ont des préférés

Qui sont les enfants préférés ?

L'amour est un sentiment déraisonnable et aveugle. Ou plutôt sensible à des lumières et des figures en provenance de l'inconscient, qui toujours guide la flèche d'Éros. L'amour parental vibre selon des scénarios fantasmatiques enfouis qui dépendent de l'histoire familiale et personnelle de chacun, précèdent la naissance de l'enfant et n'ont pas grand-chose à voir avec ses charmes et ses talents. C'est souvent d'ailleurs parce qu'il est préféré que l'enfant chéri devient charmant et doué, et non le contraire.

Classiquement, l'aîné(e) survient dans un couple parental débutant, qu'il inaugure. On dit qu'il est l'enfant de l'amour et peut être tendrement aimé pour cela. Il peut être aussi l'enfant du mariage, celui qui a précipité les choses, voire qui les a imposées. Il peut être celui qui a forcé à se constituer un couple qui n'avait pas prévu de le devenir. Une certaine amertume peut alors se mêler au lait maternel. Le second peut être l'enfant de la confirmation du couple, celui qui vient réparer les erreurs commises avec l'aîné. Il existe également des enfants « de rattrapage » pour tenter de consolider des unions fragiles, des enfants de la dernière chance pour défier l'horloge biologique... Chacune de ces missions inconscientes colore la tendresse parentale et nuance l'affection qu'on voudrait égalitaire.

Les filles aînées ont un rôle difficile ?

L'aîné constitue le couple parental. Il transforme des amants en parents. Dans le meilleur des cas, l'apprentissage réciproque de la famille permet aux parents et à leur premier-né de se découvrir sans trop de dégâts. Lorsqu'il s'agit d'une fille, les ardeurs éducatives des parents sont vives. Surtout celles de la mère qui connaît ou croit connaître les questions éducatives au féminin. Elle peut alors exercer sur sa première-née tout son savoir sans beaucoup de recul.

Avant que les déceptions n'émoussent ces illusions pédagogiques familiales, l'aînée a le temps d'apprendre bien des injustices. Elle connaît avant les autres les fragilités des parents, leurs velléités, leurs ratages secrets. Souvent, cette lucidité ne lui sera pas pardonnée. On exigera d'elle longtemps bien plus que ce que l'on demandera aux autres enfants et même aux autres filles.

Il arrive également que les cadets réveillent chez leurs parents des sentiments affectueux que les aînés étaient loin d'avoir déclenchés. Certains parents s'éveillent à l'amour assez tard. Les aînés écopent. Les cadets profitent d'une situation améliorée. Fille ou garçon, reconnaissons que le petit dernier a souvent un statut plus facile que celui de ses aînés.

Mais la passion parentale peut se déclencher à l'occasion de la naissance de tout enfant. Le coup de foudre existe entre une mère et son bébé, dès la maternité, ou entre un père et sa fille, dès les premiers rots. Il suffit d'un regard et le parent voit dans le miroir du petit le reflet d'un fantasme qui lui tient à cœur et auquel il tiendra toute sa vie. Au grand dam de ses autres enfants qui souffrent de ce qu'ils ressentent comme une injustice fondamentale.

Comment s'intériorise cette préférence chez celle qui en souffre ?

Juliette nous fait découvrir ce qu'il en est dans la vie de deux sœurs lorsque l'aînée est aimée, choyée, adorée aux dépens de sa cadette. La préférée brille, resplendit, réussit. Elle correspond à ce qu'on attend d'elle. L'enfant qui suit n'a d'autre choix que de rester dans l'ombre où elle s'étiole. La plupart du temps, elle va intérioriser la différence, y adhérer, la faire sienne. Impossible de remettre en question le consensus familial. Il en est bien souvent ainsi : la réputation donnée à un enfant transforme le regard de tous, le sien compris.

C'est l'effet narcissisant de l'amour parental et surtout maternel. Il fait briller les enfants élus et ternit ceux qu'il oublie. La fille que le regard parental n'enchante pas aura plus de mal à avoir confiance en elle et dans la vie. Il lui faudra du temps pour découvrir les trésors dont elle dispose, sa féminité, son intelligence, sa valeur. Si les parents sont injustes, eux qui représentent la protection des enfants et la promesse de l'avenir, alors le monde et l'avenir le sont également. Cette conception du monde peut pousser la mal-aimée soit vers le désespoir et la rancune dépressive, agressive, soit vers la création. Car la création, seule, peut réparer le monde que les préférences parentales ont abîmé.

Dépasser les blessures d'amour

Chaque sœur naît pourtant avec une personnalité propre ?

Impossible de détricoter l'inné de l'acquis. L'enfant naît avec des potentiels innés, qui lui sont propres, mais qui ont besoin de se développer. Ce qui entoure sa naissance et ses jeunes années va être primordial. Comme le sont toutes les années de la vie. Personne n'est fini à sa naissance ni ne peut être défini par elle.

Pour un psychologue, la question est de savoir comment un enfant peut développer son propre potentiel dans l'espace fantasmatique parental. Tout enfant est pensé avant que de penser lui-même, il est aimé avant que d'aimer, et parlé avant que de pouvoir le faire. Aucun enfant ne naît dans le vide, sa naissance ne s'inscrit jamais sur une page blanche. Nous l'avons déjà dit, elle survient dans une histoire complexe, faite d'attachements et de peurs, de défaites et d'espoirs. Sur cette trame familiale déjà dense, l'enfant va apporter ses différences – son rythme, ses dons, toutes les petites merveilles qui lui sont personnelles –, qui peuvent réactiver de vieilles angoisses ou les apaiser. Ses potentialités ne pourront s'épanouir que si elles sont acceptées, reconnues, valorisées, stimulées. Dans l'inconscient familial, son physique comme son caractère seront enregistrés et orchestrés comme autant de qualités ou de défauts qui trouveront de forts échos provenant du passé de chacun. Ainsi chaque fille naîtra dans la famille de sa sœur aînée, aura les parents de cette sœur, et devra faire avec.

Chacun reconnaît les dons de son enfant, un peu comme les fées autour du berceau.

La réunion des fées autour du berceau est une bonne métaphore des projections parentales inconscientes. En attribuant les dons, les fées nomment les sentiments et les espoirs qui accompagnent la naissance d'un nouvel enfant. Et dans toutes les histoires, une fée est oubliée, comme sont rejetées de la conscience les pensées négatives, les sentiments ambivalents, les craintes et projections agressives que tout événement suscite et que toute naissance réveille.

Parmi les mauvais sorts jetés par la fée oubliée, on trouve celui du désamour. C'est la peur de mal aimer son enfant qui fait vouloir les aimer tous « pareil ». Cette crainte parentale fréquente et justifiée repose sur l'ambivalence des sentiments. Se persuader qu'on aime ses enfants tous de la même manière, c'est vouloir se convaincre de la qualité inaltérable et pure de notre amour parental. Une illusion.

Dans une fratrie de filles, les parents peuvent s'attribuer chacune d'elles dans le jeu classique des ressemblances qui sont en fait des formes de reconnaissance. Chacun voyant ce qu'il aime ou ce qu'il craint chez l'une et l'autre en fonction du panthéon personnel à qui il confie ses espoirs. Ainsi, la turbulente se verra repoussée par une mère fatiguée ou soucieuse d'harmonie et de bienséance, alors qu'elle sera stimulée par un père déçu de ne pas avoir de fils. Certaines qualités dites viriles comme l'activité, l'indépendance, l'énergie lui étant reconnues, elle pourra les développer sans crainte. Parmi ses sœurs, certaines se verront peut-être jugées pour leur plastique, et enfermées dans leur potentiel de séduction à moins que la vivacité de leur intelligence ne fasse rêver les parents d'une carrière universitaire...

Juliette est devenue artiste. Est-ce une démarche fréquente chez ceux qui ont subi des blessures d'amour infantiles ?

Les blessures d'amour sont des traumatismes avec

lesquels il faut vivre. Rien ni personne ne compensera jamais l'amour manquant. Inutile de l'attendre d'une rencontre, d'un amant ou d'un enfant ; ce serait leur infliger une bien lourde tâche. Une tâche impossible. Mais la force de l'être humain est qu'il peut créer ce qui lui manque. Nul autre que lui-même ne peut réussir à faire naître et à faire vivre l'amour qui lui a fait défaut. Créer, c'est faire exister ce dont on a été privé.

C'est ainsi que certains enfants mal aimés deviendront artistes, écrivains, d'autres éducateurs, infirmières, assistantes maternelles, psychologues ou thérapeutes. Ils chercheront un métier qui leur permettra d'essayer de changer le monde, de l'améliorer, d'épargner la souffrance ou de la guérir, de transformer la vie en l'améliorant. Ils tenteront d'apporter de la beauté et de l'amour dans un monde qui leur semble en manquer. Nous reconnaissons là la force et l'efficacité des mécanismes inconscients de la réparation psychique. C'est l'art et la manière d'accepter, d'affronter et de surmonter les carences infantiles pour qu'elles deviennent sources de vie.

Or, si beaucoup d'artistes, d'écrivains et de créateurs puisent dans leurs douleurs passées l'énergie et l'imagination qui leur permet de transformer le monde, on ne peut affirmer toutefois que tous les artistes sont habités par les pulsions réparatrices, car l'art échappe par définition à toute définition. Mais la voie royale pour surmonter les blessures d'amour infantiles, c'est la création. Dans le processus réparateur, créer, c'est faire du beau, du bon et du bien avec la rage et la douleur de son histoire. Créer ce qui manque pour ne pas attendre en vain que cela vienne. Accepter enfin et surtout de ne plus attendre que quelqu'un donne ce qui manque.

Source intarissable et universelle de blessures d'amour, l'enfance est à l'origine de bien des créations culturelles. C'est peut-être pourquoi la relation entre sœurs n'a cessé d'inspirer les poètes, les mythes et les contes et légendes populaires.

II

MA SŒUR, MA MEILLEURE ENNEMIE

Sandra, 38 ans, comédienne et voix off de dessins animés

« Amazone ou bouc émissaire ? »

Avec son visage triangulaire, ses pommettes haut placées et ses yeux de chat, Sandra a un air slave. Quand on les rencontre, elle et ses quatre sœurs, on se dit aussitôt : « C'est la plus jolie, la plus réussie. » Comme si les autres n'étaient que des esquisses, des brouillons de ce qu'elle est elle. En ce sens, Sandra fait penser à la Petite Sirène d'Andersen, la « différente » de la fratrie, celle qui va payer en sacrifiant une partie d'elle-même.

Une enfance en gris

J'ai passé ma petite enfance, entre 5 et 8 ans, au Vésinet, dans une grande maison à trois étages – la demeure bourgeoise typique qui abrite tabous et secrets. Je ne parviens pas à me rappeler ces années-là en couleur. Je ferme les yeux : il n'y a que du gris, du triste. J'étais une petite fille silencieuse, et terriblement seule parmi ses sœurs.

J'avais un infini respect pour mes deux aînées, Lucie et Évelyne, mais le contact passait mal. J'allais dans leur chambre, je cherchais quelque chose à dire, je levais les épaules, je souriais : « Rien. » Et je repartais. Quand j'allais dans la chambre des deux petites, Valeria et Alexane, c'était la même chose ! Terrible position que d'être le « numéro trois », coincée entre deux tandems : ni petite ni grande.

Un jour, j'ai essayé d'apprendre à Valeria la bicyclette. Je l'ai installée sur la selle… mais elle s'est mise à hurler : elle s'était ouvert le mollet droit. J'avais 7 ans et demi, et j'ai entendu maman crier : « Sandra ! Qu'as-tu fait encore ? » Maman se glorifiait pourtant de notre prétendue « entente » : « Mes filles sont comme les cinq doigts de la main », disait-elle à ses amies. Mensonge… De la même manière, nous cinq, nous proclamions à qui voulait l'entendre : « La famille, c'est sacré. On préfère ses sœurs à ses amies. » Mensonge, encore ! Mensonge de bonne bourgeoisie, celle où l'on sourit en permanence… mais où l'on pleure dans le secret de sa chambre.

Je crois me souvenir que je pleurais beaucoup. Une seule remarque d'une de mes sœurs et je fondais en larmes. Ayant pris la mesure de mon mal-être, sur les conseils d'une maîtresse, maman m'avait emmenée voir une psychologue pour enfants. Au moment de me dire au revoir, comme je n'avais pas desserré les dents pendant la séance, celle-ci avait pris mes mains dans les siennes : « Pourquoi es-tu si triste, ma petite ? »

La super-minette

J'étais triste, en effet. Pourtant, je n'en laissais rien paraître à l'extérieur. À la préadolescence, mon attitude dans la famille contrastait avec mon comportement assez déluré dans le monde. J'étais parfaitement clivée entre le personnage « olé olé » que je jouais et la pauvre fille que j'étais avec mes sœurs. J'ai toujours pensé que j'étais plus moche et plus bête qu'elles. Il faut dire que mes sœurs y ont mis du leur. Tout en moi était prétexte à critiques. La manière dont je m'habillais – « trop libre, trop maquillée », alors que je ne fardais que mes doutes ! –, mes décolletés pigeonnants, mes jambes nues… On me taxait de minette, et de mondaine.

Oui, j'étais mondaine et je le revendiquais. Je sortais pour trouver à l'extérieur ce que je ne trouvais pas à l'intérieur de la famille. Je préférais le monde entier à ma famille. D'ailleurs, j'avais soif des autres – de toutes celles qui ne me ressemblaient pas. Dès l'adolescence, j'ai eu beaucoup d'amies, des petits copains aussi… Des compensateurs, des pourvoyeurs d'amour, des sœurs de substitution ! J'assurais, je draguais à mort ! Je me sentais tellement merdique que je devais absolument, pour survivre, donner l'image d'une fille rigolote, extravertie et sans faille.

Aujourd'hui, quand je travaille sur mes textes de comédienne, je procède de la même manière : j'exploite mon désarroi intérieur, je m'assieds au milieu de nulle part, pour transformer ce grand désert en un monde explosif, riche en couleurs. Je pars de ce désespoir latent pour nourrir mes personnages.

Dans la maison de famille

Mes sœurs et moi nous retrouvons surtout pendant les vacances dans la propriété de famille de Megève, composée de quatre chalets ouverts sur un vaste jardin commun. Nous nous y rendons l'hiver pour skier et l'été pour nous baigner dans les rivières, avec les enfants. Mais ce havre de paix, comme on l'appelle, est un havre de guerre, où les passions sororales grondent, et se déchaînent, comme une mer démontée. Dans la cuisine, nous sommes à couteaux tirés. C'est à qui occupera le terrain, se placera la première devant les fourneaux, plaira le plus à maman. Contrairement à ce qui se passe dans certaines familles, nous nous disputons pour faire à manger ! Il nous faut exister de cette manière-là aussi. Vous verriez ce qui se passe alors ! « Tu ne vas pas faire ton poulet à l'ail, papa ne le digère pas, tu sais bien. » « Une pizza ? On voit que tu n'as pas de problème de régime. Et pourquoi pas une quiche ? » « De l'agneau ? Oui, mais les enfants de Sandra n'aiment pas… » Des chamailleries gastronomiques, en somme. Quant à moi, on me reproche de prendre trop de place… dans le frigo. Comme si le temps d'un été, nous redevenions ces petites filles qui se disputent pour un rayonnage de livres dans leur chambre !

Et puis la maladie

À 34 ans, il y a six ans, on a diagnostiqué chez Alexane une sclérose en plaques. Quand maman nous a annoncé cela, bien sûr, l'hostilité est tombée. Pourquoi était-elle malade, et pas nous, les autres sœurs ? Pourquoi cette maladie avait-elle frappé la plus jeune d'entre nous ? À l'époque, j'ai pensé : « Je voudrais échanger ma place contre la sienne », tant cela m'était insupportable. Second coup de bambou : six mois après, j'apprends que je suis malade, moi aussi. Une boule de la grosseur d'un œuf de pigeon s'est mise à grossir sous mon aisselle droite. C'était un lymphome, une maladie de Hodgkin. J'ai refusé, au début, de le dire à la famille. Et puis, un soir, j'ai fini par téléphoner à maman. Elle s'est mise à chuchoter dans le combiné : « Il ne faut pas le dire à Alexane. Elle est encore trop fragile. » « Oui, ai-je promis. Je ne dirai rien. » Tout cela me semblait normal, et ça n'est qu'en raccrochant que j'ai saisi l'étrangeté de cette situation : elle, il fallait la ménager. Mais moi, personne ne me protégeait. Et n'avais-je pas entendu, toute mon enfance, que je devais garder mes peurs, mes émotions pour moi ? L'aide, je l'ai trouvée, cette fois encore, auprès de mes amies, qui m'ont accompagnée aux séances de chimio et qui m'ont soutenue. Mes amies : mes sœurs, ma seule vraie famille !

Juste avant d'être hospitalisée pour me faire retirer ma tumeur, j'ai appelé Alexane, je lui ai révélé ma maladie. J'ai entendu un long silence dans le téléphone. Elle a bredouillé quelque chose et elle a vite raccroché. J'ai pensé alors que la maladie allait peut-être nous réunir, nous, toutes les sœurs, que nous allions désormais partager quelque chose. Foutaises. Mes sœurs n'ont pas levé le petit doigt, ni pour me proposer de garder mon fils, de 3 ans, ni pour m'assister psychologiquement. Un jour, ma sœur aînée m'a offert des pêches, qu'elle a laissées sur mon palier, avec un petit mot d'encouragement. C'est tout.

L'été qui a suivi

Tout s'est corsé, comme d'habitude, dans la fameuse maison de famille, où je me suis sentie plus que jamais exclue. Cet été-là, je multipliais les allers et retours entre Megève et Paris, j'avais commencé à perdre mes cheveux, mes sourcils et j'alternais perruque et foulard. Mes sœurs me fuyaient. Je les entendais chuchoter, évoquer des soirées sans m'y convier. Une autre fois, comprenant qu'elles allaient emmener leurs enfants au cinéma, sans me proposer d'emmener les miens, je me suis mise à pleurer. Ma petite sœur Alexane m'a hurlé : « Cesse de te poser en victime ! Tu joues à cela depuis des années ! » Était-ce moi, la victime ? Ou étaient-elles les bourreaux ? Et pourquoi ce déchaînement de haine ? Avec ma maladie, j'avais engagé une sorte de guerre dont j'ignorais la cause.

Querelles d'héritage

Juste après ma chimio, mon grand-père paternel est mort. Mon papa, qui s'était montré si discret pendant toute ma maladie, est venu me voir, alors que nous nous retrouvions dans l'appartement du défunt, et m'a demandé de le suivre. Il a ouvert une porte : des objets, des sculptures, des tapis… tout ce que mon grand-père avait de plus beau était enfermé là, dans un petit musée du bonheur, qui sentait l'encaustique et la poussière. Papa m'a dit : « Prends ce que tu veux. C'était le souhait de ton grand-père. » Mes yeux se sont emplis de larmes, j'y voyais très mal. J'étais fatiguée. Mais j'ai reconnu, dans ce fatras d'objets, une statue en bronze que j'adorais – c'était Artémis, Diane chasseresse, celle dont mon grand-père m'avait dit, quand j'étais petite : « Tu lui ressembles. Tu as tout d'elle. »

La statue était lourde, et, affaiblie par mes six cures de chimio, j'étais trop vulnérable pour la porter : « Je viendrai la chercher demain, en voiture », ai-je dit. En sortant de cette pièce, Valeria, la « numéro quatre », me tombe dessus comme une furie : « Que s'est-il passé ? Qu'est-ce que papa t'a donné ? » Je lui réponds : « Artémis. » « C'est injuste. C'est moi qui devais l'avoir ! » J'étais tellement à cran, malade, que j'ai lâché : « Prends-la, si tu veux, ça m'est égal. » Eh bien, elle l'a prise ! Mon mari, à qui j'ai raconté l'anecdote, était furieux de voir que ma sœur, une fois encore, s'acharnait contre moi ! Elle m'en voulait, elle réclamait quelque chose de moi…

Bouc émissaire

On ne peut imaginer les chamailleries qui règnent entre nous. Il ne s'agit pas que de se disputer des objets, c'est sans cesse des petits reproches qui nous usent ! Pendant les vacances, parfois, dans le jardin commun, on me tombe dessus : « Tu étais avec Iris près de la rivière ! Qu'est-ce que vous vous êtes dit ? Vous parliez de moi ? » Des gamineries de filles, comme on en débite mille à la seconde devant la machine à café. Les médisances le disputent à l'indifférence. Si, entre elles, elles évoquent souvent leurs métiers, elles ne m'interrogent jamais sur ma carrière de comédienne. Alors je m'efface… Il faut dire que ce que j'ai partagé avec mes sœurs relève de la tragédie. Avec la plus jeune : la maladie. Avec l'aînée, Lucie, c'est pire : nous avons partagé l'expérience du deuil d'enfant, chacune ayant perdu un bébé par mort subite… tout comme nos deux grands-mères, paternelle et maternelle ! Dans les familles soudées, la souffrance unit… Chez nous, elle éloigne encore plus.

« Sexe masculin fantasmé »

Toutes ces décharges de haine m'ont amenée à consulter une magnétiseuse, spécialiste de psychogénéalogie. Voyant que j'étais aux prises avec un mécanisme de répétition, en particulier celle du bébé mort, j'avais envie de casser cette chaîne infernale. Je ne voulais pas que mes trois filles aient, elles aussi, à subir cette souffrance transgénérationnelle.

seules. Troisième fille, enfant du milieu, *grande* sœur
etit dernier, enfant unique, seule fille ou seul garçon
ratrie, enfant préféré ou oublié..., celui qui a souffert
enfance porte longtemps cette souffrance. Il peut en
moteur de sa plainte ou y trouver la force de com-

i, la solitude ou même l'isolement possible qui
e la vie de la fillette exclue du clan des aînées
de celui des cadettes peut la conduire à vouloir à
ix briser cet isolement. En ayant beaucoup d'amies,
uvant à l'extérieur l'animation qui lui manque à la
et la considération dont sa place dans la fratrie
l'avoir flouée, elle peut rejeter au loin les blessures
enfance et en faire des atouts pour vivre selon ses
Tout dépend de la manière dont les parents orga-
le pouvoir dans la fratrie. Ce qui sera déterminant,
ue les agressions des aînées ou les revendications
tites, c'est la sensibilité parentale.
ailleurs, chaque naissance peut être une première
un et l'autre des parents. Même arrivée en troisième
n, une fille peut être une première-née après un acci-
e vie, un décès, un amour... C'est pourquoi les rivali-
uvent s'attaquer à tout enfant, trop ou pas assez
par les fantasmes parentaux. L'aura imaginaire qui
ccompagné sa naissance sera plus importante que sa
lans la fratrie.

lles et disputes entre sœurs

q filles, c'est difficile ?

q enfants, c'est animé. Les querelles entre filles sont
es car on dit que les filles pleurent, hurlent, se crêpent
non et viennent se plaindre à papa... On sait égale-
ue les garçons tyrannisent les filles, les maltraitent ou
orent. Que ce soit sous le regard des parents fatigués
d'eux, en cachette, les jalousies, envies, rivalités,
ions et dominations en tout genre fleurissent. Ces
ments pulsionnels divers sont liés à l'agressivité natu-

Une amie m'a présenté Marcella, qui, après m'avoir examinée, et touché le ventre, a tenu des propos stupéfiants. « Vous avez une force extraordinaire, une énergie colossale. » Elle a aussi ajouté, de manière plus énigmatique : « Vous avez beaucoup de masculin en vous, m'a-t-elle dit. Vos parents désiraient très fort un garçon. Vous êtes porteuse d'un sexe masculin fantasmé. »

Et c'est alors qu'elle m'a parlé de mes sœurs : « Quelque chose en vous les dérange profondément. Vous incarnez le danger... Vous êtes trop différente d'elles, elles vous le font payer à leur manière. » Elle m'a dit que je m'étais battue, pour trouver ma place de fille, avec une énergie colossale. « Avec tout le poids que vous portez sur vous depuis des générations, m'a-t-elle dit, vous auriez pu devenir schizophrène. » Cette phrase m'a traversée, m'a inondée de chaleur... électrisée. Je m'étais sentie si souvent sur le fil du rasoir ! La magnétiseuse m'a alors touchée au niveau de l'aine. Et moi qui n'avais plus mes règles depuis trois ans, dès le lendemain, je les ai eues... J'ai donc recouvré ma féminité. Plus encore, cette séance m'a libérée totalement de ma sœur aînée. J'ai eu l'audace, le lendemain, de lui dire : « Tu m'emmerdes depuis quarante ans, je ne veux plus avoir affaire à toi. » Depuis, j'ai la paix... Mais c'est la plus jeune, Alexane, qui a pris le relais...

Mes sœurs, mes juges

Elles jugent tout. Quand elles me voient, elles se jettent sur moi, cherchant ce qui dépasse, ce qui n'entre pas dans leurs codes bourgeois. Ensuite, je sais très bien qu'elles vont lancer des vacheries : « Elle a un peu forcé sur le roux, vous ne trouvez pas ? » « Elle a pris des rides », « J'espère qu'elle pourra continuer à travailler comme comédienne ». Mon mari est lui-même très surpris de cette mésentente qui règne entre nous. Un jour, en parlant d'Alexane, il m'a dit : « Tu lui as volé son statut de malade. » Avais-je pris trop de place ? Sur ce plan-là, nous étions, encore et toujours, des rivales...

La guerre familiale

La troisième place

Sophie Carquain: Famille nombreuse, famille heureuse? Sandra nous fait penser qu'il n'est pas toujours facile de trouver sa place dans une grande fratrie…

Maryse Vaillant: Le projet de famille nombreuse correspond souvent au rêve d'une maison vivante, animée de rires et de cris, où la turbulence des enfants repousse au loin toute morosité. Cela est le rêve des parents. La réalité peut être très différente. Surtout pour les enfants. Sandra attire notre attention sur une place singulière, celle du milieu, née à égale distance entre les aînées et les cadettes, troisième d'une fratrie de filles.

Dans les familles nombreuses, il est fréquent qu'un enfant soit en position de charnière entre le camp des grands et celui des petits, ne bénéficiant ni des avantages liés à l'âge dont se targuent les aînés ni des bénéfices de l'enfance dont jouissent les plus jeunes. Il peut en profiter pour se singulariser, réussissant à échapper aux ardeurs éducatives de certaines grandes sœurs ou à la tyrannie des éternels bébés. Ou de tenter d'être des deux camps, sans toujours y parvenir car les prérogatives des uns et des autres sont souvent bien gardées. Il peut donc beaucoup pâtir de son isolement, surtout si la fratrie est uniquement composée de frères ou de sœurs. Il n'y a pas d'alternative, il lui faut composer avec ses semblables.

C'est toujours difficile d'être « cell
En fait, tout dépend de l'importan
événements familiaux qui scandent l
grands espacements entre les nais
précoces (par exemple, lorsque cert
à des grands-parents) peuvent cré
sables entre des frères et sœurs qui
ne se reconnaissent presque pas co
revanche, des alliances vigoureuse
ceux qui ont un passé commun, des
partager. La place du milieu se ve
l'autre clan selon l'écart d'âge qui l'e
Il serait utopique de penser qu
unie et solidaire. Ce n'est pas une
que soit la taille de la famille, il est
se forment, des alliances, des consp
faire rage dès l'âge des couches. Le
chamailleries sont le lot de toute
frères et sœurs présentent extérie
d'enfants bien élevés.
Selon les confidences des uns o
faire d'ailleurs une image totalemen
en question et des tensions qui l'h
poids de sa subjectivité, de sa
L'enfant du milieu peut avoir souff
taient et garder vive cette souffran
vant à la moindre occasion pour bie
par rapport à ses sœurs.
Sa plainte portera sur sa place
étant symbolique de sa place dans
réconcilier en grandissant avec l'une
et sortir du ghetto où son enfance
les fratries, les frontières sont mouv
et aux reflux des alliances.

Les marquages infantiles dispo
enfants grandissent?
Les places restent. Et les bless

toutes
aînée,
d'une
de so
faire l
battre
Air
entou
comm
tout p
en tro
maiso
sembl
de so
goûts.
nisent
plus
des p
Pa
pour
positi
dent
tés p
invest
aura
place

Que

Ci
Ci
conn
le chi
ment
les ig
ou lo
sédu
mouv

relle des enfants, à leurs angoisses et à leur violence. Le rôle des parents est de socialiser toutes ces pulsions, de leur laisser la juste expression qui permet de les humaniser. On ne peut laisser des enfants organiser eux-mêmes leur socialisation, ce serait laisser place à l'arbitraire et aux rapports de force. Mais on ne peut totalement éviter que des cheveux soient tirés, des bras pincés et des injures balancées. Il est essentiel que les parents régulent et dominent la meute, sans faire peser sur elle de trop fortes contraintes répressives.

On peut même penser qu'obligation de politesse et d'éducation, nécessité de cacher les dissensions pour présenter un front uni, non-dits et tabous familiaux qui pèsent sur les enfants comme sur les adultes, favorisent une forme vive de refoulement des blessures et des tensions ordinaires de la vie de famille. Ces interdits de dire sont souvent des interdits de penser, d'éprouver, d'exprimer, qui portent autant sur des sujets tabous que sur des sentiments malvenus et des émotions interdites. C'est ainsi que s'inscrivent parfois de solides rancunes, indicibles, impensables, donc indépassables. La haine qui sévit parfois entre les sœurs n'est que le reflet, le symptôme, de failles familiales profondes et profondément enfouies.

Sans prétendre qu'il existerait un éden familial et qu'une maisonnée féminine en soit la promesse, on peut supposer qu'une famille de filles n'a aucune raison d'être plus difficile à vivre qu'une famille de garçons. L'immersion dans un gynécée peut troubler le père qui n'entend que des voix féminines en rentrant chez lui, comme la confrontation aux rituels masculins peut dérouter une mère de garçons et lui faire éprouver de grands moments de solitude. Dans une fratrie unisexe manque toujours le genre absent. Et le parent choyé par l'amour œdipien démultiplié préférerait souvent partager un peu de complicité unisexuée.

Peut-être est-ce particulièrement difficile d'avoir beaucoup de sœurs ?

Dans une fratrie fortement féminine, la vie quotidienne est confrontée autant à la massivité du genre féminin qu'à sa diversité. Qui a cinq filles ou cinq sœurs ne peut penser que toutes les femmes se ressemblent! Une bonne demi-douzaine de femmes dans une maison, c'est un arc-en-ciel. Chacune – la mère y compris – doit tenter de tirer son épingle du jeu pour être reconnue, aimée, pour exister. Aux yeux des autres autant qu'à ses propres yeux et surtout aux yeux du père. Car si la fille abonde, l'homme est rare.

Nous avons vu qu'une fille se construisait avec sa mère et son père autant qu'avec ses sœurs. Mais elle doit également faire avec ce qu'elle pressent de la relation qui unit son père et sa mère à chacune de ses sœurs. L'œdipe est une aventure familiale. C'est un amour partagé qui fait mal. L'amour que chaque sœur éprouve est sans cesse confronté à celui que les autres demandent, reçoivent, donnent. Autant au niveau de l'apparente réalité factuelle qu'au niveau des fantasmes de chacun. Autrement dit, avoir des sœurs contraint à savoir *qui* on est, quel genre de fille on devient, quel genre de femme on veut être. Chaque sœur tentant de trouver sa partition dans la gamme complexe des formes que peut prendre la féminité.

La rivalité mimétique

La quête de soi peut se faire au détriment des autres ?

La quête de féminité n'est pas toujours un parcours ludique où les sœurs se chamaillent gentiment pour une robe. Il arrive même que le jeu prenne l'allure d'une compétition acharnée. En fonction du schéma familial, les sœurs peuvent être convaincues qu'il n'existe qu'une seule manière d'être fille, ou femme, ou sœur, ou mère. Chacune d'elles peut alors chercher inconsciemment à déposséder les autres de ce qu'elles convoitent toutes. Elles entrent alors dans l'enfer de la rivalité mimétique. Un seul attribut, la féminité, pour toutes ! Et chacune veut ce que l'autre possède.

Cela demande toutefois que la féminité soit considérée comme un attribut et non comme une identité intime, sur le modèle de *l'avoir ou pas*, qui constitue une vraie plaie pour les femmes et une vraie manne pour la mode et les produits de beauté. Car si la féminité est un attribut qui se possède, on peut l'acquérir. On peut aussi en définir les critères et en faire la promotion. Rien que de banal s'il s'agit de se ruer sur les soldes des boutiques de luxe, mais qu'en est-il si l'attribut recherché est possédé en exemplaire unique par une autre femme, par sa sœur par exemple ? Cette conception phallique de la féminité déclenche de vraies guerres familiales, l'une ou l'autre sœur pouvant chercher à détruire celle qui détient ce que les autres recherchent.

En revanche, si la féminité concerne l'*être* de toute femme, de chacune des sœurs et de leur mère, la question de la rivalité mimétique ne se posera pas, chacune prenant le temps de chercher et de développer son mode personnel et original d'être elle-même une femme.

Que penser de ce « sexe masculin fantasmé » dont parle la magnétiseuse ?

Dans une fratrie de filles, il faut chercher le fils. De même, chercher la fille s'il ne naît que des garçons. Qui portera le genre et le sexe oubliés ? Quelle fille sera vécue comme un garçon ou quel fils sera fantasmé comme une fille ?

Il est fréquent que le troisième-né soit attendu d'un sexe différent des deux aînés, si ceux-ci sont du même sexe. Après deux garçons, on attend une fille ; après deux filles, on veut un garçon. Trois filles ou trois garçons à la suite, c'est mal vu, semblent dire les fées réunies autour du berceau. L'attente est encore plus vive et l'enjeu plus important si les aînées sont des filles. Car l'héritier se fait attendre. Il arrive donc que la petite qui vient en troisième position soit fantasmée comme étant porteuse des valeurs masculines tant attendues. Elle sera forte et active. Et souvent, elle est bien obligée de le devenir pour ne pas décevoir et sombrer alors dans l'indifférence générale. Surtout si d'autres naissances féminines lui succèdent. C'est en portant des différences masculines qu'elle existera, sera reconnue. On ne soulignera que ses qualités de courage, de force, d'autonomie, voire d'agilité, de bravoure.

Les jeux de rôle familiaux – place, genre et sexe – sont complexes, tout autant que la profonde ambivalence sexuelle qui couve en chacun de nous. La richesse d'une sœur serait alors de trouver les moyens de vivre sa féminité dans toute son étendue, sans rejeter les composantes masculines qui l'enrichissent, sans jamais avoir le sentiment de prendre à personne ce qu'elle ressent en elle.

Celle sur qui ses sœurs s'acharnent

Pourquoi cette décharge de violence, alors qu'elle a été malade ?

La réaction de la mère a donné son statut à la maladie de Sandra. Celle-ci ne devait pas porter ombrage à la sclérose en plaques de sa petite sœur. Définitivement petite dans l'imaginaire maternel, la cadette devait être protégée, y compris de la sévérité de la maladie de sa sœur. Ainsi, le ton était donné. Le cancer de Sandra, malgré sa gravité, n'avait pas lieu d'être. Il n'y avait pas de place pour lui. Il fallait l'ignorer et surtout ignorer ou banaliser ses effets. Les sœurs, comme la mère l'avait induit, ne voulaient ou ne pouvaient pas en entendre parler.

On peut être déconcerté devant un tel déferlement de violence. Sauf à replacer le témoignage de Sandra dans le cadre des plus sombres histoires familiales que nous sommes tous amenés à connaître. Pourquoi tel enfant récolte-t-il l'amertume et le ressentiment qui semblent épargner les autres ? Quelle fée fut oubliée au moment de son baptême ? Quelles projections familiales cachées font de lui l'espèce de bouc émissaire vers qui convergent tous les reproches ?

Il en est ainsi dans les familles à secret, les familles à silence ; on ne parle que de ce qui peut être parlé, on n'accepte que ce qui peut être accepté. Tout se passe comme si Sandra n'avait pas droit au cancer. Ce cancer ne pouvait lui incomber, sauf à faire scandale, à bousculer les consensus et à déséquilibrer l'équilibre familial.

Pourquoi certaines familles sont-elles si lourdes et douloureuses ?

Dans certaines histoires familiales, on dirait que les personnages sont agis par des forces souterraines qui les rendent impuissants à modifier le cours des événements. Les rôles sont distribués, les places sont fixes, le scénario écrit et chacun doit jouer sa partition. Il est difficile de comprendre ce qui se trame. Personne ne possède l'ensemble des clés qui pourraient l'éclairer. C'est la force de l'inconscient familial, son emprise. Pour en sortir, il est nécessaire d'oser penser l'impensable, de considérer sa place singulière, comme partie prenante de l'épopée familiale. Nul n'est totalement bourreau ni totalement victime, simple justiciable ou magistrat, spectateur ou metteur en scène.

Dans l'aventure partagée des sœurs, le témoignage porte souvent le regard de celle qui résiste au consensus. Sa version éclaire l'énigme familiale de son point de vue, celui d'un acteur ou d'un témoin. Telles sont les richesses et les limites du témoignage. La subjectivité qui nous est donnée éclaire sous un jour vif une famille, une fratrie, un groupe de sœurs, et laisse dans l'ombre la subjectivité des autres. Ainsi reste entière l'énigme que constitue toute famille, tant pour ceux qui la voient de l'extérieur que pour ceux qui la vivent du dedans.

La famille qu'on voudrait chaleureuse et aimante est bien souvent un creuset de haines et de ressentiments violents. Seuls ceux qui souffrent trop et qui en ont la lucidité peuvent faire la démarche d'en comprendre l'origine. Et ainsi s'en trouver mieux. Un bénéfice dont profiteront les générations à venir.

Secrets et malédictions

Comment Sandra peut-elle réagir pour ne pas donner prise à la haine de ses sœurs ?

Difficile d'échapper à un destin familial sans rompre avec sa famille. La séparation est la seule issue. Or séparation n'est pas rupture. Il ne suffit pas de s'éloigner d'une famille pathologique pour que celle-ci cesse de nuire. Il faut aussi faire un travail qui permette de comprendre l'origine de cette toxicité.

Toute famille porte des fardeaux, des secrets, des blessures. Ces douleurs anciennes sont absorbées par les enfants lorsqu'ils sont petits, les constituent, les animent, les construisent, et les poussent les uns contre les autres. La violence qui surgit dans une famille, entre ses membres, est un symptôme familial classique, d'une grande et odieuse banalité. Souffrir de ses sœurs n'est alors qu'une des manifestations de ce symptôme familial. Les filles qui en souffrent trouvent bénéfice à faire un chemin personnel vers la thérapie, la psychanalyse par exemple, une démarche qui leur permet de percevoir l'origine incertaine et lointaine de ce qui les bouleverse. Les sœurs sont souvent agitées d'une houle qui vient d'ailleurs, d'avant.

On ne peut toutefois escompter que la thérapie d'une sœur bénéficie à ses sœurs. Au contraire, l'écart peut se creuser entre celle qui apprend à relativiser les lourdeurs du passé et celles qui restent coincées dans leurs griefs infantiles.

Sandra évoque la mort d'un enfant. Est-ce un thème fréquent ?

La mort d'un enfant est un grand classique de la morbidité familiale. Toute famille a connu des morts d'enfants. La mort était fréquente jadis et celle des petits habituelle. Ces morts d'enfants ont laissé des marques profondes dans la transmission féminine. Ce sont souvent d'épouvantables chagrins et d'impossibles deuils de mère. Cris et larmes étouffés sous le poids de la bienséance, effondrements dépressifs camouflés, reproches à peine voilés… Les mères ont longtemps payé très cher la culpabilité des mortalités infantiles incompréhensibles, subies ou souhaitées.

Qu'elles frappent des jeunes femmes sans défense, sans appuis, livrées au désespoir et à l'épuisement, de jeunes épousées avides de tendresse et déjà délaissées, ou des belles-filles aspirant à la dignité et au statut que seul un enfant leur donnera, toutes les morts d'enfants sont des morts de mères. Et toutes les femmes y sont sensibles. Mais les femmes se relèvent. Et souvent une nouvelle grossesse survient qui fait oublier le drame qui l'a précédée. La joie d'une naissance fait rejeter au loin fausses couches, enfant mort-né, mort subite du nourrisson ou accident de la première enfance. Or l'enfant mort ne disparaît pas pour autant. Il hante les maisons de femmes, comme leurs rêves, leurs angoisses, leurs cauchemars. Il est le témoin de la douleur d'être mère, de sa difficulté, de sa violence.

Dans cette famille, il semblerait qu'en perdant un enfant, la sœur aînée se soit inscrite dans l'héritage des mères de sa famille. C'est son privilège d'aînée. Un amer privilège auquel Sandra n'avait pas droit. Ne lui était pas reconnu le droit à ces infâmes blessures des femmes. Bien des sœurs se reconnaîtront dans la cruelle répartition des rôles dans l'héritage symbolique d'une famille. Comme les bijoux, certaines douleurs ne se transmettent qu'entre femmes et, bien sûr, pas entre toutes.

Maisons et objets de famille

Que se passe-t-il entre Sandra et son père au moment de l'héritage de son grand-père paternel ?

En offrant à Sandra la possibilité de choisir la première dans les trésors de son propre père, il lui attribue une place privilégiée, comme pour la dédommager symboliquement du préjudice imaginaire que sa place de naissance lui aurait fait subir. Il fait ainsi d'elle, à ce moment-là, son héritière première, lui donnant presque un droit d'aînesse.

Sandra choisit une statue, celle que son grand-père lui destinait. Ce cadeau est important puisqu'il fait entrer dans l'histoire de Sandra son père et son grand-père paternel, deux hommes dans une histoire pleine de femmes. Or elle le cède à la jeune sœur qui le lui réclame, sans penser à faire valoir son droit, ou tout simplement son désir. Sans non plus qu'intervienne son père pour rétablir les choses et lui restituer le legs qui lui était dû. Étrange scène qui donne l'impression que la jeune femme se laisse dépouiller dans la plus grande indifférence familiale.

On comprend l'affreuse sensation qui taraude Sandra. Sa sœur lui en veut. Elle veut quelque chose d'elle, quelque chose que possède Sandra. Notre hypothèse de rivalité mimétique peut trouver là une confirmation. Dans une fratrie féminine, une sœur peut sembler détenir quelque chose que les autres ne lui reconnaissent pas le droit d'avoir. Aura, attribut phallique, étrangeté, ce qu'elle détient lui vaut de grands déferlements de convoitises, des attaques d'envie.

Il semblerait que les objets de famille aient un statut particulier chez les sœurs, vous savez pourquoi ?

Les objets que nous évoquons ici ne sont pas des choses, mais des biens de transmission patrimoniale, des legs. Ils ont donc la charge symbolique de l'héritage, ils en ont l'aura. La statue d'Artémis signifiait beaucoup pour Sandra. Son grand-père paternel l'avait identifiée à la déesse. Ainsi lui donnait-il un statut privilégié, un sens, un rôle, une identité. L'objet, dans ce cas-là, est lourd de charge affective (le don), mais également de charge symbolique (l'intention). On n'abandonne pas ce genre de cadeau sans rechigner. Pourquoi Sandra a-t-elle cédé sans lutter devant la demande de sa sœur ? La fatigue de la chimio peut expliquer sa faiblesse, mais pas sa docilité devant la convoitise de sa sœur. Car c'est bien d'envie et de convoitise que nous parlent les objets lorsqu'ils donnent lieu à des batailles rangées dans les familles, en particulier entre sœurs. L'attachement de certaines femmes aux meubles et bibelots en provenance de leur famille est moins dû à la valeur commerciale ou affective qui leur est attachée qu'au fait qu'ils ne peuvent se partager équitablement entre toutes les sœurs. Ce que l'une aura, les autres ne l'auront pas.

Nous sommes là dans une des problématiques complexes de l'*avoir*, de celles qui ravagent bien des fratries lors des successions, et qui n'épargnent nullement les jeunes filles de bonne famille, élevées dans le respect des conventions et l'art de savoir taire ce qui ne doit pas se dire. L'enjeu est d'obtenir l'objet désiré par les autres. Et il suffit qu'une sœur le convoite pour qu'il devienne désirable.

L'avoir ou pas ? Cette problématique phallique – qui concerne autant les filles que les garçons – trouve chez les sœurs une occasion assez rare de s'exprimer au moment des héritages et des successions. Le nom ne se transmet pas par les filles, seule la valeur symbolique accordée à un objet hérité peut donc les inscrire dans la lignée. C'est une question de filiation, d'identité, de pouvoir. Le pouvoir féminin s'exprime à travers les enfants, et aussi à travers la possession des objets.

Que dire des maisons de famille ?

Grandes maisons héritées, petites villas regroupées, les vacances offrent une occasion privilégiée de mettre en scène le théâtre familial. Nous sommes alors dans la tragédie la plus classique. Unité de lieu, unité de temps, unité d'action.

L'unité de lieu est la condition indispensable du regroupement. Posséder une grande maison familiale ou, à défaut, l'acquérir, tout faire pour réunir les enfants, les petits-enfants, dans un espace symbolique qui sera celui de la famille. *La* famille ? Quelle famille ? Par définition le mariage et les naissances faisant intervenir d'autres familles, vouloir en faire fi est une prise de pouvoir, la captation imaginaire de l'exogamie au profit d'une seule famille. Ce qui constitue la première condition pour qu'un drame puisse se jouer, le pouvoir.

L'unité de temps est celle de l'intergénérationnel et la mise en relation des événements familiaux d'aujourd'hui avec ceux d'hier. Naissances, morts, mariages et maladies, des relations secrètes nouent chaque événement actuel avec le passé. Deuxième élément indispensable pour que se noue une intrigue, la mémoire, ses secrets, ses mystères.

L'unité d'action en découle. Une fois la famille réunie, tout se parle et s'entend en écho. La fécondité d'une sœur parle aux autres sœurs, comme la maladie, le mariage, les événements heureux comme les drames. Tout le monde vit sous le regard de tout le monde. Rien n'est ignoré. Rien n'est dit. Une vraie pépinière de rancœurs, de haines, d'envies.

C'est ainsi que la maison de famille, rêve nostalgique d'une pérennité des jours heureux, peut devenir le creuset nauséeux de bien des rivalités sororales et cousinières.

Céline, 33 ans, conceptrice d'un site Internet

« Une haine nommée sœur »

Son teint lumineux, ses yeux noirs incandescents, son sourire de madone… Céline est d'une infinie douceur. Elle porte une chemise blanche sur un jean. Zéro maquillage, des dents éclatantes. Céline respire la bonté. Le terme semble vieilli, et pourtant, Céline prononce le mot, s'en étonnant elle-même. « Après ce que j'ai subi, de la part de mes parents, mais surtout de ma sœur, j'ai moi-même du mal à comprendre. Je suis probablement une résiliente… » La lumière qui émane d'elle semble le confirmer. Quand elle évoque sa sœur aînée, on pense douloureusement à la terrible Baby Jane [1], cette vieille petite fille blonde qui séquestre sa sœur Blanche dans sa chambre et la martyrise…

Opposées en tout

J'ai vécu dans une petite maison de ville, triste et grise, en plein cœur d'Amiens, avec mes parents et ma sœur, Valérie, mon aînée de trois ans. Une différence d'âge minime, mais une franche opposition de caractère et de physique ! Je suis le portrait de mon père – brune, grande tige –, elle ressemble trait pour trait à ma mère – blonde et ronde.

1. Le film *Qu'est-il arrivé à Baby Jane ?*, de Robert Aldrich (1962), nous fait vivre la trajectoire terrible de Baby Jane Huston, petite fille vedette de la chanson, supplantée dans ce rôle d'enfant prodige par Blanche, sa jeune sœur. Mais à la suite d'un accident de voiture, Blanche perd l'usage de ses jambes. Jane se venge en la séquestrant…

Dire qu'elle m'a toujours détestée est franchement peu dire. Ma mère m'a raconté qu'à la maternité, elle m'a planté les deux doigts dans les yeux. Deuxième méchanceté, et premier souvenir réel : à 5 ans et demi, elle a attrapé le cutter professionnel de mon père, dessinateur industriel, et m'a coupé les cheveux – que j'avais épais, bouclés et noirs. Résultat : une coupe en pétard, la même que celle qu'elle faisait subir à toutes mes poupées. Ma mère m'a toujours dit : « Ta sœur est jalouse de toi », comme un simple constat, sans rien faire pour arranger les choses ! Ne partagions-nous pas la même chambre, alors que nous aurions eu la place dans la maison pour dormir séparément ? Derrière tout cela, il y avait donc maman la banquière, qui travaillait énormément, et n'avait cessé d'attiser cette haine entre nous deux pour des raisons qui me sont encore obscures. Quand nous étions bébés, elle nous avait confiées à deux nounous différentes : une assistante maternelle de jour pour Valérie, une nourrice à temps plein pour moi : je passais donc la semaine chez une délicieuse Mary Poppins à chignon gris, que j'appelais « maman ». Et puis, à 5 ans, ma mère m'a « reprise » et tout s'est mis à cafouiller entre ma sœur et moi. Il faut dire que nous étions sous pression, avec notre mère banquière – j'aime dire « banquière » et non « directrice de banque » – obsédée par la propreté, et braquée sur le ménage. Nous devions tout nettoyer, tout lessiver, et consacrions nos mercredis à cela. Ma sœur m'imposait de le faire. Oui, j'étais Cendrillon version 1975 ! Je passais la serpillière, je m'endormais parfois dessus... Et elle venait inspecter les travaux finis, avant le retour de maman. Elle me rouait de coups, me traînait par les cheveux. Son sadisme avait d'autant plus de prise que je me prêtais à tout ! J'ai toujours été d'une docilité extrême, tout comme mon papa. À l'adolescence, on a franchi un pas de plus dans le sadisme. Je la revois, dans la salle de bains, m'introduisant de force un tampon dans le vagin. Elle avait 14 ans, moi 11... Je me revois devant le miroir de la salle de bains – ça me semble fou, aujourd'hui !

Blonde, vive, ironique…

Valérie était blonde, jolie, rapide d'esprit, avec un brin de cruauté. C'était tout le portrait de ma mère. Moi, j'étais la petite fille de papa. Je suivais, souriante, pâle et transparente. On me disait « limitée ». Et puis, brusquement, elle a chuté de son piédestal – et pour cause : ma sœur est tombée enceinte. Oui, à 12 ans et demi, la petite fille prodige avait fauté… Nous savions qu'elle avait un petit copain, un amoureux, mais personne n'aurait imaginé qu'ils aillent aussi loin ! J'ai vu maman défaite, livide… Moi, je n'ai su le fin mot que bien plus tard, quand, après m'être, exceptionnellement, plainte du comportement de Valérie, maman m'a lâché : « Essaie de pardonner à ta sœur : elle a avorté à 12 ans et demi. »

De la mauvaise sœur… aux bonnes sœurs !

J'ai payé au prix fort les frasques de Valérie. Comme s'il fallait toujours me sacrifier ! Maman, ignorant décidément tout de l'éducation des enfants, en particulier des filles, a décidé, pour prévenir sans doute un second accident, de me « visser » comme une jeune fille des années 1950. Elle m'a donc envoyée… chez les sœurs !

J'étais en pension, toute la semaine, dans une institution privée. Je me sentais si isolée que j'ai attrapé là, entre les sentiers boueux et la pluie fine, le goût de la littérature du XIXe siècle, qui me faisait tout oublier… Enfin, presque tout. Car, dans cet internat, je subissais à nouveau, cruelle répétition, la violence des sœurs, qui n'étaient pas bonnes, mais mauvaises ! Je me souviens parfaitement d'un soir où, en classe de troisième, je me suis retrouvée, après l'extinction des feux, à lire *Madame Bovary* avec ma lampe de poche. J'ai entendu des pas, j'ai essayé de me cacher. Mais la sœur est arrivée, hors d'elle : « Qu'est-ce que tu fais là ? » « J'étudie, ma sœur. » Elle est entrée dans une rage noire. Et, comme au XIXe siècle, elle m'a mise au pain sec et à l'eau – en fait, au riz blanc et à l'eau, avec ablutions à l'eau froide le matin ! Qu'avais-je donc, moi, Céline, pour déclencher de telles foudres chez les gens censés me protéger ? Est-ce que je dégageais quelque chose de spécial ?

Après le baccalauréat, je suis entrée en hypokhâgne dans un bon lycée parisien. J'habitais une chambre de bonne, j'étais seule. Ces deux années nourries de littérature ont été mon salut. J'ai obtenu l'agrégation de lettres à 22 ans. Ma sœur, elle, après un BTS, a commencé à travailler dans une banque – comme ma mère – à Paris, et nous rentrions le week-end chez les parents. Nous continuions à nous crêper le chignon. Je me souviens d'un jour où j'avais emprunté son plan de Paris pour rejoindre une copine. Elle est arrivée dans le salon et a hurlé : « Où est mon plan ? » Je lui ai répondu : « Je te l'ai rendu. » Mais elle a fouillé dans mon sac, et, en effet, l'a trouvé, coincé dans mon agenda. Elle m'a traînée par terre, par les cheveux, me collant une pelade qui allait me rester quelque temps, devant mon père qui continuait à lire le journal sans s'interposer. Je n'ai jamais compris quel intérêt mes parents pouvaient avoir, l'un et l'autre, à stimuler la haine entre Valérie et moi. Peut-être parce qu'elle leur renvoyait leur propre mésentente en miroir ?

Crises d'angoisse

J'ai longtemps éprouvé de la haine pour ma sœur, une haine non dite qui m'étouffait de temps en temps, au point de déclencher des crises d'angoisse. Ces crises m'ont conduite à entamer une psychothérapie, qui m'a été très bénéfique pour transformer cette détestation en quasi-indifférence. Avec cette psy, j'ai compris comment le sadisme de ma sœur additionné à celui de ma mère, à l'âge où l'on est le plus vulnérable, m'avait conduite par la suite à accepter l'inacceptable. Quand vous êtes traînée dans la boue par votre propre sœur, votre cerveau se met sur le mode « off », votre corps aussi – et vous ne ressentez plus rien. J'ai eu beaucoup de mal à accoucher de ma fille. Mon corps ne voulait pas s'ouvrir et la laisser passer – et je me suis imaginé que c'était la crainte d'avoir une fille, de la voir vivre les mêmes choses que moi. Elle est née cinq jours après le terme. On m'a dit que j'avais dû supporter des douleurs terribles pendant 48 heures, mais je ne ressentais rien. Et vous savez pourquoi ? Parce que ma sœur, que j'avais intégrée en moi, était là, me sadisant sur la table d'accouchement : « Tu le mérites bien ! Tu n'as pas si mal que ça. Ne demande pas la péridurale, ça ne vaut pas la peine... » Quand on m'a laissée seule pendant quelques minutes, là, j'ai pété un plomb. Je me suis levée, avec le monitoring d'un côté, le capteur de battements cardiaques de l'autre. J'ai titubé, et j'ai perdu connaissance. On m'a césarisée d'urgence.

C'est une fille... quelle douleur

On m'a dit : « C'est une petite fille » et j'ai tremblé, car j'avais très peur des filles. De fait, après la naissance d'Emma, j'ai été victime d'une dépression du post-partum pendant de longs mois. J'étais là, mon bébé à côté de moi, et je ne ressentais absolument rien. De temps en temps une douleur venait me tordre l'estomac, mais c'est tout. Et je regardais la fenêtre, qui donnait sur un jardin inondé de soleil. J'avais chaud et je voulais mourir.

Arts de table

J'ai refait ma vie, à Paris, où j'élève Emma, qui a presque 2 ans aujourd'hui. Ma sœur est restée à Amiens, où elle a ouvert un magasin d'arts de la table. Je trouve ce détail incongru et pittoresque : cela sonne si « raffiné », alors qu'elle est capable d'une telle sauvagerie ! Non seulement nous ne nous parlons plus, mais je suis persuadée que si demain nous nous croisions dans la rue, nous ne nous arrêterions pas. D'ailleurs, un jour, lors d'un passage à Amiens, d'où mon mari est natif, je l'ai aperçue. Maigre, mal vêtue, tout en noir, dans son long manteau, je l'ai imaginée anorexique. J'ai vite détourné les yeux. Cela va vous surprendre, mais ce qui me fait le plus de peine (Céline, si calme, pendant l'entretien, sanglote – et ça sera le seul moment), c'est de ne plus voir ses enfants, mes neveux. Comme je les ai aimés, ses enfants ! Comme les miens... Et d'autant plus que je savais leur mère rigide, et manquant totalement d'amour pour eux. On est si proches des enfants de nos sœurs, vous ne pensez pas ? Un jour, l'aîné m'a dit : « Maman ne veut plus jamais que nous te voyions. Tu sais pourquoi ? » Il avait l'air triste. J'ai cru que j'allais hurler.

Plus récemment, ma mère m'a raconté que ma plus jeune nièce – que je ne connais pas – a questionné ma sœur au sujet d'un de mes portraits : « Qui est cette dame ? » « Personne », a répondu ma sœur. Vous voyez à quel point elle cherche à m'effacer de sa vie ! De son côté, après son divorce et au moment de la naissance d'Emma, ma mère a filé dans le Midi. Le plus loin possible... Petit détail croustillant : avant de partir, elle m'a tendu toutes les photos que j'avais disposées dans un pêle-mêle du salon. Elle en avait plein les mains. Des photos d'Emma et moi, tout bébé : « Tiens, prends ça, ça m'embarrasse »...

Le fantôme de Valérie

Dois-je préciser que, après le congé de maternité, j'ai eu beaucoup de peine à confier ma fille ? La séparation a été assez terrible. Là encore, le fantôme de Valérie rôdait. Après l'avoir laissée à la nourrice, je sanglotais dans la rue, dans le RER... Je me souviens d'avoir passé une bonne heure dans un magasin d'articles de puériculture à me faire consoler par la jeune femme. Au bureau, j'arrivais avec une petite chaussette dans ma poche, que je sortais de temps à autre pour la sniffer comme un doudou !

Et puis, je craignais le sadisme des nourrices... Quand Emma est entrée à la crèche, je ne voulais qu'une personne pour s'occuper de ma fille, lui changer la couche, et surtout que personne d'autre ne la regarde. Quand je la récupère le soir, je regarde bien si elle n'a pas de bleus, de morsures, si on ne lui a pas arraché quelques touffes de cheveux…

Difficiles amitiés

J'ai très peur des relations féminines. Quand vous saurez que mes deux meilleures amies habitent l'une en Afrique du Sud, l'autre en Argentine, vous comprendrez tout ! Nous communiquons par mail, et ça me suffit bien assez comme cela. Dès que quelqu'un s'approche un peu trop de moi, me relance un peu trop, mes antennes sortent, je me mets en état d'hypervigilance. D'ailleurs, je suis une « hypermnésique », j'ai développé une mémoire d'éléphant, phénoménale… Tout ça pour me protéger. On pourrait croire que je compense cette « souffrance de sœur » par une meilleure amie ? Non, je n'en suis pas là. Je n'ai jamais eu vraiment d'amie, et encore moins de confidente. Les femmes sont complexes et me font peur. Je les trouve incompétentes et snobs, elles me déçoivent toujours. Mes seules copines ont été des « copines de bordées », avec qui j'ai partagé des nuits d'ivresse, à boire de l'alcool comme on peut le faire à 16 ans.

Mon meilleur ami, c'est mon mari. Il représente pour moi la sécurité. Je le connais depuis très, très longtemps. Pendant longtemps je n'ai rien ressenti pour lui… Je n'aimais que les canards boiteux, les types suicidaires, paumés, dépressifs, que je soignais comme je pouvais. Et puis, au cours d'une soirée, j'ai vu ce garçon, ce matheux, si tranquille, et je me suis dit : « C'est lui, c'est lui qu'il me faut. »

Les femmes, les chefs

Il me reste pourtant certaines choses inguérissables. Je crois que les chefs femmes, parce qu'elles ont « un peu plus » que moi (plus d'expérience, plus de pouvoir), m'ont toujours terrorisée. Je crains comme la peste les caprices de pouvoir, l'arbitraire dans les consignes. À cause de ce problème avec la hiérarchie, j'ai décidé de faire cavalier seul et de monter ma propre entreprise, un site Internet consacré à l'enfance. À mon avis, c'est le destin de ceux qui ont eu maille à partir avec leur frère ou leur sœur. Aujourd'hui, je suis seule et sereine. Je n'ai plus de sœur, plus de mère. Je suis une mère et une épouse avant tout.

Les ravages de la haine

Le sadisme d'une sœur

Sophie Carquain : La jalousie entre sœurs peut-elle virer à la haine ?

Maryse Vaillant : La jalousie est un sentiment habituel, presque banal, qui fait partie intégrante des relations normales entre frères et sœurs. Les enfants d'une même famille partagent leurs objets d'amour, le père, la mère, ils sont donc en rivalité pour la tendresse et l'affection. Une rivalité tout œdipienne, qui se noue et se dépasse pendant les années d'enfance. C'est d'ailleurs cette composante œdipienne qui peut envenimer les relations entre sœurs, le père étant convoité par ses filles avec d'autant plus d'intensité que ces dernières savent devoir le partager.

Le témoignage de Céline nous confronte toutefois à un autre univers. Celui du sadisme en liberté, ce qui est plus rare. La jalousie que toute sœur aînée peut ressentir à la naissance d'une cadette ne prend généralement pas de telles proportions. Même déformés par la mémoire et la subjectivité de celle qui en a souffert, les faits racontés ici sont empreints d'une cruauté qui dépasse largement les rapports de force des querelles infantiles. Les jeux cruels qui s'instaurent pendant les jeunes années ne se prolongent généralement pas trop au moment de l'adolescence, la puberté conduisant chaque enfant à chercher ailleurs ses compagnons de jeux.

Un seul exemple suffit à se convaincre de la dimension sadique de la relation : la grande sœur introduisant de force un tampon dans le vagin de la plus jeune. Il ne s'agit alors pas du simple sadisme infantile, anal et banal, structurant, que l'éducation et l'amour parentaux permettent de dépasser, mais bien d'une relation sadique, érotisée par l'aînée et subie par la cadette, sous couvert d'indulgence voire de complaisance parentale.

Quelle différence faites-vous entre le sadisme infantile banal et le sadisme érotisé ?

Une fillette qui a 3 ans à la naissance de sa sœur – un âge propice à la jalousie et à la cruauté, tout comme aux attachements œdipiens – peut facilement vouloir détruire la petite sœur qui vient chambouler son univers. Cette jalousie, classique chez tout(e) aîné(e) qui se voit supplanté(e) dans son rôle de seul(e) et unique enfant de la famille, ne prend toutefois généralement pas l'allure de sévices à l'encontre du nouveau venu. Car les parents sont là pour l'empêcher de passer à l'acte. Les sentiments sont libres, pas les actes.

Pour autant, il n'est pas rare de constater quelques passages à l'acte agressifs ou transgressifs chez une fille aînée chérie lorsque naît une plus jeune. La relation à la mère est encore très intense ; quant au père, s'il n'est adoré depuis le début, il commence à le devenir. Ainsi une fillette peut-elle se mettre à attaquer ses peluches, à arracher la tête de ses poupées ou même à vouloir planter ses doigts dans les yeux du bébé. Mais les parents sont là, vigilants, aimants. Ils rassurent l'aînée sur la permanence de leur amour et sur leur vigilance. Ils lui transmettent un message fondamental : en aucun cas, jamais, elle n'aura le droit de faire du mal au bébé. Et ainsi l'enfant comprend qu'elle n'a pas tous les droits et s'en retourne abîmer ses jouets.

Quelle est l'origine du sadisme infantile ?

Le sadisme infantile est tout simplement l'expression directe, non médiatisée, non sublimée, de la violence pulsionnelle qui habite l'être humain dès sa naissance. Et que l'éducation parentale doit humaniser.

Car nous ne naissons pas humains. Nous naissons avec tous les potentiels qui feront de nous des êtres humains, pour peu que d'autres êtres humains nous le permettent. Par la parole et la tendresse, les échanges affectifs et le tissage des liens relationnels, les parents vont guider l'enfant et lui permettre d'agir, de penser et de sentir comme ils le font eux-mêmes.

Lorsqu'il jette ses jouets, déchire les pages des livres, tire la queue des chats, l'enfant exerce son pouvoir, sa maîtrise gestuelle toute nouvelle. Pour peu que les parents le contrôlent et l'accompagnent tendrement, il traverse ses divers stades maturatifs (oral et anal) sans même s'en apercevoir. Il apprend à manger, à marcher, à jouer, à parler. Il casse tout, puis se met à soigner ses jouets, poupées ou camions. Le sadisme précède la compassion, il correspond à la pure jouissance pulsionnelle de l'enfant, sans grand souci de l'autre. Le petit ne comprend pas qu'il fait souffrir. Pour le comprendre, il lui faut être capable de se projeter dans l'autre. De souffrir avec lui.

Cette découverte va lui permettre de refouler ses pulsions anales en les transformant en besoin d'ordre et de propreté, sens de l'organisation, management, rapport à l'argent, et ses pulsions sadiques en les transformant en empathie, besoin de prendre soin, d'aider, de porter secours. Une fois sublimé, le sadisme infantile est à l'origine de bien des sentiments altruistes, de sympathie, d'empathie, de compassion.

Est-ce toujours l'aînée qui écrase sa cadette des privilèges de son âge ?

Pas du tout. Il est certes plus facile de comprendre la souffrance classique de l'aînée qui s'est vécue et a été vécue comme enfant unique et qui se voit contrainte de partager l'amour de ses parents, son espace, ses jouets, sa chambre avec une plus jeune, mais on ne peut ignorer la tyrannie des cadettes.

Si les parents ne sont pas vigilants pour dire à chaque enfant qu'il ne peut pas tout faire, et qu'il n'est pas question que sa toute-puissance régisse la famille, tout enfant peut devenir un bourreau, une malheureuse victime de son ego, de ses pulsions, de son sadisme. Et ce n'est ni une question de genre ni une question de place dans la fratrie. Croire que seuls les petits derniers, des garçons, peuvent malmener leurs frères et sœurs est une erreur. Pour peu qu'elle soit élue, préférée, détestée ou tout simplement livrée à elle-même, une fille cadette ou benjamine peut vouloir régner sans partage sur les autres et faire de la nursery un champ de bataille. Un divorce, un décès, une maladie, tout bouleversement dans la vie de famille peut occasionner des ruptures dans l'équilibre éducatif parental. Si un enfant est laissé à son monde intime, jaloux, vindicatif, cruel et malheureux, il peut terroriser les autres et se perdre lui-même dans les méandres de ses pulsions infantiles.

Même dans une famille nombreuse, chacun des enfants doit être éduqué pour être humanisé. À chaque naissance, il faut renouveler les soins et les attentions, maintenir le cadre, les contraintes et l'affection, tout en tenant compte de la spécificité et des potentiels de chacun. Sans cette tendre vigilance, la fille comme le garçon, l'aînée comme les cadettes peuvent étouffer sous la charge pulsionnelle qui les habite et qui habite les autres.

Jalousie et férocité chez les filles

Est-il difficile d'éviter jalousie et rivalité ?

En général, dans une fratrie, tout le monde jalouse tout le monde. L'aîné voudrait les câlins et les biberons donnés au plus jeune qui envie les prérogatives des plus grands. Les filles trouvent que les garçons sont privilégiés et réciproquement. C'est la vie normale d'une famille. Tout le monde envie ou jalouse tout le monde et pourtant, personne ne voudrait perdre sa place ni réellement prendre la place de l'autre. L'enfant voudrait tout. Tout avoir. Toutes les places. Grâce à leur amour et aux soins qu'ils accordent à l'éducation de chacun, les parents aident tout enfant à se sentir unique, à se sentir aimé et ainsi à rester à sa place. À la défendre, à la garder. C'est la loi symbolique, personne ne peut tout avoir. Ni toutes les places ni tous les droits. Mais chaque enfant a un nom et une place que rien ni personne ne peut lui prendre.

Si quelque chose défaille dans cet équilibre des places, au plan affectif et symbolique, un enfant peut se sentir très menacé par l'existence d'un autre. Si l'amour parental semble lui faire défaut, il peut se sentir creusé d'une jalousie infernale. Une jalousie féroce qui s'installe signale toujours une grande fragilité affective, un manque de sécurité intérieure : l'enfant se sent menacé dans ses amours et dans son identité par la nouvelle naissance.

La jalousie féroce d'une sœur aînée serait donc un signe de fragilité de la famille ?

En effet, si la jalousie est classique, elle ne dépasse souvent pas le niveau des plaintes aux parents et des chamailleries entre frères et sœurs. Elle s'exprime dans les rapports de force, rivalités, compétition, attaques plus ou moins cruelles, mais elle évolue avec le temps. Les parents sont là pour rappeler aux enfants les règles de vie commune et l'étendue de leur amour.

Imaginons toutefois qu'ils soient pris par les turbulences de l'existence et ne puissent intervenir, ou même qu'ils soient un peu absents, inaffectifs, indifférents. Dans ce cas, l'aînée peut avoir le sentiment que si l'amour parental lui fait défaut, c'est que le bébé le lui a pris. En l'occurrence, quand arrive la petite sœur, et que la grande voit qu'on s'en occupe, elle peut craindre que son propre empire ne s'écroule. Pour retrouver sa royauté, elle voudra faire disparaître la nouvelle venue, dans ses fantasmes, ses rêves, ses jeux.

Tant que l'amour parental et ses exigences dominent la réalité, le monde des fantasmes ne vient pas déborder l'enfant, car les parents sont là pour parler, expliquer. Leurs interdits comme leur tendresse limitent l'univers de l'enfant en lui donnant du sens. Si l'enfant en arrive au passage à l'acte, c'est qu'il est seul face à ses pulsions, ce qui est un énorme facteur d'angoisse pour lui, autant que de mise en danger des autres.

Ainsi, le déchaînement d'une telle hargne sur la petite

sœur peut signifier que son aînée s'est sentie autorisée à faire valoir ses propres droits à être unique et à se débarrasser de l'intruse. Cette autorisation peut lui avoir été donnée, inconsciemment, par l'un ou l'autre de ses parents, lui-même dominé par une histoire d'enfance non résolue. Trop de vieilles blessures infantiles saignent encore chez de grands enfants qui deviennent parents sans avoir fait la paix avec les guerres de leur propre enfance.

La jalousie des filles est-elle plus forte que celle des garçons ?

La classique jalousie de l'enfant unique qui devient un aîné commence de la même manière chez les filles et chez les garçons. Il s'agit de partager ce qu'on croyait à soi. Un royaume. Joue donc fortement l'attachement à la mère, surtout si l'enfant est encore très jeune. Dès qu'il peut parler, dessiner, se raconter des histoires, il peut mêler le nouveau venu à ses fantasmes et lui régler son compte. Ensuite les choses évolueront au rythme de la vie de famille, de son tempo, des plages de temps que les parents sauront privilégier pour chaque enfant.

L'arrivée d'une seconde fille peut toutefois affecter une aînée qui ne comprend pas la nécessité d'avoir une sœur, la famille ayant déjà une fille. Surtout si les parents partagent plus ou moins consciemment ce point de vue. Une mère qui se réjouit de mettre au monde des filles prend donc moins qu'une autre le risque de voir se déclencher chez son aînée d'âpres crises de jalousie. La grande ne vivra pas sa sœur comme la confirmation d'une malédiction jusqu'à maintenant à peine esquissée, celle d'un double manque, d'un échec répété, mais comme une figure de richesse et d'altérité.

La haine de la féminité

Comment expliquer le déferlement de haine qui peut habiter des sœurs ?

La jalousie sororale est un mécanisme qu'on trouve chez les enfants comme chez les peuples : celui qui est trop proche, trop semblable est une menace pour l'identité. C'est la classique aversion pour qui nous ressemble. La haine classique du frère pour son frère, du cousin pour le cousin, du voisin pour le voisin. De la sœur pour sa sœur. De certaines femmes pour les autres femmes.

Les guerres fratricides reposent sur une forme spéciale de haine, la haine de soi-même, du semblable trop proche. La haine qui habite deux sœurs peut se nourrir d'une haine supplémentaire, la haine de la féminité. Une haine impossible à exprimer, portée le plus souvent par la mère. À son insu parfois, même sous les masques et parures de la séduction.

Il n'est pas toujours facile pour une fille de venir au monde après une autre fille. Il peut arriver que la venue d'une « autre » fille ne réjouisse pas les parents, voire les déçoive. Pour des raisons complexes, liées à l'histoire singulière et familiale de chacun, un garçon pouvait être espéré. Une petite amertume peut alors se cacher sous l'apparente satisfaction parentale.

Ces sentiments ambivalents, normaux mais refoulés, peuvent contribuer à la mésentente des sœurs. Car avant d'être sœurs, elles sont filles, au double sens que ce mot possède en français, fille et non garçon, fille et non fils. Les sœurs ennemies sont aussi des filles ennemies. Peut-être des filles malvenues. Elles ne sont peut-être pas profondément acceptées en tant que filles. Leur genre n'est pas le genre attendu. Difficile de s'aimer ou d'aimer son double, si tous deux sont du « mauvais genre ».

Une fille peut donc haïr sa sœur tout simplement parce qu'elle est une fille. Une *autre* fille. Pour peu que le discours parental laisse échapper sa déception, du genre « encore une fille », l'aînée peut non seulement se sentir lésée, menacée, sans espoir de compensation. Un *autre* enfant fille, c'est toute sa singularité qui risque de s'envoler.

Vous pensez qu'une fille peut être jalouse de la féminité de sa sœur ?

Les comportements sadiques de l'aînée envers sa jeune sœur sont ouvertement sexués, ils attaquent la féminité de la petite.

Nous savons que des parents sont en conflit et que le père, soumis, semble s'identifier à l'enfant bousculée par sa sœur, comme il l'est peut-être par sa femme. Au moment crucial de la naissance d'une petite sœur, la mère est submergée par la maternité. Elle s'occupe du bébé. La grande sœur peut chercher à se coller à elle pour renforcer ce lien de similarité. Et les mères connaissent bien les comportements des aîné(e)s qui régressent pour se faire materner. Les pipis au lit, les plaintes somatiques, les appels à l'aide. Quand arrive un petit, le grand fait des bêtises, c'est classique. Les parents font de la compensation, ils accompagnent la régression de l'enfant et le stimulent pour lui faire comprendre qu'il ne perdra jamais sa place d'aîné et que cette place est enviable. Ainsi les choses se tassent.

Si la mère n'est pas disponible, peu affective par exemple, si le père ne compense pas le temps qu'elle passe avec la nouvelle-née, le désarroi de l'aînée peut se muer en haine farouche pour celle qui lui a tout pris. Qui lui prend sa mère et tout ce qu'elle et sa mère avaient jusque-là en commun, quelque chose d'unique et de précieux, d'ineffable. La féminité peut-être. Genre et sexe. Une féminité enviée. À vouloir posséder. À combattre chez les autres. À détruire chez l'intruse.

Une sœur est toujours mauvaise

Pourquoi la jalousie peut-elle prendre de telles proportions ?

Les parents se répartissent leurs enfants, plus ou moins inconsciemment d'ailleurs, en fonction de leur préférence, de ce qu'ils perçoivent ou attendent chez eux. C'est le jeu de rôle classique des fées autour du berceau dont nous avons déjà parlé. Chacun reconnaît dans le nouveau-né des éléments qu'il aime ou qu'il déteste chez lui et chez son conjoint, mais aussi chez sa mère, son père, ses grands-parents, ses beaux-parents. Ce jeu d'attribution peut être véniel si les parents s'entendent bien et que leur relation n'est pas trop chargée de non-dits. Il arrive qu'il soit fatal si les parents sont en guerre l'un contre l'autre. Même une guerre larvée, sans éclat, peut être mortelle pour les enfants pris à partie et engagés dans le combat par le parent qui les a choisis. À cause de cette guerre familiale par procuration, par délégation, l'enfant est habité par des haines dont il ne comprend rien mais qu'il doit assouvir.

Par exemple, chez les filles, l'une ressemble à la mère, l'autre au père, l'une a les qualités qui font mal au père, l'autre les défauts qui blessent la mère, etc. Le combat qui s'ensuivra, entre les sœurs, reproduira probablement les conflits qui opposent les parents. Le parent le plus actif, le plus offensif, tire les ficelles, plus ou moins consciemment, et fait agir sa fille chérie qui ne peut faire autrement que plaire à son parent chéri. L'autre parent, pour peu qu'il soit plus passif, entraînera celle qui lui a été attribuée ou qu'il s'est choisie dans sa propre passivité.

Ainsi peut s'installer une relation très dure entre les fillettes en écho de ce qui se joue entre les parents. Celle qui subit les agressions ne peut se plaindre et n'imagine pas se révolter. Elle pressent bien que ce qui lui arrive ne choque pas ses parents, qu'ils ne lui seront d'aucun secours. Elle est prisonnière de la relation à sa sœur et ne peut que se soumettre pour souffrir le moins possible.

Que penser des « bonnes sœurs » dans ce contexte ?

Une fillette confiée à des religieuses n'en sera pas nécessairement traumatisée si les parents veillent à la rassurer sur les raisons de leur décision et surtout sur leur inaltérable tendresse. Mais une enfant terrorisée par sa *sœur* ne part pas chez les *sœurs* l'esprit tranquille. Et quand on annonce des bonnes sœurs, des sœurs bonnes, il faut pouvoir tenir sa promesse. Or le renforcement de cruauté entre le sadisme de la grande sœur et celui des religieuses vient marquer la fillette d'une évidence : une sœur est toujours mauvaise ; qu'on la dise bonne ou qu'elle soit aînée, elle est méchante.

Maintenant, observons un contexte tout à fait singulier. C'est parce que sa grande sœur a fauté qu'on punit Céline, en l'envoyant chez les bonnes sœurs où elle sera à nouveau punie selon des critères qui semblent lui échapper.

L'injustice du comportement des religieuses, en écho à l'injustice du comportement maternel, pourrait faire sombrer Céline, qui se demande quelle faute elle a pu réellement commettre pour être ainsi maltraitée par sa famille et par la vie.

Devenir une femme et aimer sa féminité

Quand on a eu une sœur avec qui les relations ont été violentes, cela rend-il les amitiés féminines impossibles ?

Les relations entre les sœurs engagent les rapports ultérieurs avec les filles et ensuite avec les femmes. Si les débuts dans la féminité sont difficiles, agressifs, douloureux, si la sœur est une rivale jalouse, il est possible qu'ensuite toute semblable soit vécue comme une rivale jalouse et que l'amitié entre filles soit aussi difficile que la confiance.

Les femmes peuvent représenter des figures dangereuses, qui toujours annoncent un déchaînement possible de violence. Une sœur nocive peut donc rendre les identifications féminines difficiles. Devenir une femme peut sembler alors un projet impossible.

Tant que le modèle familial restera la seule référence, tant au niveau factuel environnemental qu'au niveau psychique des représentations inconscientes, il sera difficile à la fillette de devenir une femme aimant sa féminité.

Mais elle aura peut-être la chance de sortir du carcan des aberrations parentales et de rencontrer d'autres figures de femmes, plus libératrices, qui lui donneront accès à une féminité plus large, au-delà des contraintes œdipiennes et des identifications infantiles. On ne reste pas une petite fille toute sa vie.

Comment devenir une femme et aimer sa féminité ?

Les dégâts qu'une telle histoire infantile peut creuser sont immenses. Quand tout a été sapé, la sécurité de base, l'identité, la tendresse, la confiance en l'autre, l'estime de soi, tout est à reconstruire. Et seule une vraie thérapie peut permettre de le faire. Encore faut-il prendre le risque de s'y lancer. Et rencontrer le déclic qui permet d'envisager de prendre un tel risque.

Aux enfances les plus noires peuvent succéder de belles existences adultes. La vie ne s'arrête pas aux expériences infantiles même si elle y trouve ses sources. Elle offre des opportunités, des rencontres, des événements qui changent la donne et rendent l'avenir possible. Pour une fillette, cela peut être une enseignante, pour une jeune femme une amie, un amour, une personne lui ouvrira les fenêtres du monde. Ce sont les « tuteurs de résilience » dont parle Boris Cyrulnik, les points d'appui respectueux et aimants qui permettent de ne pas sombrer et d'engager le travail psychique de reconstruction nécessaire pour qui veut sortir de la répétition familiale et de la tragédie des destins.

III

MA SŒUR, MON DOULOUREUX MIROIR

Blanche, 41 ans, journaliste de mode

« Miroir brisé »

Une silhouette de 1,78 mètre, une queue-de-cheval blonde tirée en arrière, des yeux en amande bleu lagon… Avec son petit air mutin à la Françoise Dorléac, Blanche en impose. Les ongles impeccablement manucurés, ses mains s'agitent comme deux papillons blancs quand elle parle. Au fil de l'entretien, son teint de porcelaine laisse transparaître quelques pâleurs. Elle évoque, à plusieurs reprises, une souffrance secrète nommée sœur : une sœur handicapée à vie à la suite d'un accident, pauvre corps brisé, alors que le sien, juché sur des talons aiguilles, respire la beauté et la féminité. Pourtant, avant l'accident, c'était Blanche la plus handicapée des deux…

Le petit canard et le beau cygne

« Nous sommes deux sœurs jumelles, nées sous le signe des Gémeaux », dit la chanson des *Demoiselles de Rochefort*… Gabrielle et moi sommes nées le 11 juin 1966 – le même jour, mais pas du même œuf : nous sommes hétérozygotes, « fausses jumelles ». Toute mon enfance, des regards de fascination se sont braqués sur moi : « Ah ? Tu es une jumelle ? Vous devez vous ressembler ! » Or il n'y avait pas plus différentes que nous deux. Gabrielle, les cheveux bruns et bouclés, les lèvres très minces, petite et ronde ; moi, longue tige, blonde aux yeux bleus ! Psychologiquement, c'était le même grand écart : elle, calme, douce, brillante ; et moi, l'éternelle torturée, l'hypersensible, la cancre… – j'étais celle qui posait problème. N'avais-je pas débuté mon existence quinze jours en couveuse pour une difficulté respiratoire, alors que Gabrielle était déjà rentrée à la maison ? N'étais-je pas la « mauvaise surprise » ? Pendant sa grossesse, en l'absence d'échographie, ma mère ignorait totalement qu'elle attendait deux enfants. Elle n'avait choisi qu'un prénom, mixte d'ailleurs, Gabriel(le). Après la naissance, elle a mis une semaine à trouver le mien…

De maladie en maladie

Gabrielle – le prénom signifie étymologiquement « héros de Dieu » – était pleine de la vie qu'on lui avait prêtée. Moi, Blanche – pourquoi pas « Transparente » ! –, j'étais vierge de tout désir. Du coup, j'ai passé toute mon enfance à essayer de me faire voir. J'ai eu toutes les maladies en double, en triple. Angines à phlegmons, sinusites, doubles otites, bronchites, asthme… À partir de 11 ans, j'ai découvert les affres de l'insomnie. Je me réveillais à 4 heures et j'entendais ma sœur dormir tranquillement. Comme la Belle au bois dormant ! Je me tournais et me retournais dans mon lit : « Demain, elle sera en pleine possession de ses moyens, elle pourra briller, plaire à maman. Et moi, je serai fatiguée, nerveuse, nulle. » Et ça me tuait. Quand sont passées les maladies de la petite enfance, j'ai soudain fait plus « sérieux » : je me suis offert un superbe ulcère à l'estomac à 12 ans.

La fille de son père

Quand deux enfants sont à ce point différents, il est fréquent que le sens commun leur attribue à chacun un des parents. « Tu es bien la fille de ton père », me disait on, tandis que Gabrielle était la parfaite « fille à maman ». De fait, mon père était plutôt très gentil avec moi (au point qu'aujourd'hui je doute de la nature de certains gestes). Maman, elle, ne jurait que par la douceur et l'excellence de Gabrielle. Et elle me détestait. Oui, je l'insupportais. S'était-elle projetée en moi ? Étais-je l'enfant-surprise, comme elle-même avait été l'enfant-accident ?

Le coup de gong a sonné le jour de mes 18 ans. Je n'étais toujours pas réglée, contrairement à Gabrielle qui était devenue pubère à 13 ans, comme beaucoup de filles du collège. Moi, j'avais un corps d'enfant, j'étais déjà très grande, et je voyais avec étonnement le corps des autres filles du lycée, alors que le mien restait désespérément androgyne. Ma mère m'a envoyée faire une série d'explorations gynécologiques d'où il est ressorti... que j'étais stérile. Quand le médecin nous l'a annoncé, à toutes les deux, à l'hôpital, en précisant que je devais suivre un traitement hormonal à vie, j'ai vu là la preuve éblouissante de mon irréductible différence. Ça me confortait encore une fois dans l'idée d'être exceptionnelle : celle qui n'allait pas enfanter, ni materner, alors que j'imaginais si bien ma sœur à la tête d'une famille nombreuse...

Elle, sainte, moi, dépravée

À partir de ce moment-là, ma mère s'est encore plus éloignée de moi – c'en était trop pour elle ! Et pourtant, j'aurais eu tant besoin d'une maman, au moment où, interdite de maternité, j'entrais dans la féminité... Voyant à quel point ma mère me fuyait, moi, « handicapée stérile », j'ai choisi de quitter rapidement la maison. Je suis partie, j'ai enchaîné les petits boulots : vendeuse dans des magasins de luxe, serveuse, et puis mannequin pendant trois ans. Ma sœur, que j'appelais alors « ma grande sœur », s'était inscrite à l'université Paris-Dauphine, où elle a décroché un DESS en gestion. Elle avait une vie réglée comme du papier à musique, sans petit copain, alors que je commençais à avoir quelques flirts. Ça n'a pas loupé : aux yeux de ma mère, Gabrielle était une sainte, et moi, une dépravée. Un soir, alors que je racontais que j'étais allée au cinéma avec un copain, elle a lâché le mot de « pute ». Nous étions non pas dans les années 1950, mais en 1980...

Ce soir-là, j'ai fait ma première tentative de suicide, en

avalant tout ce que j'ai pu de Mercalm, des comprimés contre le mal des transports. J'en garde le souvenir d'hallucinations monstrueuses, marées d'araignées, gueules de monstres, vieillards en pyjamas... Mes parents, après m'avoir récupérée sur mon lit, m'ont accompagnée à l'hôpital faire un lavage d'estomac. Mais personne, jamais, n'a prononcé l'expression « tentative de suicide ». Pourquoi ma tentative de mort aurait-elle eu la moindre importance, si mes tentatives de vie n'avaient pas elles-mêmes été écoutées ? Du coup, en toute logique, j'ai recommencé. À 22 ans, je crois, j'ai avalé un mélange de cocaïne, barbituriques, anxiolytiques... Rebelote. Cette fois, c'est ma sœur Gabrielle qui m'a prise en charge. Quand elle venait me voir, à l'hôpital, elle m'apportait un roman, une boîte de pâtes de fruits. Elle était parfaite...

Son premier amant, un de mes ex

Tandis que je cassais les pieds de la famille avec mes crises existentielles, elle poursuivait brillamment son petit bonhomme de chemin. À 25 ans, fraîchement diplômée, elle a pris un appartement à Paris, conquérant elle aussi un début d'autonomie. Elle a eu aussi son premier amant – qui n'était autre qu'un de mes ex... Gabrielle n'en savait rien. Un jour, elle m'a annoncé tout sourire : « Tu sais quoi... Je sors avec Patrick ! » « Avec Patrick ? » J'ai failli m'étouffer. Ça m'a sidérée... d'autant plus que c'était son premier petit copain à plus de 25 ans... Et puis, trois mois après, il y a eu l'accident. Elle avait 26 ans.

Inversion de rôles

Que faisait-elle, ce 2 août 1992, sur une route, près de Saint-Nom-la-Bretèche ? Que faisait-elle, à vélo, un dimanche du mois d'août, alors que la France entière était partie en vacances ? Elle devait être sacrément seule pour en être arrivée là. C'est la première question qui m'a taraudée.

Quand j'ai appris son accident, j'étais en Corse. Je passais des vacances à la Sagan, entre l'insouciance et le luxe, à faire du bateau, à nager, à faire la fête. Et puis, ce jour-là, en pleine sieste, le téléphone a sonné. Mon copain m'a tendu l'appareil d'un air interloqué – il n'avait pas dû comprendre les propos incohérents de ma mère…

Je suis revenue par le premier avion. Elle avait été hospitalisée à Versailles. Le choc avec le camion a été terrible. Elle était sur son lit, morte en tant que sœur. Intubée de partout, trachéotomisée. On nous a annoncé qu'elle avait un traumatisme crânien, un pneumothorax, qu'elle était aveugle d'un œil, et paralysée. Elle avait été défoncée, brisée de partout. Je voyais son corps, sur ce lit, allongé, et je me disais : « Ça n'est pas elle. Rendez-moi ma sœur. »

Gabrielle est restée deux mois dans le coma. Tous les jours, je suis venue dans cet hôpital. Je m'en souviens : les trois petites marches, le perron un peu délabré, la porte automatique, et puis les vapeurs d'alcool et d'éther. Comme un robot, j'enfilais la calotte bleu clair, les chaussons, les gants… Je m'asseyais sur la chaise en skaï noir. Et, dans le silence pesant entrecoupé de bips, de sifflements des appareils, devant ce corps brisé, je lui parlais, de choses les plus intimes possible, selon les recommandations du médecin. Je lui parlais des parents, de son appartement, de son chat siamois. Un jour, j'ai même miaulé pour l'imiter… Mais mon estomac se tordait. Je voyais son corps, long et maigre, les membres retenus par des liens, les mains calées dans des moules. Et je me disais « brisée-brisée-brisée ». Ça me faisait tant de mal que j'aurais voulu mourir.

Elle a ouvert les yeux

Quand Gabrielle est sortie du coma, nous avons quitté le douillet cocon de Versailles et l'avons transportée à l'hôpital de Garches. Retour au réel. Cette sœur, couvée dans son cocon, devait rejoindre la réalité des « fous » et des « barrés », de ceux qui bafouillent et gigotent… En ce sens, le réveil a été sans doute bien pire que le coma.

Je venais tous les jours pour assister à la séance de rééducation. Dans le même temps, j'observais le changement dans l'attitude de ma mère : elle revenait vers moi, avec ce regard semi-admiratif, semi-craintif, qu'elle réservait habituellement à ma sœur. Ironie de la vie... Les rôles s'étaient totalement inversés. Gabrielle n'était-elle pas désormais en « couveuse » à l'hôpital, tandis que moi, l'éternelle malade de notre enfance, je pétais le feu ? Par un curieux retournement de forces, je ne m'étais jamais sentie aussi bien physiquement. Sans doute, inconsciemment, me sentais-je protégée par le sort ? En moi se déployait un élan vital que je ne soupçonnais pas. D'un côté je me sentais atrocement coupable (le complexe du survivant) ; mais de l'autre, j'étais emplie d'une force extraordinaire, qui m'a d'ailleurs permis de m'occuper d'elle.

Mon enfant, ma sœur

De *petite* sœur, j'étais devenue l'aînée. Gabrielle, ma sœur. Mon pauvre poussin boiteux. Dès que je la vois, son œil à moitié fermé, son pauvre corps brisé, sa patte folle, mon cœur se serre. Quand je lui rends visite dans l'appartement où elle vit seule désormais, j'ai l'impression de voir une maison de petite vieille, avec cette odeur de renfermé, les Kleenex qui traînent... Comment exprimer ce sentiment, fait de pitié, d'amour, de désir de protection ? Quand elle a voulu retravailler, j'en ai été malade. Elle si brillante, bardée de diplômes, se retrouvait à faire des stages photocopie... Aujourd'hui, elle suit des ateliers de dessin, de modelage, de collage, à l'École des beaux-arts. Je tâche de l'aider. Moi qui suis très attentive à mon alimentation, je lui compose des menus équilibrés, je l'engueule quand elle mange du pain et du chocolat en guise de déjeuner. « Tu vas acheter des lentilles, hein, d'accord ? Et puis du soja. Tu penses à acheter du poisson, OK ? » J'aimerais en faire plus, et je me fais souvent honte. Mais il faut bien vivre. Votre sœur est handicapée, vous allez bien : c'est terrible. Mais on n'a pas le droit de laisser sa propre vie s'échapper.

Le jour du défilé

Notre différence fait peine à voir. C'est comme si elle vivait dans le quart-monde, et moi, dans un univers cinq étoiles. Pour elle, un voyage est une aventure exceptionnelle, alors que moi, je pars pour un oui ou un non. Je vis dans le luxe et les paillettes, l'univers de la mode, et elle est dans son handicap. Un jour, il s'est passé quelque chose de terrible. C'était la période des défilés ; Christian Lacroix présentait sa collection à l'École des beaux-arts.

Il y avait, comme d'habitude, un service d'ordre, des barrières, du bruit, des caméras. Je courais, mon invitation sous le bras, juchée sur mes talons aiguilles, fringuée comme pour les défilés. Soudain, j'entends une voix : « Tune, Tune ! » (c'est notre surnom, à toutes les deux). Je me retourne... Elle était derrière les barrières, avec sa canne, son œil à moitié fermé. « Ma Tune ! Que fais-tu là ? » ai-je demandé. « Je t'attendais... J'ai eu un cours de dessin... Tu es belle, si bien coiffée ! » Alors, dans un tourbillon, je l'ai serrée dans mes bras, presque trop fort : « Ma Tune, ma Tune, comme ça me fait plaisir ! » Mais c'était trop. Le grand écart entre nos deux vies, ce monde fait de lenteur, de patience, d'abnégation, de son côté, et de l'autre, cette fausse urgence qu'est un défilé... Tout cela m'a sonnée. Alors je suis vite rentrée, je me suis assise à ma place, et là, je me suis effondrée.

Nos vies discordantes

Je ne le nierais pas : ma sœur est un fardeau... Mais elle m'est si précieuse. Si elle n'était pas là, qui pourrais-je gâter à ce point, moi qui n'ai pas d'enfant ? C'est ma petite fille, quelque part. Mon statut de grande sœur me permet de lui dire des tas de choses, beaucoup plus que ma propre mère. Quand, par exemple, elle se laisse aller, elle se sert d'une troisième part de gâteau au chocolat, moi, je peux lui dire : « Eh oh, Tune ! Tu vas peut-être t'arrêter là, hein, ma grosse ? » Et ça la fait rire. Pendant les repas de famille, les déjeuners dominicaux, je fais en sorte qu'on l'écoute. Je sais que mes parents ont envie que je raconte des trucs sur ma vie : c'est facile. Je rencontre des gens connus, des couturiers et des stars, je voyage, je vois des fringues incroyables... Et c'est facile, pour eux, d'exhiber leur fille dans ces conditions ! Mais je lutte contre cela. J'attends qu'elle raconte ses ateliers, son collage, son dessin. Et, quand d'aventure, parce qu'elle bafouille, quelqu'un l'interrompt pour enchaîner sur autre chose, je lance : « On pourrait peut-être laisser Gabrielle finir sa phrase ? »

Je suis sa grande sœur

Un jour, elle a voulu louer un deux pièces archi-sombre, cafardeux, qu'elle prenait pour un joli appart', sans doute à cause de son problème de vue. Mes parents étaient prêts à signer le bail... J'ai dit : « Il n'en est pas question. Tune ne vivra pas là. » Je me suis fermement interposée. À l'heure où mes parents commencent à vieillir, je me sens responsable à 100 % de ma sœur. Je suis là pour l'empêcher de souffrir. Pour la protéger des autres.

J'ai peur qu'un SDF n'en veuille à son argent. D'ici quelques mois, elle va partir en Inde. Je suis terrorisée à l'idée qu'elle puisse donner tout ce qu'elle a ! Alors je lui donne des petites leçons de vie, par exemple : « Je ne t'interdis pas de donner. Mais donne la moitié seulement de ce que tu désires offrir et ça sera bien assez. » J'espère vraiment qu'un type ne lui mettra pas le grappin dessus. D'un autre côté, si elle pouvait trouver l'homme de sa vie, ça nous soulagerait tellement, nous, sa famille ! Car sa propre solitude est aussi la mienne. Même si depuis l'accident, c'est moi qui suis devenue le joli cygne de l'histoire, son handicap me fragilise. De temps en temps, quand je suis avec un mec, qui me trouve sexy, et que je lâche, au fil de la conversation, que je suis une jumelle, que j'ai une jumelle, je vois son œil friser. Et je poursuis : « Si tu savais à quel point nous sommes *devenues* différentes... »

La cruauté du destin

L'enfant de trop

Sophie Carquain: Blanche et Gabrielle sont des jumelles hétérozygotes, dites fausses jumelles. Comment peut se vivre cette singulière gémellité ?

Maryse Vaillant: Il n'est jamais facile d'être fausse quelque chose. Ce qui ne veut pas dire que des jumelles hétérozygotes vont obligatoirement vivre leur naissance comme une erreur. Tout dépend du contexte et de la façon dont les parents, la mère surtout, vit cette double naissance.

Dans ce témoignage, la grossesse a été vécue comme unique. La mère n'a pas porté deux enfants. Elle n'a pas fantasmé deux enfants. Elle n'en attendait qu'un, n'en voulait qu'un. Un seul prénom avait été prévu. La seconde naissance est un choc, visiblement désagréable. C'est là que la fausseté de cette gémellité va prendre tout son sens.

La deuxième fillette n'a été ni pensée ni rêvée. Elle n'a pas encore de réalité psychique lorsqu'elle fait irruption dans la réalité de sa mère, non comme une jumelle, une *vraie* jumelle *hétérozygote*, mais comme un redoublement de la première. Le redoublement qu'on n'attendait pas. Et sa santé empêche que la mère s'attache à elle dès la naissance. La petite doit rester à l'hôpital, en couveuse. La mère noue donc des liens affectifs avec une seule de ses deux filles. L'attachement premier se fait avec celle qu'elle peut nourrir et prendre dans ses bras. L'autre enfant n'est que la *deuxième*, la *seconde*. L'enfant surnuméraire. La *fausse* jumelle. Fausse par rapport à sa sœur. Une fausse fille, une fausse sœur. Une erreur ?

On voit la puissance fantasmatique du scénario qui se joue alors pour celle qui a la même date de naissance, les mêmes anniversaires, le même âge et qui devrait prétendre avoir la même place dans la famille. Son amertume peut être grande. Car l'injustice qui lui est faite l'est. Elle est l'enfant qui n'a pas de nom, pas de place. Elle est moins vraie que sa sœur, n'a pas de vraie place ni de vraies attentions de la part de sa mère.

Ce qui explique que les deux jumelles ne soient pas dans la fusion mais dans la différenciation ?

Elles n'ont pas besoin de se différencier, elles sont différentes. Totalement hétérogènes. Ce sont certes des jumelles hétérozygotes, mais on peut dire que Blanche surtout est la *fausse* jumelle de sa vraie sœur, de la vraie fille de sa mère. Ne parle-t-elle pas de son « irréductible » différence ? Comme si l'écart qui la séparait de sa sœur n'était imputable qu'à elle-même, ni à sa jumelle, ni à la relation entre elles, ni à leur mère et à la hiérarchie qu'elle établit entre ses filles. Comme si sa gestation invisible, sa naissance surprise, ses premiers jours en couveuse, tout préparait Blanche à une vie dans l'ombre de sa sœur, la vraie jumelle, la vraie fille de ses parents.

Rien n'a construit leur gémellité ; on peut dire que rien ne construit leur sororité. Le regard des parents jamais ne les unit, leurs premières expériences affectives ne contribuent pas à les souder, le rejet maternel accentue l'écart entre elles. Autrement dit, rien ne construit la bulle si chère à bien des jumelles, homo- ou hétérozygotes, ni l'entente mystérieuse qui peut unir des sœurs d'âges proches.

La relation à la mère est centrale dans l'histoire des deux sœurs ?

Comme bien souvent dans la relation sœur-sœur, un troisième pôle articule, dissocie ou lie la relation des sœurs entre elles. Il s'agit souvent de la mère et de son rapport à son histoire et à sa féminité. En fait, c'est moins le rapport direct à la mère elle-même qui est en jeu, qu'un rapport à l'image qu'elle se fait de la féminité et de ses figures : séduction, maternité, génération, procréation, tout ce qui fonde le pouvoir féminin et la transmission de la maternité et de la féminité. La mère de la mère est donc souvent là, souveraine adorée ou haïe, omniprésente même dans l'ombre.

Ainsi, Blanche cherche et trouve des similitudes entre elle et sa mère qui ne concernent en rien sa jumelle. Ainsi peut-elle s'identifier à celle qui ne l'a ni élue ni reconnue. Elles sont toutes deux des mal-aimées. Des filles mal aimées de leur mère.

Cette difficile relation à la mère, à la maternité et à la féminité peut constituer une des raisons du retard pubertaire de Blanche. En maintenant son corps dans l'enfance, quelque chose d'elle évite la féminité autant que la génitalité et la maternité. Découvrir sa stérilité à l'occasion d'une puberté très tardive représente donc pour elle un traumatisme violent. Même si la féminité et la maternité lui faisaient peur, il lui aurait été plus agréable de les refuser que de s'en voir privée.

La stérilité en héritage

Que penser de la stérilité découverte à cette occasion ?

Sans rien savoir des causes de cette stérilité, nous pouvons voir les dégâts qu'une telle annonce peut faire dans le psychisme d'une adolescente mal dans sa peau. Elle a déjà 18 ans. Elle a vu arriver la puberté de sa jumelle et celle de ses camarades de classe, elle a vu passer les années sans comprendre ce qui lui arrivait et apprend un déficit hormonal traitable et une stérilité définitive. C'est une grande blessure pour elle qui souffre depuis son enfance d'un manque de reconnaissance et d'amour maternels. Comme si des deux jumelles, l'une seule pouvait reprendre le flambeau maternel de la fertilité et de la procréation, la vraie, sa sœur. Comme si se justifiait après coup le manque d'intérêt que sa mère lui témoigne depuis toujours.

La stérilité sonne probablement pour elle comme un blâme, une faute, une punition. Car si les termes de déficit hormonal sont anodins et peu propices à la culpabilité, il en est autrement du terme stérilité. Pour l'homme comme pour la femme, ce mot est lourdement connoté : aridité, pauvreté, sécheresse, misère, inutilité voire impuissance. La femme stérile n'est pas qu'infertile, elle se vit comme coupable de ne pouvoir transmettre la vie. Elle est désignée comme une voie sans issue, une branche morte pour la génération. Comment Blanche peut-elle entendre le cri de culpabilité de sa mère ? Qui a commis une faute ?

Deux filles stériles. Cela ressemble à une malédiction.

Secrets, non-dits, tabous ou légendes, dons et maladies... – la famille est le lieu de la transmission. Les legs génétiques et névrotiques encombrent la scène fantasmatique de chacun. C'est l'héritage. Le patrimoine auquel nul ne peut échapper, qu'on souffre d'ignorer, qu'on doit apprendre à recevoir comme à transmettre. Ainsi en est-il souvent des malédictions familiales. Quand la mort frappe une famille, que ce soit par le suicide, la maladie ou la stérilité, chacun s'efforce de se construire. Chacun tente de jouer sa propre carte pour fuir le verdict de destruction qui semble peser sur tous.

Ce qui fait répétition et malédiction, c'est ce qui est tenu secret, qu'on cache, dont on a honte. Ce n'est jamais la chose elle-même, c'est l'écho, la rumeur, le halo qui l'entoure. Autrement dit, le poids des convenances, des a priori, le marquage culturel et ses injonctions. Ainsi, même si chacun sait que la vraie fécondité d'une personne ne réside pas dans sa capacité à faire des enfants, qu'il y a des traitements hormonaux, des adoptions possibles et surtout qu'il n'est nul besoin de procréer pour créer, d'avoir des enfants pour s'épanouir, le diagnostic de stérilité tombe souvent comme un verdict. De culpabilité. De déficience.

C'est pourquoi les causes de la stérilité qui frappe les enfants dans une famille sont moins importantes que l'écho que ce terme aura chez eux. Autrement dit, quel que soit le substrat biologique d'un déficit hormonal, ou de toute autre origine de la stérilité, c'est le contexte psychique, les soubassements inconscients, les représentations imaginaires qui entourent le diagnostic qui feront la différence – et qui feront d'un drame familial une tragédie personnelle.

Pour Blanche, survivre à la malédiction de stérilité est un crime, comme le sera de survivre à l'accident de sa sœur ?

Quand la mort rôde, vivre est un crime. Survivre quand l'autre meurt, quand les autres disparaissent également. En tout cas au niveau imaginaire. Il faut du temps et un vrai travail sur soi-même pour se donner le droit de vivre quand l'histoire familiale est tragique ou quand on voit mourir ses proches.

Reprenons l'exemple de la stérilité et voyons le message de mort qui est contenu dans ce diagnostic. Non pas de mort personnelle, mais de mort de la lignée, de la descendance, de la part personnelle qu'on prend à la descendance. Inconsciemment, tout enfant devenu adulte présuppose qu'il « doit » un enfant à la génération qui le précède. Une façon diffuse et magique de rembourser sa dette de vie, en prolongeant la lignée, en transmettant le patrimoine qui lui a été transmis. La stérilité marque un arrêt dans la génération qui peut être fort mal perçu par ceux ou celles qui se sentent en dette par rapport à leurs parents. Dette de vie. Dette d'honneur. Malaise assuré. Non seulement la stérilité porte atteinte au désir de fécondité, mais elle peut faire éprouver un grand sentiment de faute par rapport aux parents ou aux ancêtres. Quelle faute pèse donc sur cette fausse jumelle pour qu'elle soit ainsi punie ?

Vouloir mourir ou pouvoir vivre

Jusqu'à l'accident, Blanche était la fille handicapée. Puis, elle a commencé à vivre. D'où la question : y a-t-il de la place et de la vie pour tout le monde ?

L'accident de sa sœur offre à Blanche la possibilité d'avoir un rôle. En s'occupant de sa sœur, elle prend une place, occupe une fonction et sa relation à sa mère change.

À partir de là, elle peut évoluer, grandir, exister. Elle devient enfin la fille de sa mère, en s'occupant de sa sœur. Apparemment simple, ce scénario exige de nombreux réajustements, le franchissement d'un certain nombre d'écueils. Dépassement de la culpabilité, autorisation à vivre une vie et une place jusqu'alors interdites et occupées par une autre.

Tout se passe comme si disparaissait dans l'accident la sœur qui a volé sa place et sa mère à Blanche, et que naissait une enfant fragile qui avait besoin d'elle. À partir de là, elle accède au rang de première jumelle, « l'autre » restant à l'hôpital comme elle-même était restée en couveuse. Cette triste répétition inversée des conditions de leur naissance lui donne une chance de pouvoir vivre. En ayant un rôle, elle commence à avoir une place. Et comme sa malédiction de fausse jumelle est d'être stérile, en prenant soin de sa sœur elle peut avoir le sentiment de lui donner la vie.

Blanche a fait deux tentatives de suicide... Et puis, quand sa sœur a eu son accident, elle s'est mise à vivre.

Tout se passe comme si la mort et la vie se nouaient et se dénouaient tout au long de l'existence de Blanche. Retenue en couveuse lorsqu'elle est petite, elle ne naît pas à la vie familiale en même temps que sa sœur. Maintenue en enfance au moment de la puberté, elle ne naît pas à la vie adolescente et à la sexualité en même temps que sa sœur. Découverte stérile, alors qu'elle a à peine eu le temps de se savoir femme, elle imagine que sa sœur aura plusieurs enfants. Les grandes étapes de sa maturation de fille, de femme et de mère sont marquées du sceau du refus. Comme si le destin ne voulait pas de sa féminité, de sa maternité. Elle n'avait pas de place comme fille ni comme sœur, ni comme femme, ni comme mère. Comment aurait-elle voulu vivre ?

Il fallut que le sort attaque sa sœur pour que, en prenant une part active à son retour à la vie – une nouvelle naissance ? – Blanche trouve un sens à la sienne. Elle commence à vivre pour elle-même. Plus jeune, elle aurait voulu vivre pour sa mère. Comme l'indique peut-être sa première tentative de suicide au Mercalm. À partir de l'accident de sa sœur, elle prend du recul et accepte de vivre sa propre vie, pour elle-même et pour sa sœur.

Faut-il qu'une des sœurs se sacrifie pour que l'autre réussisse ?

La gémellité nous ouvre un champ immense, toujours fort révélateur de ce qui se passe entre sœurs, celui du double et de ses nombreux avatars. Il arrive qu'il n'y ait pas de place pour deux dans une famille, soit deux femmes, la mère et la fille ne pouvant coexister sans se détruire, soit deux enfants, les parents ne pouvant en investir affectivement qu'un, soit des jumeaux, contraints à se glisser l'un dans l'autre, au point de se fondre et se confondre, pour correspondre au désir parental. Dans une famille, deux est un chiffre difficile à vivre.

L'accident de sa sœur donne à leur gémellité une utilité inattendue. Blanche détient la plus grande partie de la mémoire de sa jumelle. Elle occupe une place unique. Et nécessaire. Tout ce qu'elle a vécu auparavant est précieux. Elle seule peut faire revenir à la vie sa sœur « brisée ». Elle n'était qu'une fausse jumelle et maintenant elle est celle qui porte la gémellité et la sororité pour deux. Il ne s'agit pas d'un sacrifice – en tout cas, pas d'un sacrifice conscient – mais d'un jeu de substitution des places dans le monde imaginaire le plus féroce qui soit, celui des amours familiales. Un jeu de rôle, où les destins et les événements s'emmêlent avec cruauté. Un jeu amer auquel aucune sœur ne peut jouer sans la participation active ou passive des autres.

La culpabilité du survivant

Blanche pense que sa sœur étouffait de porter le poids de l'excellence et qu'elle s'est, ce jour-là, laissé aller dans l'accident.

Blanche peut le penser pour apaiser sa culpabilité – celle du survivant, comme elle le dit elle-même. Son hypothèse peut néanmoins être juste en partie. Même si on connaît mieux la plainte des mal-aimés que celle des préférés, on sait qu'aucun enfant ne peut supporter seul l'investissement exclusif dont il fait l'objet au détriment des autres. C'est lourd, l'amour d'une mère ! C'est lourd de ne pouvoir le partager. Surtout avec sa jumelle. Elles ont le même âge, franchissent en même temps les seuils de maturation et de socialité, fêtent les mêmes anniversaires, et pourtant chacune d'elles est dans une totale solitude face aux étapes de la vie. En général, les jumeaux font front, se délectent et se rassurent mutuellement. Chaque fois qu'il faut affronter les parents ou les épreuves de la vie, ils se soutiennent. Difficile donc d'être jumelles et de ne pouvoir savourer les bons côtés de la sororité et de la gémellité. Certes, il est de grands avantages à être l'enfant préféré, mais lorsque l'autre est sa jumelle, on peut supposer que cette préférence est un fardeau insupportable.

Que dire du sentiment de culpabilité éprouvé par Blanche ?

Le sentiment de culpabilité de Blanche a des origines complexes, dont celle, aujourd'hui, de supplanter sa sœur dans des domaines où celle-ci excellait et dont elle est maintenant exclue. Comme si le destin exauçait des désirs infantiles ravageurs dont elle n'a pas toujours été consciente et dont elle n'attendait aucune réalisation. Le passage des fantasmes inconscients dans la réalité est toujours tout à fait insupportable à celui qui a souffert, qui a ragé, qui peut avoir maudit, mais qui ne peut assumer que le destin l'exauce.

Ce sentiment d'usurpation de réussite pourrait même la pousser à inhiber ses propres succès, à réduire sa vie. Car sa sœur souffre dans sa chair et dans sa vie, et Blanche ne peut supporter l'écart qui se creuse entre leurs deux modes de vie. Elle peut en arriver à avoir honte des plaisirs que la vie lui donne et dont elle prive sa sœur. Comme si ce n'était pas le sort, mais elle-même qui maltraitait sa sœur, comme s'il s'agissait non d'une revanche sur la vie mais d'une vengeance sur sa sœur.

Dans ce genre de situations, on ne peut sortir de l'étau de la culpabilité sans faire un profond travail sur soi-même. C'est le soutien thérapeutique qui a permis à Blanche d'éviter les dérives d'une trop angoissante et inhibante culpabilité. Sans beaucoup de rapports avec l'accident de sa sœur, son sentiment de culpabilité tient moins à ses succès actuels qu'à ses blessures anciennes, ses fantasmes inconscients, aux difficultés inhérentes à sa propre existence d'enfant surnuméraire et mal-aimée et de fausse jumelle rejetée.

Gabrielle est-elle devenue peu ou prou l'enfant de Blanche, qui ne pourra jamais en avoir?

Blanche qualifie elle-même de *parentaux* les sentiments protecteurs qu'elle éprouve pour sa sœur: « Ma sœur est mon enfant. » Comme tout parent, elle veille sur elle, anticipe les dangers, s'angoisse. La fragilité de sa jumelle lui fait prendre conscience des chances actuelles de son existence. La prise de conscience est douloureuse, étant donné le prix que paie Gabrielle. Mais, plus encore que son enfant, je pense que cette dernière est devenue sa « petite sœur ». Une petite sœur jumelle aimée, fragile, à protéger, à soutenir, a remplacé la grande sœur jumelle, admirée, gâtée, aimée, inaccessible. Certes, Blanche relaye sa mère auprès d'elle, s'y substitue également parfois pour les soins, mais c'est son rôle de sœur qu'elle tient le mieux. Elle *reste* profondément sœur, sa gémellité lui permettant de devenir une *aînée* comme elle avait été auparavant une *cadette*.

Ainsi la voit-on aider sa sœur, la guider, la conseiller, lui montrer le chemin, lui permettre de vivre sa vie, faire tout ce que peut initier une grande sœur. Une grande sœur responsable, qui assume des devoirs d'aînesse, peut prendre soin de sa sœur plus jeune comme le feraient des parents. À quelques différences près, car la responsabilité choisie par une aînée, si anxieuse et soucieuse soit-elle, ne porte pas le poids de culpabilité fondamentale, parfois viscérale, qui incombe si souvent aux parents.

C'est la force et l'originalité de la relation sororale: elle est plastique, vivante, mouvante. Les sœurs jouent comme elles le peuvent la gamme des relations à la mère, au père, à la vie. Elles peuvent éprouver des sentiments maternels, jouer le rôle médiateur du père, insuffler de la vie et la dynamiser – tous les sentiments familiaux affectifs sont possibles, en condensé. Ils se jouent entre les sœurs qui ont partagé une enfance, des rêves, des émotions, des parents. C'est pourquoi une grande sœur peut tout à fait être une mère de substitution pour sa sœur, mais fondamentalement, leur mère commune, présente ou absente, sera toujours là. C'est elle bien souvent qui aura défini, même à son insu, les bases de leur sororité.

Coucher avec l'amant de sa sœur

Est-il fréquent d'avoir envie de coucher avec le copain de sa sœur, comme Gabrielle le fait ? Comme dans Hannah et ses sœurs *de Woody Allen ?*

Oui, car ce qui est en jeu n'est que le reliquat des attirances œdipiennes de l'enfance. Ce qui unit les sœurs inconsciemment, c'est d'avoir eu les mêmes objets d'amour infantile. Un même homme à désirer et à envier à la mère, une même femme à aimer, à vouloir évincer. Autrement dit, quand arrive l'âge des premières amours extrafamiliales, celui que désire la sœur est d'emblée désirable. Désirable et empêché, comme bien des hommes mariés vers qui peuvent aller les filles en mal de père. Il est donc assez fréquent que le copain de la sœur semble attirant.

Mais nous parlons bien de désir et non de réalisation de ce désir. Si on suit la logique œdipienne qui habite ces scénarios plus envieux que véritablement jaloux, il s'agit de convoiter mais pas de prendre. Un œdipe est un inceste empêché. Ce qui veut dire qu'il est normal, naturel, presque logique, d'avoir envie de l'amant de sa sœur, comme on a eu envie de celui de sa mère, le père, ou d'être profondément offusquée par ce que je viens de dire, et qu'il est normal, naturel, logique de ne pas le faire. On peut relire à ce sujet ce que dit Françoise Héritier de l'inceste du deuxième type, celui qui interdit à un homme de coucher avec la sœur ou la mère de sa femme. Donc à une fille de coucher avec l'amant de sa mère ou de sa sœur.

Qu'est-ce qui est en jeu ?

Dans nos cultures occidentales actuelles, le seul amant de la mère qui soit vraiment *tabou*, c'est le père et ses remplaçants. C'est le tabou de l'inceste que nous connaissons. Les enfants sont interdits aux parents, ces derniers leur sont inaccessibles. C'est ainsi que les petits découvrent en grandissant qu'ils ne réaliseront pas leurs projets œdipiens. Ils en ont rêvé, ils ne le feront pas. La famille est la structure qui interdit certaines amours pour pouvoir en développer d'autres. Voilà pour le tabou de l'*inceste*. Il est fondamental, structurant, humanisant.

Le passage à l'acte sexuel entre les générations est *tabou* car il met en cause l'organisation humaine de la famille et la structure symbolique de la généalogie. En effet, notre humanité repose sur l'interdit majeur qui sépare la sexualité et la parenté. Est maudit tout ce qui s'apparente à l'union sexuelle d'un parent à son enfant, et à ceux qui couchent avec eux. Il en est ainsi de la proscription – ou de la prescription selon les cultures – de coucher avec le frère de son mari ou l'amant de sa sœur, alors qu'aucun lien de parenté ne semble s'y opposer.

Pour un homme, coucher avec deux sœurs serait une certaine façon de les réunir sexuellement. On comprend la dimension fantasmatique de la scène, c'est comme faire l'amour à trois. Un fantasme assez courant chez les garçons qui rêvent facilement de coucher avec deux jumelles. Un fantasme également assez courant chez les sœurs, même celles qui sont persuadées de n'y mettre aucune connotation érotique.

Qu'est-ce que ce passage à l'acte révèle de la relation entre sœurs ?

Si une jeune sœur désire « piquer le jules de sa frangine », comme c'est souvent le cas, il ne s'agit peut-être que d'un léger passage à l'acte, un peu cruel, une question de rapport de force. Une manière de faire ses premières armes en prouvant ainsi la supériorité de son pouvoir de séduction sur celui de sa sœur. Peu de désir dans ce jeu de pouvoir, l'homme en question n'étant qu'un objet de convoitise entre les sœurs.

Si l'affaire en reste là, on est dans le registre des petits règlements de comptes qui émaillent de leur sournoiserie quotidienne les relations entre les filles d'une famille. C'est une forme érotisée des chamailleries de l'enfance. Les amoureux ne sont que des jouets plus ou moins investis comme autant de signes extérieurs du pouvoir féminin que les sœurs sont amenées à affûter. Mais si une sorte de compulsion pousse l'une d'elles vers les hommes de ses sœurs, s'il est nécessaire pour qu'elle le désire qu'un homme soit déjà désiré par l'une d'elles, alors on peut supposer que la structure même de la famille est un peu défaillante. Comme si ce qui définit les places de chacun avait mal agencé les désirs et les interdits organisant les amours familiales. Les sœurs développent alors les unes pour les autres une forme de haine amoureuse impossible à surmonter et difficile à assouvir autrement que par des passages à l'acte à teneur incestueuse. Pour être fort et libre, riche et apaisé, l'amour entre sœurs doit passer par la structure humanisante de l'interdit de l'inceste qui nous rappelle qu'en matière d'amours familiales, on ne peut pas tout faire.

Axelle, 32 ans, architecte d'intérieur

« Miroir flouté »

Petite, menue, blonde, Axelle a un côté femme enfant, pas tout à fait grandie. En parlant, elle entortille les boucles autour de ses doigts. Elle accentue son regard par des traits d'eye-liner qui viennent renforcer encore le noir de ses yeux. « J'aime les yeux bridés », dit-elle, en souriant, d'un air entendu, puisqu'elle parle ici de Chloé, 28 ans, sa sœur trisomique. « Normal. J'aime ma sœur. Elle est à croquer. J'aime tout ce qui la touche. J'aime son corps, tout rond, ses joues que je dévore de baisers, ses paumes carrées et ses doigts de même longueur comme tous les trisomiques. Je l'aime trop ! » L'entretien a lieu dans un restaurant chinois, où elle aime venir – elle aime tout ce qui touche à l'Asie... comme si elle ne devait jamais faillir à sa position de « sœur de sœur », à sa loyauté éternelle envers tout ce qui touche la « Mongolie ».

Ta sœur n'est pas trisomique

Ma sœur Chloé est trisomique. Personne, chez moi, n'a jamais prononcé le mot, même au retour de la maternité. Mes parents sont rentrés seuls : « Ta petite sœur a fait une jaunisse, les docteurs l'ont gardée quelques jours à l'hôpital. » C'est ainsi que le handicap s'est transformé d'un coup de baguette magique en simple maladie. C'est ainsi que j'ai intégré cette différence, dès 4 ans, sans jamais en prendre conscience. Chloé et moi étions pareilles. Il y avait moins de différence entre elle et moi qu'entre moi et le reste du monde. Il faut dire que physiquement, il n'y a jamais eu un grand écart de taille entre nous ! Si je vous montrais les albums de photos, vous verriez deux gamines, blondes, qui se tiennent par la main, en robe d'été à fleurs. Nos parents nous habillaient de la même façon.

Chloé est mon doudou

Ma sœur, je l'adore. Je la dévore de baisers, elle est mon doudou ! Ma mère dit que Chloé ressemble plus à ses « frères et sœurs » – c'est ainsi qu'elle nomme les autres trisomiques – qu'à sa propre famille. Et Chloé ne m'appelle jamais Axelle, mais « Sœur », comme s'il s'agissait de mon prénom. « On est bien géniales, hein, Sœur ? » me lance-t-elle.

Je lui ai laissé le sport

Sans doute pour creuser l'écart avec Chloé, pour me dégemelliser, je me suis acharnée à être une élève excellente. Je décrochais la première place à peu près partout, en lettres et en sciences… sauf dans une matière. Une matière sacrifiée, tantôt la physique, l'histoire, la géographie où je pouvais me « vautrer », à la grande surprise du proviseur, qui un jour m'avait appelée dans son bureau : « Axelle, pourquoi ces notes alors que vous excellez partout ailleurs ? On dirait que vous le faites exprès. » La matière scolaire que je sacrifiais le plus souvent, c'était l'éducation physique. C'était le domaine de Chloé, son pré carré, elle qui a toujours compensé les manques intellectuels en excellant en judo, tennis… Elle se débrouillait bien, presque comme une enfant normale. À moi, un prof de gym avait lancé, un jour : « Si tu continues comme ça, à 30 ans, tu seras handicapée ! »…

Activités extrascolaires

J'ai fait un peu de danse classique dans un cours privé, ce qui me plaisait énormément, car mon corps se pliait à une discipline qui faisait contrepoids à la mollesse de ma sœur. Mais quand je rentrais à la maison, je payais cher mes entrechats ! Je me revois, rentrant, heureuse, et entendant mes parents : « Allez, Axelle, maintenant, tu apprends tout cela à ta sœur. » Quelle barbe ! Je ne me rebellais pas. J'obéissais. Je reprenais les mouvements devant Chloé, qui me regardait, plantée sur ses jambes rondes, en tirant la langue. Je le faisais en me tassant, en « bridant » mon corps, m'adaptant à elle, pour qu'elle puisse aussi le faire. Je devenais lourde comme trois éléphanteaux ! Je désapprenais ce que je venais d'apprendre...

Alors, j'ai cessé la danse, j'ai cessé le piano, j'ai tout arrêté. À la piscine, c'était la même chose. Nous y allions toutes les deux, nous faisions tout ensemble. Ma sœur était plus petite et ne savait pas nager. Je lui demandais de barboter dix minutes dans le petit bain, le temps que j'aille nager avec les grands. Haute comme trois pommes et toute ronde, ma Chloé ne tardait pas à me rejoindre. Elle arrivait en courant, se jetait dans le grand bain, m'agrippait par les épaules, m'enfonçait la tête dans l'eau. J'avais 10 ans, elle 6... Combien de fois avons-nous manqué de nous noyer, toutes les deux ! Nous étions si fusionnelles que c'était : réussir à deux, ou se noyer à deux...

Pourtant, il fallait bien grandir ! À 13 ans, j'ai commencé à m'intéresser aux garçons... Cet été-là, je devais passer quelques jours dans une caravane, à quelques kilomètres de chez moi, avec des adolescents de mon âge. Je venais d'arriver, avec mon beau blouson, mes santiags, un peu maquillée, j'avais des ailes, j'avais envie de séduire, mais mon père a déboulé pour me ramener à la maison. Sa colère me faisait froid dans le dos : « Ta sœur ne peut pas le faire, donc tu ne le feras pas. Occupe-toi de ta sœur. »

Quelques mois chez les requins

On m'interdisait de grandir, de me différencier de Chloé ? Je me transformais en « mongole ». Lorsque j'ai passé mon bac S, alors que j'avais eu 19 en maths toute l'année, le jour de l'épreuve, je suis descendue à 8. La fameuse mécanique de l'échec… J'ai fait une tentative d'envol, en intégrant une classe préparatoire à HEC, comme interne. Chloé a tant souffert de cette séparation qu'elle en a fait une déprime. De retour chez les parents, j'ai bifurqué, me suis inscrite en philo. J'avais quitté la société des requins pour passer du côté de la méditation sur l'exclusion sociale… du côté de Chloé ! M'avait-elle seulement quittée ? Récemment, un copain de prépa m'a retrouvée sur un site de retrouvailles. Il m'a envoyé une photo de moi, pendant une soirée : assise sur un canapé, la tête sur le côté, je tirais la langue, je louchais. Ce garçon avait ainsi légendé la photo : « Le jour où Axelle se prenait pour une mongole »… Il ignorait tout de l'existence de ma sœur.

J'ai ma sœur en moi

J'ai assez vite compris que je portais ma sœur en moi et que ce poids était énorme. Il m'est arrivé d'entamer des régimes, comme pour maigrir de ma sœur, pour perdre ces kilos en trop. Mais cela n'est bien entendu d'aucune efficacité. Quand je veux la fuir, elle revient… Aujourd'hui encore, pour tout ce qui touche à la féminité, à la séduction, à ces domaines qui lui sont de facto interdits, je ne m'autorise rien… D'ailleurs j'ai toujours dragué avec ma sœur à mes côtés. Quand je rencontrais un garçon qui me plaisait, il était illico au courant de son existence. « Je te préviens, disais-je d'un air belliqueux, j'ai une sœur handicapée et je ne la laisserai pas tomber. » Quant à ceux qui, pendant une soirée, « oubliaient » de la saluer, ils étaient virés aussi sec de mon carnet d'adresses. Mon fiancé, Christophe, l'a acceptée et aimée aussitôt et c'est la raison pour laquelle nous sommes restés dix ans ensemble… Mais quand il m'a demandé, aux alentours de 30 ans : « Comment vois-tu notre avenir ? », j'ai répondu : « Je ne vois rien. » Le miroir était brouillé. Vous connaissez, dans *Harry Potter*, le miroir du « RISED » (DESIR) dans lequel Harry contemple le visage de ses parents morts ? Dans mon miroir, le miroir de *l'écho*, se reflétait le visage de *Chloé*. Et cela aussi m'empêche de vivre. Cela peut paraître artificiel, cette anagramme. Mais c'est la manière que j'ai d'exprimer les choses. Mon image bute contre celle de Chloé et m'empêche d'y lire l'avenir.

Mon bel avenir

Il m'arrive pourtant, seule chez moi, de rêver à mon bel avenir. Mariage, enfants… Je ferme les yeux, j'imagine… Et puis, une pensée insidieuse : je visualise Chloé en demoiselle d'honneur, et le rêve s'effondre. Une voix crie alors en moi : « Occupe-toi de ta sœur ! » Christophe et moi avons rompu. Pour ma mère, qui rêve de petits-enfants, cette rupture a été terrible. Car il n'est bien évidemment pas souhaitable que Chloé ait un bébé… Quelques mois après ma séparation, comme si nous étions indissolublement liées par un destin commun, Chloé a rompu avec un petit copain, un jeune homme handicapé lui aussi. C'est moi qui, de retour chez mes parents en Normandie ce week-end-là, ai pris le téléphone pour annoncer à ce garçon que tout était fini.

Syndrome d'échec

Je ne suis pas faite pour cette société de compétition. Dans la vie, j'avance avec la lenteur d'une trisomique. Vous savez, si l'on veut me détruire, il suffit de placer une rivale à mes côtés ! Je rentre aussitôt dans mon trou de souris. Il y a peu de temps, je suis entrée dans une agence d'architecture, où j'ai rapidement gravi les échelons. On m'a fait miroiter que je pouvais devenir une des directrices de l'agence. C'était une progression fulgurante. Et j'étais tétanisée… J'avais une assistante à l'époque, qui avait quatre ans de moins que moi – soit l'âge précis de Chloé. Je lui ai tout appris comme j'avais enseigné les pas de danse à ma sœur. Et, du jour où elle a bien su travailler, je lui ai laissé ma place. Cela peut sembler fou… Mais c'est ainsi que

Chloé « travaille » encore en moi. Comme si mon parcours n'avait réellement aucune valeur, j'ai changé d'orientation : je suis devenue agent immobilier. À cette époque, j'ai également décliné la proposition d'un éditeur d'écrire un livre sur l'urbanisme de Berlin, une des villes que je préfère. À n'en pas douter, je me voulais du mal…

Aujourd'hui, je fais de la sous-traitance pour des agences d'archi en free-lance. Quand j'ai un gros projet en perspective, il m'arrive d'en parler à mes parents. Mon père, un jour, m'a répondu : « Et alors ? Toi, tu peux le faire. Il n'y a pas de quoi se vanter. » J'ai eu « la haine ». Je n'attendais qu'un mot de félicitations, un encouragement… Rien n'est jamais venu. Je me suis juré de ne plus jamais leur dire un seul mot de mes succès professionnels !

Le syndrome d'échec est tellement présent que, lorsque mes parents m'ont offert une voiture pour mes 25 ans, je me suis débrouillée pour me la faire voler le jour même en oubliant de la fermer. Le parfait acte manqué ! Ce vol m'a procuré un immense soulagement… Aujourd'hui, je n'ai plus rien à moi. Je suis sans voiture, sans mec, sans travail fixe.

« Aujourd'hui vous avez la mongole sur le divan »

J'ai commencé une psychothérapie avec un monsieur qui, dès la première séance, a épinglé le problème : « Il faut trouver votre place, vous qui êtes hantée par ce double qui vous caractérise. » C'était la phrase qu'il me fallait entendre. À raison de trois séances par semaine, je « dépote » sur le divan. Parfois je le trouve brillant, parfois je le traite d'incapable. Parfois je me sens si bête que je lui lance : « Je vous préviens, docteur, aujourd'hui, vous avez la mongole sur le divan. »

J'ai compris sur le divan des choses anodines mais pas tant que ça… Pourquoi avais-je été à ce point passionnée par les maths et les équations à une inconnue ? Parce qu'elles disposent du fameux *x*, l'*x* en trop dont souffrent les trisomiques – l'*x* qui est marqué au cœur même de mon prénom, Axelle! Moi aussi, je possédais cette « lettre maudite », qui est d'ailleurs le signe de la féminité – et le signe de la multiplication. Cet *x* me hante en permanence, et il ressort de moi aux moments où je m'y attends le moins : au téléphone, au boulot, je me retrouve à griffonner des *x*.

Aujourd'hui, pourtant, j'essaie d'avancer sans elle. Je vis à Paris, Chloé en Normandie. Il m'arrive de ne pas la voir pendant un mois entier. Elle me manque! Elle est très fière de moi, je le sais. Quand je téléphone, elle pousse des petits cris : « Maman, c'est ta fille parisienne qui téléphone ! » Je lui donne ce que j'ai. Quand je la vois, je la couvre de cadeaux. Je me suis même endettée un jour pour lui offrir le top du karaoké. J'aurais pu l'acheter cash, mais, allez savoir pourquoi, je l'ai acheté à crédit – ce qui fait que je l'ai payé encore plus cher. Et quand je porte quelque chose qui lui plaît et qu'elle le trouve « génial », je m'en dessaisis aussitôt pour le lui donner.

Tutrice de ma sœur

Récemment, j'ai accepté d'être la tutrice de Chloé. Quand nous sommes ressorties du tribunal, elle m'a sauté dans les bras : « Sœur, c'est bien génial ! Tu es ma tutrice ! » Être tutrice de sa sœur est une position particulière, pesante, car il faut remplir les documents, penser au côté matériel de la vie, prendre des décisions. Mais c'est pour moi la bonne solution pour me différencier d'elle. Nommée tutrice, je suis hiérarchiquement, si l'on peut dire, et chronologiquement, la « grande ». Les choses sont nommées... C'est aussi une façon de m'insurger contre les propos de mes parents, de les invalider, de les rendre nuls.

C'est moi la handicapée

Il est temps que je la lâche. Je la porte en moi, comme une enfant, et cette enfant m'empêche de concevoir le mien. Vous savez, j'ai 32 ans. Si je continue comme cela, je vais bientôt gagner la fin de la trentaine et ainsi multiplier mes « chances » d'avoir un enfant trisomique… Je pense que je dois maintenant me jeter dans le « grand bain », celui des grandes sœurs. Mais Chloé me ralentit tellement ! Je dois sortir de ce miroir ensorcelé. Et retrouver mon image.

L'impossible reflet

La force du désir et celle du déni

Sophie Carquain : Les parents ont-ils encouragé la relation fusionnelle entre Axelle et sa sœur, ou est-ce Axelle qui inconsciemment a voulu ne faire qu'une avec sa sœur ?

Maryse Vaillant : Dans la plupart des situations, les parents induisent les mouvements apparemment spontanés des enfants. Leurs désirs donnent le ton, parfois clairement énoncés, parfois ambivalents ou contradictoires. Quels qu'ils soient, les enfants tentent de les satisfaire, en fonction de ce qu'ils en perçoivent, intuitivement.

Ici, le désir parental est puissant, souverain. C'est l'envers d'un désir, un *refus* – du handicap, de sa représentation, de son apparence – qui a la force et la détermination d'un désir. Les parents veulent avoir des enfants normales, deux filles que rien ne différencie et surtout pas le handicap. Ainsi, comme la petite trisomique ne peut ressembler à sa sœur aînée, c'est à cette dernière de réussir la prouesse de combler le désir parental en s'exerçant à la ressemblance. À son insu, elle comble l'écart insupportable à ses parents et se fait handicapée pour leur faire plaisir.

Il n'y a là rien de bien rare. Les enfants font tout pour être aimés. S'il suffisait d'être trisomique pour plaire à ses parents, combien d'enfants le seraient !

En considérant la petite comme une enfant normale, les parents ne lui ont-ils pas donné une belle vie ?

On peut penser que les parents ont fait le bon choix : ne pas stigmatiser leur enfant, lui donner toutes ses chances de vivre comme les autres. C'est un beau projet. En niant la trisomie et son cortège de différences, ils veulent agir sur la réalité, tout faire pour offrir à leur enfant une vie normale. Qui les en blâmerait ? Rendre l'enfance de son enfant la plus heureuse possible, n'est-ce pas le projet de tout parent ?

Mais leur décision repose sur un refus qui ressemble à une impossibilité. Comme si l'acceptation de la trisomie de leur enfant était pour eux totalement exclue. Autrement dit, ce n'est pas un choix positif, c'est une incapacité. Quelque chose en eux bute sur l'impossible acceptation de la différence, du handicap, de la trisomie.

Il s'agit de *dénier* la réalité insupportable, de tout faire pour la refuser, l'annuler, ne pas en tenir compte. Le problème, c'est que refuser de voir la réalité ne permet pas de la changer. Ni même de l'affronter. C'est une fuite, un aveuglement. Et les conséquences sont souvent lourdes à porter. La réalité finit par s'imposer et ce qui était dénié refait alors surface avec une violence ravageuse. D'autant que, pour maintenir la barrière d'aveuglement, pour réussir à vivre avec la fiction construite pour ne pas voir ce qui fait mal, sont nécessaires de nombreuses entorses avec la réalité gênante. Ainsi s'accumulent les mensonges, secrets, cécités, non-dits et interdits de penser. Car avec la réalité rejetée, sont écartés des souvenirs, des pans entiers de la mémoire, des personnages, des attachements. Voire des enfants.

La vie d'Axelle est marquée par l'aveuglement de ses parents ?

Oui, on dirait qu'Axelle paie l'aveuglement parental. Pour permettre à ses parents de pouvoir nier la différence qui leur est insupportable, elle doit être comme sa sœur. En quelque sorte, ils la somment d'effacer le handicap de sa sœur, de le prendre à sa charge, de le prendre en charge. Ils lui demandent de s'occuper de la petite à leur place.

On remarque que la mère appelle les enfants trisomiques les « frères et sœurs » de sa fille Chloé. Comme si la trisomie était une famille. Comme si la petite avait une autre famille, une autre fratrie. Comme si elle n'était pas sa fille, l'une de ses filles. Une façon probablement inconsciente de tenter de rejeter la trisomie en dehors de sa famille. Or Chloé, de son côté, appelle Axelle « Sœur », faisant d'elle une trisomique de plus. Ainsi, par un curieux retournement verbal, le handicap dénié revient en force habiter la famille. Si l'on suit la logique du raisonnement maternel et de son écho chez ses filles, tous les enfants étant trisomiques, Chloé n'est plus différente.

Avoir une sœur handicapée

Comment peut-on faire lorsqu'on a une sœur trisomique? Est-ce toujours cet enfermement?

Pour les frères et sœurs, la question de la différence ne se pose pas avant l'école et le regard conformiste des autres enfants. Et là, une fois encore, l'éducation parentale fera la différence. La tolérance s'enseigne et s'apprend. Cela n'est jamais inné. C'est le résultat d'une ouverture d'esprit, non seulement d'un a priori d'acceptation des singularités et des différences, mais surtout d'un trajet personnel et familial long et difficile. La question n'est pas celle du handicap, mais celle de son acceptation, de son intégration dans la vie d'une famille. Un enfant peut ainsi être atteint d'une maladie ou d'une déficience sans que cela devienne l'enfer pour les autres enfants. Surtout lorsqu'il s'agit d'un handicap qui ne provoque pas de souffrances chez l'enfant concerné.

Certes, la trisomie est une épreuve. La petite trisomique ne se développe pas au même rythme que les autres enfants, il lui faut des attentions particulières. Ses frères et sœurs doivent s'adapter, apprendre à tenir compte de ses difficultés et de ses manques dans certains domaines d'apprentissage ou d'expression. Sa singularité peut provoquer des regards parfois difficiles à supporter. Mais elle apporte son caractère enjoué, sa tendresse, son monde à elle. Savoir accepter ses différences peut faire grandir toute la famille.

Certains parents tiennent remarquablement le coup. Ils acceptent, affrontent et surmontent leur peine et parviennent à aménager une vie de famille pour tous leurs enfants, handicapés ou non. En général, ils le font grâce à d'autres parents, en s'unissant, en se solidarisant avec d'autres familles confrontées aux mêmes problèmes quotidiens et surtout aux mêmes angoisses qu'eux. Il s'agit pour eux de dépasser l'ombre de la culpabilité, des blessures narcissiques que le handicap d'un enfant peut faire naître chez ses parents. D'où l'importance énorme que peut prendre une association ou des amis, un voisinage, pour affronter autant le regard des autres que son propre regard sur soi-même.

Ainsi, le prix à payer n'est pas le sacrifice d'un autre enfant, d'une fille aînée par exemple. Le handicap est toujours une épreuve, mais pas toujours une tragédie.

Le handicap d'une sœur est plus difficile à vivre pour ses sœurs ?

Pour une fille, la sœur est comme un autre elle-même. Sauf si de nombreuses années séparent les naissances et que les fillettes sont élevées par des personnes différentes, les grands-parents par exemple, il se tisse entre les filles d'une fratrie un lien sensible, émotif, affectif et imaginaire des plus forts. Il est donc très dur pour une fille d'affronter les drames qui percutent la vie de sa sœur. L'intensité du lien, tissé depuis l'enfance, depuis le plus jeune âge, est un mélange de parentalité et de gémellité.

Les parents ont tendance à dire « les filles », à les réunir dans ce collectif qui les soude. Ils peuvent également charger l'aînée de sa cadette, les réunissant alors dans une pseudo-parentalité qui les marque toutes deux à jamais.

En fait, le rapport sœur-sœur est toujours en partie un rapport spéculaire et un rapport parental. La sœur détient pour ses sœurs un fragment de chacun de ses parents. Des parents idéalisés, des parents d'enfance, violemment ou tendrement aimés. Elle est également un miroir féminin, une référence à copier ou à dépasser, autrement dit un alter ego, un jalon, une mesure. L'étalon sœur sert à savoir qui l'on est. C'est le miroir du genre, du sexe, de la féminité, voire des progrès, ensuite de la maturité, de l'âge. Le handicap d'une sœur vient donc brouiller le miroir sororal, déformant tout autant l'image du parent idéalisé que celle de la féminité à venir.

Le handicap d'un enfant peut être tragique pour la fratrie ?

Lorsque les difficultés empêchent les parents de jouer leur rôle éducatif, de donner à chaque enfant sa place, le handicap de l'un peut poser problème aux autres. Surtout si les parents attendent confusément que les frères et sœurs prennent en charge le handicap qu'ils ont peine à assumer. Selon un principe d'homéostasie élémentaire, la fratrie peut tendre à préserver ou à reconstituer l'équilibre parental défaillant ou éclate à défaut d'y parvenir. Certains frères et sœurs font bloc, d'autres se dressent les uns contre les autres. C'est alors la défaillance parentale qui donne au handicap son sens et son poids.

Pour pouvoir exister dans une famille, il faut avoir le droit d'être différent. Si l'identité familiale est stable, la place de chacun reconnue, la loi symbolique en place, il y a place pour les différences individuelles sur fond de communauté. Même pour la différence douloureuse du handicap.

En fait, tout est question de place. Celle des parents et celle des enfants ne sont jamais interchangeables, pas plus que celles des enfants entre eux. Nul ne peut remplacer personne ni être confondu avec personne. Chacun a son identité singulière. Tout collage, confusion ou substitution est signe et facteur de troubles psychiques sévères. C'est pourquoi il est plus facile de vivre un handicap – ou toute autre différence – en le reconnaissant qu'en le niant. Chaque enfant est différent. C'est sur ces différences – d'âge, de genre, de personnalité – que se construisent les fratries. Bien plus que sur les ressemblances. Jamais sur les confusions.

Les sœurs face à la crise

Les sœurs vivent-elles la crise familiale de la même manière ?

Pendant la traversée houleuse des grandes crises familiales, on voit les frères et sœurs se tenir les coudes. Pour peu que les adultes soient bouleversés et perdent un peu de leur vigilance parentale, les fratries s'organisent. Les filles peuvent ainsi se souder en coalition, les aînées faisant front pour soutenir les parents ou les défier, les cadettes pour leur échapper, ou l'inverse.

Deux sœurs confrontées à la même crise familiale peuvent également développer des stratégies différentes pour s'adapter, se protéger, se tirer d'affaire. La différence sera dans l'attachement qui les lie l'une et l'autre au parent du même sexe et à l'autre parent. Les liens plus ou moins forts qui unissent, attachent, voire emprisonnent chacune d'elles à son parent aimé orienteront ses positions. Et l'on verra sombrer une fille adorée alors que la moins investie s'en sortira presque indemne. Ou alors, c'est l'enfant aimée qui sera préservée alors que la mal-aimée s'accrochera dans l'espoir fou d'être aimée un jour. Elles choisiront leur camp et soutiendront le parent choisi, par amour ou par devoir, librement ou sous emprise, prenant le risque d'abdiquer une partie de leur libre arbitre ou d'oblitérer certains de leurs choix de vie.

Une fois la crise dépassée, il n'est pas rare que les clans premiers se désolidarisent pour former de nouvelles alliances. La famille aura vacillé, voire éclaté et trouvé un nouvel équilibre, de nouvelles ouvertures, de nouvelles forces. Chaque sœur aura appris sur quelles forces elle peut compter, en elle et dans son entourage proche. Les crises de la vie nous apprennent beaucoup sur nous-mêmes et sur nos proches.

Grande sœur ou petite mère ?

Est-il fréquent que la grande sœur soit amenée à jouer le rôle des parents ?

C'est fréquent, sans être gênant. Tout dépend de ce que les parents attendent d'elle, un relais ou une substitution. Une fille aînée peut aider, seconder, relayer ses parents dans l'éducation quotidienne des plus jeunes sans que cela soit problématique. C'est le privilège – parfois pesant – de l'âge, celui des devoirs d'aînesse. La grande sœur s'occupe des plus jeunes sous la houlette de sa mère qui continue de tenir les rênes.

On parle de *parentalisation* lorsque l'aînée se voit mise en place parentale à cause de la défaillance des parents. Lorsqu'un accident de la vie – maladie, événement dramatique ou misère ordinaire – entrave la marche habituelle de la famille et bouscule trop les parents pour leur permettre de tenir leur place sereinement, la fille aînée peut être conduite à les remplacer auprès des autres enfants. Elle mûrit plus vite et assume très tôt, voire trop tôt, des responsabilités et des préoccupations que la vie familiale devrait lui épargner. Être parentalisée n'est jamais un cadeau pour celle qui se voit ainsi flouée d'une part de son enfance.

Lorsqu'une petite sœur est handicapée, les parents peuvent demander à l'aînée d'aider cette dernière à affronter les autres enfants ou de consacrer une partie de ses loisirs à ceux de la plus jeune. Dans ce cas, il ne s'agit pas de parentalisation, mais bien du rôle de grande sœur : ouvrir l'espace culturel et social de sa cadette, lui faire découvrir le monde, affronter parfois les petits et l'initier à l'univers des grands. Il ne s'agit pas de jouer le rôle des parents, car cette fonction initiatrice doit rester sous la vigilance bienveillante des parents pour rester mesurée et sororale.

Dans l'histoire d'Axelle, le déni du handicap par les parents est-il la cause de la transformation du lien sororal en lien maternel ?

Dans un premier temps, Axelle se vit comme semblable

à sa sœur en tout point. Elles sont pensées et voulues jumelles, dans un projet parental vigoureux de nier le handicap de la seconde. Jumelles, identiques. Sœurs absolues.

L'incapacité parentale à assumer la réalité de la trisomie de leur fille a imposé une mission à Axelle, rendre sa sœur normale. Or les jeux sont pipés : Chloé ne peut réellement bénéficier de l'éducation d'Axelle. Cette dernière devait donc brider ses propres talents et s'interdire tous les plaisirs que le handicap interdisait à sa sœur. Mais Axelle sait qu'on lui demande autre chose. Elle pressent qu'il lui faut porter le handicap de sa sœur handicapée. Comme si, faute de pouvoir être pensé, reconnu, exprimé, le handicap de l'une ne pouvait que prendre corps dans l'autre. L'impossible acceptation de la trisomie de la petite a rendu les parents incapables de s'occuper d'elle. Axelle a été désignée par eux pour jouer le rôle qu'ils ne pouvaient jouer. Il s'agit bien du processus de *parentalisation.*

Les choses vont-elles changer maintenant qu'Axelle est la tutrice légale de sa sœur ?

Aujourd'hui qu'elle est sa tutrice, elle va peut-être pouvoir se libérer d'elle, accoucher d'elle en quelque sorte. Sortir du lien imaginaire gémellaire fusionnel et fonder une véritable relation, mi-sororale mi-parentale. Autrement dit, maintenant qu'elle est clairement responsable de sa sœur, au plan civil, elle peut enfin se différencier d'elle. Elle peut être différente. Elle doit être différente. Il lui serait impossible d'assumer la responsabilité que la loi lui donne, le rôle protecteur parental de tutrice légale, si elle était restée identifiée à sa sœur. Pour assumer son rôle légal, il lui faut changer de place. Définitivement sortir de la fusion et de l'indifférenciation.

Pour en arriver là, il a fallu qu'Axelle fasse un vrai travail personnel, analytique, psychothérapeutique. Aujourd'hui, en devenant responsable de sa sœur, en position légale de tutrice, elle peut se dégager du poids mortifère que ses parents avaient jeté sur elle. Et devenir elle-même tout en veillant sur sa sœur.

IV

MA SŒUR, MON DOUBLE

Jessica, 20 ans, étudiante

« Copiée-collée avec Audrey »

« C'est la première fois que je parle de la gémellité, de ce bonheur et de cette angoisse », Jessica, grosse frange brune sur des yeux noisette soulignés de khôl et faux airs de Giulietta Masina, un brin d'angoisse en plus. Être jumelle, pour elle, ça n'est pas uniquement le bonheur d'avoir un double ; c'est aussi la terreur de le perdre. Un soir, en venant pour rencontrer Jessica, moi aussi, je me suis laissé confondre. Je m'étonnais qu'elle soit en bas de l'immeuble, à faire les cent pas, au lieu de garder mes enfants, dont elle s'occupait alors : « Tout va bien, Jessica ? Où sont les enfants ? » Un visage un peu boudeur s'est levé vers moi : « Je ne suis pas Jessica, je suis Audrey, sa sœur. » Irruption du fantastique dans le quotidien... Même regard, même frange, même voix. J'en étais soufflée.

Ce jour-là, dans un petit café turc non loin du Panthéon, j'ai le sentiment que Jessica est assise sur une fesse... Elle tripote son portable, comme si elle attendait un texto. De son petit ami ou de sa sœur ?

Nous partageons tout... même nos sous-vêtements

Je m'appelle Jessica, et je me définis d'abord comme une jumelle. Avec Audrey, née quelques minutes avant moi, nous partageons tout, à commencer par la chambre : une grande pièce séparée en deux – les deux côtés étant parfaitement identiques : mezzanine, bureau en merisier, même couette violette, mêmes draps roses... Seuls nos doudous sont différents, mais complémentaires : un nounours bleu pour Audrey, un écureuil rose pour moi.

Au centre de la chambre, trône une grande armoire où nous rangeons nos vêtements. Ce qui est à l'une est à l'autre. Nous faisons du shopping ensemble, et quand exceptionnellement je suis seule, j'achète pour nous deux, avec Audrey « dans ma tête ». Nous partageons tout, même les slips et les soutiens-gorge, les chaussures, et ça ne me dérange pas. Nous nous maquillons avec les mêmes produits, utilisons le même parfum. Nous allons en même temps chez le coiffeur et nous nous faisons faire la même chose. À Noël dernier, je me suis fait poser de faux ongles en résine. Audrey a pris rendez-vous deux jours après chez l'esthéticienne.

Nos corps sont indissolublement liés l'un à l'autre. Vous voyez [Jessica se cale dans son fauteuil], je vis souvent dans ma chair une expérience troublante. Je suis assise en face de ma sœur, comme je le suis de vous, nous fumons une cigarette, nous buvons un Coca. Eh bien, quand je regarde ses doigts spatulés, recouverts de vernis transparent, je ne sais pas vraiment si ce sont ses mains. Ou les miennes. Qui tiennent la cigarette.

« Ba... » « teau » !

Maman, pourtant, a tout fait pour que nous nous différenciions, et que nous cultivions chacune notre personnalité. Nous avons été séparées à l'école dès la maternelle, et même à la crèche : chacune dans une section. Maman nous habillait de façon différente, nous coiffait différemment. Mais ses tentatives furent vouées à l'échec. À la crèche, nous faisions tout pour nous retrouver dans les mêmes aires de jeu. Même notre langage était emmêlé : quand l'une disait « ba » l'autre terminait « teau ».

Maman en a souffert. Elle était privée de la relation exclusive que toute mère rêve d'entretenir avec ses enfants. Elle n'a jamais été au centre, mais toujours en périphérie de nous deux. Cela a dû être d'autant plus difficile pour elle qu'elle nous a eues à 40 ans... Elle a dû rêver d'un enfant... Mais au fil du temps, elle s'est sans doute rendu compte que nous serions plus sœurs que filles.

Papa, lui, a toujours été très transparent. Gentil, mais transparent ! Je crois que, voyant que nous avions créé notre bulle, que nous étions chacune le parent de l'autre, il s'est imaginé que nous n'avions pas besoin de lui. Oui, il s'est exclu de lui-même. De temps en temps, il nous lance : « Je vous aime, les filles. » On lui répond : « On t'aime aussi, papa. »

Plus facile pour draguer

Je connais les fantasmes qui prospèrent sur les jumelles ! Je dois dire que c'est assez facile de draguer, quand nous sommes ensemble. Cela intrigue, cela fait rêver ! Mais plus encore que de nourrir le fantasme d'une relation à trois, la gémellité permet d'éviter le face-à-face. Certains garçons ont tellement peur que les filles leur mettent le grappin dessus. Un jour, un garçon m'a dit : « Je t'aime parce que tu as une sœur. Avec toi, c'est plus léger. J'ai l'impression que tu préféreras toujours ta sœur, et ça me rassure. » Peut-être bien que sortir avec une jumelle, c'est sortir avec une « moitié » de fille ? Peut-être bien que ça réduit de moitié le risque d'attachement…

Nous n'avons jamais partagé les mêmes petits copains, mais nous avons toujours craqué pour les mêmes garçons. Comme pour les fringues, nous avons les mêmes goûts ! Nous les reconnaissions dans une soirée, ces garçons, et nous savions que la lutte serait dure. Oui, car sur ce chapitre nous étions rivales. Il y avait une vraie compétition ! C'était à qui sortirait avec l'élu. C'était souvent moi qui remportais le challenge… Plus rarement, c'est le garçon qui choisissait – alors, là, comme on dit, ça me scotchait. Pour quelle raison choisissait-il l'une plutôt que l'autre ?

À 16 ans, nous sommes sorties avec des jumeaux, de vrais jumeaux, blonds aux yeux bleus. Nous étions quatre en fusion. Eux comprenaient vraiment notre besoin d'être ensemble. Plus tard, si nous nous marions avec un couple de jumeaux, je pense que ce serait l'idéal.

Fusion… chez la psy

À 16 ans, précisément, maman nous a adressées à une psychologue, craignant que nous ne nous épanouissions pas, à rester collées ainsi l'une à l'autre. La psy nous regardait en souriant, nous demandant de parler de nous. Nous regardions nos pieds, emmurées dans le silence. Que dire d'une psy qui reçoit deux sœurs en même temps ? N'était-ce pas, une fois encore, nous enfermer dans notre gémellité ? Nous avons assez rapidement arrêté. Et notre fusion s'est accentuée. Quand l'une est heureuse, l'autre l'est aussi. Quand l'une a mal, l'autre souffre aussi… Et je dirais même que la souffrance est pire, car elle est imaginée, donc magnifiée, amplifiée.

Un jour, nous avions 9 ou 10 ans, ma sœur s'est laissé tomber une plaque de barbecue brûlante sur la main. C'était ma main qui saignait. Je me souviens encore de la violence de cette douleur, en moi. Je n'ai jamais, à aucun autre moment de ma vie, souhaité à ce point être à sa place. L'imaginer malheureuse est la pire des tortures.

Je suis la dominée

On dit souvent que les couples de jumeaux sont composés d'un dominant et d'un dominé. Je crois que c'est vrai. Je suis très nettement la « dominée ». Audrey a un caractère entier, un peu arrogant, plus dur que moi. Elle a une emprise sur moi, elle le sait. Et en profite ! C'est toujours moi qui fais le premier pas, après une dispute. C'est toujours moi qui lui téléphone, qui lui montre que j'ai besoin d'elle. Ça m'agace, d'ailleurs. Elle est nettement plus forte. J'admire son indépendance. Quand nous étions petites, souvent je courais après elle.

Je préfère ma sœur à ma mère

J'aime ma mère. Mais je lui préfère ma sœur. Elle est ma moitié, ma confidente. Je ne suis pas entière sans elle. Quand j'ai été amoureuse, la première fois, c'est à ma sœur que je me suis confiée. Quand je me dispute avec mon copain, c'est ma sœur que j'appelle... Je ne cherche pas, ce faisant, à me rassurer ou à apprendre des choses comme on le ferait avec une maman, mais je dis, tout simplement, comme si j'étais face à un miroir. Tout se passe comme si, pour vivre pleinement, j'avais besoin de répercuter à Audrey. Nous savons tout de l'autre. Dans une soirée, on sait, même sans se regarder, ce que l'une pense ; si elle s'ennuie ou non, si elle veut partir ou non. C'est pratique.

Nos tentatives de « décollage » ont été assez vaines. Sur le plan scolaire, j'étais un peu meilleure qu'Audrey. J'ai obtenu mon bac SMS avec mention, alors qu'Audrey l'a eu ric-rac. En revanche, quand on a passé le concours d'infirmière, elle l'a décroché tout de suite, alors que j'ai dû faire six mois de prépa supplémentaire ! C'est comme si la vie s'arrangeait pour que nous soyons pareillement loties, qu'il y ait une compensation et que nous arrivions, en bout de course, à égalité !

Mais nous avons du mal à supporter la souffrance des autres, la mort, le corps malade... J'ai abandonné la première ces études d'infirmière que je trouvais trop dures. Du coup, après avoir obtenu son diplôme d'aide-soignante, Audrey a elle aussi laissé tomber. J'ai bifurqué sur un BTS dans l'immobilier, et Audrey sur un BTS « négociation avec la clientèle ». C'est bien la preuve que l'on arrive finalement à se séparer ! Mais ça n'a pas été sans quelques regrets... Aujourd'hui, nous savons l'une et l'autre que nous sommes faites pour travailler dans l'« aide à la personne ». Et nous savons aussi que plus tard nous travaillerons ensemble...

Forfait illimité !

Depuis notre entrée en BTS, on ne se voit plus de la journée. On n'a pas forcément non plus les mêmes amis, mais dès qu'une nouvelle tête pointe, quand une amitié se profile, il faut que nous la présentions à l'autre.

Nous compensons cette séparation par un usage abusif du téléphone. Nous sommes chacune « numéro préférentiel forfait illimité ». Le piège ! Nous nous téléphonons cinq fois par jour, sans compter une dizaine de textos... Au téléphone, au fond, j'ai besoin de me rassurer, de vérifier sa présence. Souvent, nous ne nous disons rien. J'entends son souffle, et cela me suffit. L'été dernier, lorsque pour la première fois depuis très longtemps nous sommes parties chacune de notre côté avec nos petits amis, nous nous sommes dit : « On ne s'appelle pas, cette fois, n'est-ce pas ? C'est trop cher, et le forfait illimité, ça ne marche pas à l'étranger. On va casquer. » Je n'ai pas pu tenir, je l'ai appelée (toujours moi !) trois fois dans la semaine. Et chaque fois, j'ai eu l'impression presque d'être perfusée, d'avoir mon masque à oxygène... Oui, je n'exagère pas. Ça m'a revitalisée, c'était mon bol d'air. Mais j'aurais tant aimé qu'elle me téléphone... Si nous ne nous voyons pas le soir, ou la nuit, j'en suis vraiment malade. Je n'arrive pas à dormir. Je n'ai jamais dormi seule de ma vie.

Les petits amis d'aujourd'hui

Depuis un an et demi, pourtant, notre relation change. Audrey est tombée amoureuse d'un garçon que je n'aime pas. Il est violent avec elle, il l'a déjà frappée.

Un jour, dans son sac, son portable s'est allumé sur mon numéro. Coïncidence ou acte manqué ? Je les ai entendus se disputer, hurler. Elle disait : « Lâche-moi, tu me fais peur ! » J'en étais malade. J'ai peur pour elle, et pour nous, car, en ce moment, elle ne se ressemble pas. Elle ne me ressemble pas. C'est la première fois que nous nous séparons, et tout ça, c'est à cause d'un garçon… Il y a quelques jours, je suis allée pour la première fois de ma vie seule chez le coiffeur. Quand je suis rentrée, Audrey y est allée. Cela m'a étonnée. Et ce qui m'a encore plus étonnée, c'est l'énervement que j'ai ressenti.

Plus je défusionne avec Audrey, plus je me rapproche de ma mère. Elle me rassure, comme elle le ferait pour un amoureux : « Il faut la laisser faire ses propres expériences. Tu ne peux pas décider à sa place, laisse-la vivre ! »… Audrey, même si elle ne l'avouerait jamais, a beaucoup de mal à me voir parler à maman. Elle a certainement peur que je la remplace. Elle me culpabilise, elle me dit : « Tu es beaucoup moins une sœur, depuis que tu reparles à maman. Tu n'es plus cette sœur que tu étais, tu as gâché notre relation. »

Parfois je pense à l'avenir… Quand nous serons mariées, qu'adviendra-t-il de notre « couple » ? Aujourd'hui, je sens que j'ai envie de vivre ma propre vie. Je suis amoureuse d'un garçon depuis maintenant trois ans, et peut-être resterons-nous ensemble. Une question se pose à moi : vais-je aimer mes enfants plus que ma propre sœur ? Ai-je suffisamment d'amour en moi pour aimer mes enfants ? Être jumelle, c'est un grand bonheur et une énorme angoisse : on vit en permanence dans l'angoisse de perdre l'autre. Donc de se perdre soi-même.

Vanessa, 24 ans, femme au foyer

« Nos corps en résonance »

Sur les photos qui décorent le mur, Vanessa et Audrey, jumelles homozygotes, se ressemblent comme deux gouttes d'eau. Elles s'amusent en permanence de leur ressemblance. Et en jouent !

Elles ont 24 ans, sont titulaires d'un BTS de la même spécialité et sont les grandes sœurs de Lauren qui, physiquement, est leur opposé. Avant l'année dernière, Vanessa et Audrey ne s'étaient jamais quittées... L'une est restée à Marseille, l'autre est partie à Oraison pour travailler. Mais peu importe le nombre de kilomètres : elles sont liées par une sorte de communication continue. Vanessa, la main sous le menton, se confie en souriant, l'œil fixé sur les photos.

Deux plus une égale trois

Je suis née un 23 février 1983, le même jour qu'Audrey, un an avant Lauren, presque jour pour jour : elle est née le 28 février 1984. À la demande de maman, nous avons été scolarisées dans la même classe. Personne ne pouvait nous distinguer l'une de l'autre. Nous-mêmes avons eu du mal à comprendre à quoi servait un miroir. Toute petite, je me souviens d'Audrey, plantée devant le miroir : « Vanessa ? C'est toi ? » À l'école, les maîtresses en perdaient leur latin : « Vanessa... Audrey ? Vanessa ? », ce qui nous a donné l'illusion d'avoir un prénom composé : j'étais Vanessa-Audrey, une sorte de bulle faite de deux éléments indissociables. Pendant toute notre enfance, tout le monde a cherché le petit signe pour nous différencier : grain de beauté, forme des ongles… Rien, il n'y avait rien pour nous singulariser.

Même taille, même poids, au gramme près

Notre complicité avec Lauren a beau être très forte, elle n'a rien à voir avec la fusion qui nous caractérise, Audrey et moi. Nous faisons la même taille au centimètre près et le même poids, au gramme près. Nous nous pesons très souvent car nous faisons des efforts désespérés pour essayer de grossir. Je sais, cela peut paraître étrange aux yeux de toutes celles qui veulent perdre du poids, mais c'est ainsi. Nos corps résonnent l'un avec l'autre et, quand l'une est malade, l'autre en ressent les symptômes. Un jour, je suis allée aux urgences parce que j'avais très mal au cou. « Vous n'avez rien du tout », m'a dit le médecin. Quelques heures après, je reçois un SMS : Audrey s'était fait un torticolis et avait dû se faire poser une minerve !

Maternage à trois voix

Maman a toujours été archi-fière de nous voir ensemble et elle a toujours encouragé notre triple entente. On nous regardait avec ce mélange d'admiration, de curiosité. Et ce regard la valorisait. Je pense qu'elle vivait notre gémellité comme une juste compensation de la nature, après le décès de papa, mort d'une sclérose latérale quand nous avions 10 ans. Ce décès a renforcé notre union. Nous sommes devenues une mère l'une pour l'autre. Nous dormions toutes les trois dans la même chambre. Audrey et moi dans le même lit, Lauren à côté de nous. Avec Audrey, nous parlions une langue que personne ne comprenait, nous l'appelions « notre petit dictionnaire ».

Même bac, même note…

Après le bac, que nous avons obtenu moi avec 12,32 de moyenne, Audrey 12,23, le chiffre inversé, nous nous sommes retrouvées toutes les trois en BTS de biochimie. J'avais fréquenté la fac un an comme pour tenter de vivre ma vie seule, mais avais vite rejoint mes sœurs, restaurant ainsi notre bulle primitive, squattant le minuscule studio de Johan, le copain (et futur mari) d'Audrey. Le jour de leur rencontre, elle l'avait prévenu : « Tu sais, si je pars vivre avec toi, il te faudra accueillir mes deux sœurs ! » Un jour, en l'accompagnant à la caserne de pompiers du Frioul, où travaillait Johan, j'ai flashé sur son meilleur copain : Arnaud, pompier également !

Il était fort logique que nous programmions notre premier enfant exactement au même moment... Nous avions prévu d'être chacune la marraine de notre premier enfant. Oui, mais voilà... Pour la première fois, notre corps nous a joué des tours.

La grossesse à deux

Je suis tombée enceinte à 22 ans, assez rapidement après avoir arrêté la pilule. Audrey, elle, n'y parvenait pas, son mari souffrant d'un problème lié à la qualité des spermatozoïdes. J'ai vécu ma grossesse en demi-teinte, vaguement coupable, je ne voulais pas lui faire envie, avec mon gros ventre ! Il y avait quelque chose de douloureux, car c'était la première expérience que nous ne partagions pas. Le jour de l'accouchement, Audrey était loin de moi. Elle en a beaucoup souffert. Mais les jours suivants, elle était tout le temps fourrée à la maternité, ce qui créait bien sûr des quiproquos ! Les infirmières qui la croisaient lui demandaient pourquoi elle n'était pas au fond de son lit ! Plus tard, elle lui a même donné le biberon autant que moi, puisque j'ai malheureusement dû cesser d'allaiter.

Corps emmêlés

Cinq mois après la naissance de Matteo, mon fils, je suis à nouveau, et à ma grande joie, tombée enceinte ! Quand j'ai vu la double barre sur mon test de grossesse, le sentiment de culpabilité que j'ai éprouvé à l'égard d'Audrey m'a tordu l'estomac : j'étais enceinte pour la deuxième fois, et elle n'avait eu droit à rien !

Mais le bonheur est arrivé trois mois après. Le téléphone a sonné et j'ai été envahie d'une grande joie. Avant même qu'elle me l'annonce, je lui ai lancé : « Tu es enceinte ! C'est formidable ! »

Pendant ces neuf mois, je n'ai pensé qu'à elle, et pas uniquement avec sérénité. J'étais très angoissée : et si elle faisait une fausse couche ? Je l'appelais plusieurs fois par jour : « Fais attention à toi. Tu n'as pas mal au ventre ? Pas trop de contractions ? » Une nuit, je me suis réveillée en sueur, le cœur battant. J'avais peur pour elle et j'avais raison : elle m'avait envoyé un SMS me disant qu'elle avait filé aux urgences, craignant pour le bébé.

D'un accouchement à l'autre

J'ai logiquement accouché la première, mais bien plus tôt que prévu ! Le jour de notre anniversaire, le 23 février, nous dînions toutes les trois au restaurant. J'avais de la fièvre et j'ai filé aux urgences. Là-bas, on m'a aussitôt indiqué la césarienne. J'ai donc accouché, un peu dans la panique… mais le 23 février, jour de notre anniversaire ! Mon corps s'était donc débrouillé pour nouer une autre relation de « pseudo-gémellité » avec Manon, ma fille ! Audrey, cette fois, s'est arrangée pour venir immédiatement, une chance : lorsque Manon est revenue de néo-nat', ayant eu une césarienne, je ne pouvais pas me lever. Audrey compensait ma « déficience » auprès du bébé.

Une semaine après, son gynéco a annoncé à Audrey que son col était totalement dilaté. Comme si le travail avait commencé à se faire en elle, à son insu, au moment où je mettais ma fille au monde ! Il a décidé de l'hospitaliser d'urgence. « Vous pourrez vous lever à partir du 10 avril. À cette date il pourra naître sans encourir de risques, ses poumons seront formés », lui a-t-il dit. Quand Audrey m'a annoncé ça, j'en ai été suffoquée… C'était la date à laquelle Manon devait naître !

Quand ce fut mon tour de lui rendre visite à l'hôpital, rebelote, les infirmières me disaient d'aller m'allonger. Nous retrouvions, sur le plan de la maternité, cette blague de potaches que nous avions pratiquée à l'école.

Naissance de Lee-Ann, sa fille, ma nièce…

Je n'avais qu'une crainte : qu'Audrey subisse une césarienne pour son premier accouchement. Heureusement, elle a pu accoucher par voie basse, naturellement, et j'en ai été ravie pour elle. J'avais tellement hâte de la voir ! Je me suis précipitée à l'hôpital et devant cette petite puce brune, j'ai éclaté en sanglots. C'était trop d'émotions – j'ai été submergée par un flot encore plus grand qu'avec mon propre enfant.

Car nous, jumelles, sommes soumises à un drôle de statut : ni tout à fait soi, ni tout à fait l'autre… ce qui nous fait *déguster* pleinement tout ce qui peut arriver à l'autre. Avec le bébé de votre sœur, vous êtes moins le nez dans le guidon, vous vous laissez plus volontiers émouvoir. Votre joie est sans nuances ! Nous sublimions l'une l'autre les joies de la maternité. Le bonheur est double, comme le malheur…

Chez le coiffeur en même temps !

Depuis qu'Audrey est partie, pour sa carrière, à une heure trente de route de Marseille, elle me manque. Même si notre entente est au-delà de la raison. Il y a quelque chose de fou, proche de la science-fiction ! Un jour, j'ai voulu lui faire une surprise en allant la voir à Oraison : chez le coiffeur, j'ai demandé une frange et une teinture marron glacé. Quand j'ai sonné à sa porte, je m'apprêtais à lui dire : « Regarde ! Ça te plaît ? » Or je vois venir à moi Audrey, même coupe et même couleur de cheveux ! On s'est regardées, on a mis notre main sur la bouche, on a éclaté de rire : notre destin de jumelles nous rattrapait !

Même séparées, pendant la semaine, nous sommes ensemble dans une discussion continue dont j'ai à peine conscience. Parfois, je prends mon portable: « Tu as vu la pub? Incroyable, non? Allez, à plus. » Et on raccroche, sans s'être dit ni bonjour ni au revoir. Trente secondes, montre en main, juste pour renouer un contact qui ne s'est jamais vraiment interrompu... Nos conjoints n'aiment pas nous voir ensemble, je crois qu'ils sont irrités par nos crises de fous rires, par nos phrases commencées par l'une, terminées par l'autre. Pour autant, ils sont bien obligés d'accepter. Mon mari Arnaud se moque de moi gentiment, sans doute pour se protéger! Il dégoupille ces situations par l'humour, ce qui est une excellente façon de faire. Par exemple, en voiture, quand nous nous arrêtons au vert, il me lance, ironiquement: « Tiens, un scoop, le feu est passé au vert: tu devrais appeler ta sœur! »

Nous n'avons pas vraiment d'amies...

Il sait que s'il m'empêchait d'appeler ma sœur, il serait perdant, de toute façon. C'est de ma sœur que je suis la plus proche – lui, il vient après – et après, encore, il y a ma petite sœur. C'est comme ça. Nous avons toutes les deux des attachements, des liens professionnels, mais pas d'amies, contrairement à notre petite sœur, Lauren. Nous n'en avons pas besoin.

Professionnellement, je rêve d'un avenir commun... Je suis en train de créer une petite société de « maternage » pour enseigner les techniques de portage et de massage aux jeunes parents. Mon rêve le plus cher serait qu'Audrey lâche un jour son boulot pour venir travailler avec moi. Et quand je pense au moment où nous serons très vieilles, je me dis qu'il faudrait que nous partions ensemble, à la même seconde. Sinon je n'y survivrai pas...

Jumelles pour la vie

L'unité gémellaire

Sophie Carquain : Dans ces deux témoignages, on a vraiment le sentiment que les corps ne sont pas différenciés. Est-ce habituel chez des jumelles ? Surtout des vraies ?

Maryse Vaillant : Toutes les vraies jumelles ne partagent pas ce sentiment de fusion à l'autre, mais c'est fréquent. Surtout si cette proximité physique est entretenue dans une volonté délibérée de ressemblance. Comme si le miroir – glace ou regard des autres – avait pour mission de reconstituer l'unité de base. L'autre corps, similaire en tout point, peut être alors pour chacune le reflet d'elle-même, en trois dimensions. Un reflet visuel, charnel, intime, viscéral. Un reflet en volume.

En fait, plus qu'un double, la jumelle est alors vécue par sa sœur comme l'autre moitié d'elle-même. À elles deux, elles forment un tout. Une unité physique, psychique, morale, spirituelle. Utérine. Cette référence platonicienne peut expliquer en partie le sentiment que certaines jumelles expriment, celui de n'être jamais complète sans leur sœur, et de pouvoir se satisfaire d'elle à défaut de toute autre relation. L'unité de base fantasmatique, amniotique, une fois reformée après la naissance, nul n'est besoin d'aller rechercher ailleurs ce qui ne manquera jamais.

À une différence près, importante. Pour Platon, l'unité parfaite est hermaphrodite, elle contient en elle-même la différence des genres. Alors que l'unité gémellaire parfaite est homozygote.

Qu'est-ce que ça conditionne, comme relation à l'autre ?

La difficulté, c'est d'une part le rapport à l'autre, vécue comme semblable, mais aussi le rapport aux autres. Ceux qui, quels qu'ils soient, sont étrangers à l'unité gémellaire. Même la mère, habituellement nourrie des avatars de la fusion – déchirements divers, reproches passionnés –, peut se trouver éjectée de l'unité centrale formée par les jumelles.

Bien des jumelles vivent leur gémellité comme une niche ventrale qui doit les protéger du monde. Un rêve fusionnel, un espoir de protection contre la peur du monde extérieur. Retrouver la protection utérine, espérer pouvoir recréer après la naissance les temps idylliques qui l'ont précédée. C'est un fantasme, celui d'un retour vers un âge d'or, un temps édénique où la souffrance et le mal n'existaient pas.

Ainsi les voit-on parfois réagir à l'adversité en formant une unité centrale autonome, autarcique au niveau des émotions et des besoins affectifs, presque autistique pour ce qui est de la communication. C'est un moyen de se protéger. Chaque jumeau trouvant en l'autre de quoi se nourrir psychiquement, les événements familiaux ou extérieurs, comme les personnes, père, mère ou frères et sœurs, rien ne peut vraiment les atteindre. Peut s'ensuivre un grand isolement, une pauvreté des communications avec l'extérieur et le renforcement d'une relation fusionnelle peu propice au développement de la personnalité autonome de chacune des jumelles.

Une bulle d'isolement

Comment s'expliquer ce besoin de protection ?

Si un événement grave survient pendant l'enfance, il est fréquent que les frères et sœurs fassent bloc pour affronter le chagrin ou la violence familiale. Les grandes sœurs sont souvent en première ligne pour éponger les dégâts et protéger les plus jeunes. Dans le cas des jumelles, comme elles le disent souvent, chacune joue le rôle de parent pour l'autre. Elles sont toutes deux l'aînée et la cadette l'une de l'autre et cela leur permet d'occuper toutes les places psychiques, sororales comme parentales.

D'autres fois, ce n'est pas un événement ponctuel, un décès, une maladie, mais c'est l'indifférence ou l'impuissance de la famille qui laisse se former l'unité compacte des jumelles, leur opacité, leur imperméabilité, leur ressemblance même, pouvant décourager quiconque de mener à bien un projet de différenciation. L'unité gémellaire peut rendre aussi bien service aux parents qui trouvent pratique l'apparente autonomie du duo qui semble ne rien demander d'autre que d'être ensemble.

L'une des mères n'a jamais trouvé sa place, d'ailleurs. Est-ce difficile d'être mère de jumelles ?

L'une des mères présentées ici est fière d'avoir des jumelles, l'autre se sent évincée de la relation privilégiée qui s'établit entre ses filles. La première se sent puissante, comme si elle avait pu « s'offrir » cette gémellité, nous est-il dit. Elle ne fait rien pour différencier ses filles qui vont jusqu'à faire bloc à trois avec la sœur cadette. L'autre voudrait que ses filles développent chacune leur personnalité propre, elle les habille différemment, cherche même à les « décoller », mais n'y parvient pas. Elle souffre de ne pouvoir partager la relation tendre qu'elle voit ses filles développer entre elles et dont elle se sent exclue. La relation avec ses filles est une relation empêchée.

Deux positions totalement différentes pour un résultat assez proche, des jumelles fusionnelles, collées-serrées l'une à l'autre. Reconnaissons que nous ne savons rien des forces inconscientes qui ont précédé la naissance des filles et structuré les relations familiales. Il est probable que, dans un cas comme dans l'autre, la relation fusionnelle des sœurs se soit développée pour répondre à un besoin, un manque, une nécessité. Même si toutes les jumelles ont tendance à construire entre elles une relation très privilégiée, toutes ne forment pas une unité centrale fermée sur l'extérieur. Ce que nous voyons ici, c'est que la protection de la gémellité peut devenir une armure dont il est difficile de se séparer.

En effet, l'enfance, puis l'adolescence, sont les périodes de la vie où se découvrent et s'exploitent les forces psychiques qui permettent d'affronter le monde, de faire face à l'adversité. Des forces et des ressources qui sont utilisées tout au long de l'existence. La richesse infantile de la gémellité peut donc apparaître ensuite comme une véritable entrave.

C'est un bonheur et une angoisse. Elles n'arrivent pas à être seules. Est-ce vraiment l'autre, dans sa différence, qu'elles perçoivent, ou une partie d'elles-mêmes ?

Elles sont à la fois elles-mêmes et l'autre. Leur bulle de protection est une bulle d'isolement qui leur fait vivre une dépendance, qui les enchante, les effraie également. Car elles ne peuvent s'imaginer vivre l'une sans l'autre.

Je ne pense pas pouvoir imaginer ce qu'éprouve une jumelle qui vit depuis toujours avec sa pareille. Se dégager du ventre maternel, s'individuer, profiter et se dégager de la protection parentale, bénéficier de la chaleur et du poids de la sécurité familiale, développer ses dons propres et s'engager dans la maturité et la société… tout ce parcours est un chemin singulier, voire solitaire. Celui de la construction identitaire. Premiers pas, premières crises, œdipe, puberté, adolescence, à chaque étape l'enfant grandit dans la solitude. Il se cherche, ne se connaît pas. Doute de lui, ne sait pas comment comprendre les autres. Et les enfants s'inventent des amis imaginaires qui les comprennent et à qui ils disent tout.

Nos jumelles ne connaissent pas cette solitude. Une présence protectrice leur fait faire l'économie de bien des épreuves, mais aussi des réponses que chacun doit trouver pour affronter la vie et qui le structurent, le renforcent, l'aident à grandir.

Identité jumelle

Est-ce que l'on peut considérer que l'on préfère sa jumelle à son enfant ?

Nous avons ici des jumelles très autocentrées qui se déclarent plus sœurs que filles, plus sœurs qu'amoureuses, plus sœurs que mères. Elles s'aiment et se préfèrent à tout le reste. Pour comprendre ce qui s'exprime là, il faut analyser ce qu'aimer et préférer veulent dire.

L'amour objectal – celui qui attache à l'autre – demande de la différenciation. Pour aimer, autrement dit, pour avoir le désir de s'attacher, il faut être libre. Pour être libre, il faut être séparé. Séparé psychiquement. Le processus de séparation-individuation permet à l'enfant de se séparer de sa mère. Il devient un individu distinct de celle avec qui il a vécu étroitement lié, in utero et pendant les tout premiers temps de la vie.

Ce processus, vital, est également nécessaire pour que chaque jumelle développe ses dons personnels, son identité. Si cela ne se produit pas, la jumelle ne se sent pas exister sans sa sœur. Elle est jumelle avant tout. Son identité, c'est sa gémellité. C'est ainsi qu'elle se place dans la filiation, l'amour, le couple et la maternité, qu'elle entre en relation avec les autres et le monde. C'est une jumelle qui est mère. Cela ne veut pas dire qu'elle préfère sa jumelle à son enfant, cela veut dire que c'est en tant que jumelle qu'elle est mère et qu'elle aime son enfant. Un sentiment fort et diffus, qui parle plus d'identité que de relation. Pour créer une relation, il est nécessaire d'être différencié et individué. Si les jumelles ne le sont pas l'une par rapport à l'autre, c'est toujours en tant que jumelles qu'elles vivront toutes leurs relations. Y compris les plus profondes.

Les jumelles disent avoir du mal avec la souffrance de l'autre. N'est-ce pas parce qu'elles se projettent chacune dans l'autre ?

De même qu'une mère peut sentir dans son ventre la douleur de son enfant, il n'est pas rare qu'une sœur se sente viscéralement touchée quand souffre sa sœur. C'est un effet de l'attachement et de l'identification à l'autre. Le lien est encore plus fort lorsqu'il s'agit de jumelles et par surcroît de jumelles très fusionnelles.

Le mécanisme d'identification à la souffrance de l'autre est ce qui permet les soins, ou qui les rend impossibles. Qualité fortement féminine – que de nombreux hommes partagent –, c'est une sensibilité et une écoute de l'autre, qui ouvrent aux professions de santé. Mais cette qualité qui permet les soins peut également les empêcher. Ainsi nombre de médecins ne soignent-ils pas leurs proches. Car le soin requiert autant d'empathie que de juste distance. Cette juste distance, toujours difficile à trouver dans une relation, est ce qui fait défaut aux jumelles fusionnelles. Elles sont liées l'une à l'autre, par le corps et aussi par l'âme. Non différenciées.

L'intuition quasi fantastique que nous voyons chez les jumelles se retrouve-t-elle souvent ?

Si elles partagent depuis l'enfance le même fonds culturel familial, sont élevées dans le même bain écologique domestique, sont habituées aux mêmes stimuli extérieurs et internes, sont construites avec les mêmes mots, les mêmes odeurs, les mêmes musiques, il n'est pas surprenant que des sœurs pensent de manière analogue. Elles peuvent avoir fait des choix différents, leur personnalité et leur carrière peuvent beaucoup diverger, elles gardent tout un fonds affectif et cognitif commun. Tout s'accentue avec des jumelles – et surtout avec des jumelles fusionnelles, depuis toujours rodées à exercer ce fonds cognitif et affectif commun. Elles cultivent l'art de vivre en écho l'une par rapport à l'autre, et développent cet espace culturel féminin commun qui leur sert d'imaginaire et d'identité.

Concurrence taboue

Avoir un enfant en même temps, est-ce un désir spécifique aux jumelles ?

Les jumelles fusionnelles que nous rencontrons ici veulent être semblables en tout point. Ce qui est une manière de prolonger leur gémellité et surtout d'enfouir toute velléité de rivalité. Entre elles, la concurrence est taboue. Mais que font-elles alors du fond ordinaire d'agressivité qui couve en tout enfant, en toute sœur, en toute jumelle ?

La rivalité banale est pourtant coutumière, presque structurelle. La connaissent bien les sœurs et les jumelles non fusionnelles. Quand on est deux à se regarder dans le même miroir, le jeu des différences pousse à la comparaison. Et chacune peut entrer en compétition imaginaire avec l'autre. C'est une manière de constituer sa singularité, même sur de toutes petites différences.

Il semblerait que cette stimulation ait été soigneusement écartée de la construction de nos jumelles fusionnelles. Il n'est donc pas impossible que l'agressivité interdite s'exprime de façon détournée, retournée même, par exemple dans le désir ardent d'être enceinte ensemble. Le retournement en son contraire est un mécanisme classique de transformation des sentiments qui se voient interdits par la conscience. Ce que l'inconscient veut exprimer ne peut se faire qu'au prix d'un grand déguisement, celui du contraire.

N'est-ce pas ce que dit Vanessa lorsqu'elle rapporte avoir dans un même mouvement *désiré* sa seconde grossesse et ressenti un fort sentiment de *culpabilité* à l'égard de sa sœur ? Elle craignait que ses désirs puissent faire naître de l'envie chez sa sœur. Dans des moments aussi forts, bien des sentiments enfouis peuvent surgir avec leur lot d'angoisses et de pensées paradoxales.

L'idée d'un déséquilibre sur un sujet aussi crucial dans leur famille leur est intolérable. C'est tout le mimétisme de leur gémellité qui s'en trouverait anéanti.

Pouvoir, trouble et fascination du double

Leur mère était très fière d'avoir des jumelles. Pourquoi ce sentiment de puissance ?

La gémellité de ses filles rend la mère tellement fière qu'elle encourage leur fusion et entretient même l'illusion d'avoir eu des triplées en associant à ses jumelles la benjamine. Pour elle, comme pour un certain nombre de femmes, l'enfant représente la puissance féminine, le pouvoir maternel. Et ses filles partagent son point de vue. Lorsque Vanessa parle de sa seconde grossesse, elle évoque sa sœur qui n'avait *droit* à rien. Comme si *avoir* un enfant était un droit, un attribut.

De nombreuses femmes pensent comme elle, depuis toujours. Ce qui explique en partie pourquoi la stérilité peut être vécue comme une terrible catastrophe. Comme si l'absence – ou plus tard la perte – de la fertilité témoignait de la pauvreté de leur être. Mesurer la féminité à l'aune de la maternité et celle-ci à l'aune de la fertilité est un trait historique patent. Aujourd'hui, des femmes comme Simone de Beauvoir ont montré que la fécondité ne tient pas à la procréation et qu'on peut créer sans procréer, être femme sans être mère.

Reste que pour des sœurs, et surtout pour des jumelles, la fécondité de l'autre est toujours une question forte, quelle que soit la manière dont la procréation est investie. L'enfant qui sort du ventre d'une sœur est branché directement avec la lignée maternelle, la lignée utérine qui fonde en partie le sentiment d'être femme parce qu'on est fille, fille de mère. Filles de mères, de grands-mères. Filles de femmes.

D'où parfois un déni du père, de sa nécessité fécondante comme de sa nécessité psychique et symbolique, qu'entretient la volonté fusionnelle des jumelles. À deux, comme dans le mythe platonicien, certaines jumelles forment un tout. On peut facilement imaginer que surgisse l'illusion du pouvoir autofécondant de ce tout.

Des sœurs jumelles : pourquoi cela amuse-t-il tant les autres ? Séduction, féminité, fascination ?

Les relations entre sœurs nous apprennent beaucoup sur la féminité. Comment elle se ressent, comment elle se reconnaît, comment elle se montre. Les jumelles, même non fusionnelles, jouent souvent beaucoup de leurs atouts féminins. Elles vivent constamment avec un miroir en trois dimensions. Elles se connaissent de dos, ce que nous ignorons toutes, elles s'observent dormir, ce qui nous est impossible, et peuvent même se surprendre à leur insu, ce qui ne peut nous arriver.

Elles se voient grandir, découvrir la coquetterie, atteindre la puberté, apprendre le maquillage, se risquer aux jeux de la séduction. Donc, elles se sentent d'autant plus filles, d'autant plus femmes, que leur image est dédoublée, comme si leur féminité était dédoublée. Le regard des autres va accentuer ce processus. Dès l'enfance, elles voient bien qu'on les remarque, on les admire, leur ressemblance est commentée avec les qualificatifs le plus souvent utilisés pour les filles, la joliesse, la coquetterie, etc.

Face à la surprise provoquée par la vision d'une même personne dédoublée, l'esprit se trouble, les perceptions sont comme brouillées. Pour surmonter ce trouble cognitif, chacun tente de se rassurer par quelques commentaires souvent laudatifs. Il faut que la pensée consciente et logique reprenne le dessus, s'organise pour ne pas laisser la panique de l'étrangeté dominer. Beaucoup de vraies jumelles mettent ce trouble à profit. Cela leur donne un pouvoir sur les autres, et renforce leur sentiment d'être uniques. C'est bien le paradoxe.

Comment survivre à la mort d'une jumelle ? « Je suis morte avec ma sœur », m'a confié une survivante.

La séparation psychique n'étant pas faite – pas suffisamment pour qu'elles se vivent comme des personnes singulières –, aucune séparation physique ne peut être supportable. Je pense qu'il peut en être de même avec la mort. La mort éloigne, mais ne fait pas le travail de séparation. D'où la très grande difficulté pour une jumelle lorsqu'il s'agit de faire le travail du deuil que chaque perte d'un être cher exige. Deuil difficile, voire impossible, sensation absolue de brèche ouverte, de mort intime. Pour sa sœur, la perte d'une jumelle fusionnelle peut rester une déchirure absolue pendant très longtemps. Comme si une partie d'elle-même continuait toujours à manquer et que rien, ni amours, ni enfants, ni aucune création, ne pouvait combler. Un vrai travail thérapeutique est alors nécessaire, pour que soit reprise l'essence de l'identité singulière de chacune, ce travail psychique de séparation et d'individuation qui permet d'être soi-même et d'aller vers les autres.

V

MA SŒUR, MON COMBAT

Camille, 41 ans, cadre financier

« Le cancer de la petite sœur »

Trois sœurs, trois filles très jolies, chacune avec sa beauté singulière, qui avaient tout des « Virgins[1] » de Sofia Coppola. Mais Camille et Karine ont connu un drame : la perte de leur plus jeune sœur, Charlotte – la plus belle, d'après elles –, disparue à 27 ans d'un cancer. Camille et Karine ont appris depuis qu'elles étaient porteuses du gène BRCA1, qui donne un risque élevé de développer un cancer du sein ou des ovaires. L'une et l'autre racontent...

Un pull angora pour la cocooner

Je suis une vraie aînée, avec tout l'aspect normatif que cela suppose : études brillantes, école de commerce, puis direction financière dans une multinationale. Karine, ma sœur cadette de trois ans, n'a pas été formatée comme moi – beaucoup plus dans la révolte ! Cette enfance bourgeoise lui pesait, alors qu'elle m'avait construite. Je me souviens des lettres qu'elle a écrites à mes parents : « Vous m'avez élevée dans une cage dorée. » Entre nous, il y a eu des drames, des crêpages de chignon... À 17 ans et demi, Karine a fugué. Il a été très difficile de renouer le contact entre mes parents et elle. J'y suis parvenue, en lui envoyant un pull en angora bleu ciel. C'était tout doux, ça évoquait le cocon. Elle

1. *Virgin Suicides* (1999) raconte l'histoire de cinq sœurs liées par une forme de malédiction.

m'a dit par la suite que ça l'avait beaucoup touchée. Aujourd'hui (Camille rit), je l'utilise pour faire briller les meubles. Elle me l'a rendu quand il est devenu tout râpeux!

Charlotte, la plus jolie

Charlotte, la benjamine, avait six ans de moins que moi, et, tout en étant très liée avec Karine, elle était beaucoup plus proche de mon caractère. Physiquement également, elle me ressemblait beaucoup. Avec ses yeux verts, sa haute taille, sa minceur, elle ne passait pas inaperçue, et, quand on entrait dans un café ou un restau, on se retournait sur elle! Non seulement je n'en étais pas jalouse, mais j'étais fière d'elle. J'adorais sortir avec elle. Charlotte était la parfaite petite dernière. Rien ni personne ne lui résistait. Quand elle s'est installée à Lyon, où elle venait de prendre son premier job, elle a convaincu mes parents d'y passer leur retraite. Avant leur arrivée, elle avait contacté des agences immobilières et ils ont acheté une maison en deux jours. Karine et moi nous nous sommes téléphoné: « Encore elle, la petite dernière! Il n'y en a que pour elle! » Nous qui avions des enfants, nous avions a priori beaucoup plus besoin de la présence des parents que Charlotte, encore célibataire.

Le drame est arrivé à 26 ans

À 26 ans, Charlotte a appris qu'elle était atteinte d'un cancer du sein. Une injustice terrible: comment voulez-vous dépister cela? Le cancer était déjà très avancé, et malgré une chimiothérapie et une radiothérapie, les métastases ont commencé à gagner le cervelet. Après une première opération, une IRM a révélé que le mal progressait. Je n'étais pas présente ce jour-là mais je me souviens du coup de téléphone de Karine: « Il y a des taches partout. C'est fichu. » Charlotte a passé six mois terribles. Il a fallu, pour la grande sœur que j'étais, supporter le fauteuil roulant dans lequel on la plaçait, sa chimio qui lui brûlait les mains et les pieds, sa vue qui s'était détériorée à cause des lésions cérébrales… Je suis tombée enceinte pendant ces mois-là, une naissance non prévue, mais une vie que j'avais sans doute besoin de sentir vivre en moi. Pendant quelque temps, je le reconnais, je n'ai pas pu venir la voir – trop dur. Je me protégeais, je protégeais mon bébé. J'avais peur du choc violent d'être devant elle, celle qui avait été à bien des égards mon « bébé » aussi.

Karine, elle, a été très généreuse. Elle s'est installée à Lyon pendant toute son agonie. Mais, aux alentours du mois d'avril (j'étais alors enceinte de trois mois), mue par je ne sais quelle intuition, je suis allée voir ma chef de l'époque, et je lui ai dit : « Je pars trois-quatre jours à Lyon. » J'ai pris le TGV, ce jour d'avril. Il faisait froid et je suis partie voir Charlotte. Elle avait été alors, à sa demande, rapatriée chez elle.

Un cocon douillet

Pendant quelques jours, nous avons eu une relation incroyable que seules des sœurs, je pense, peuvent avoir entre elles. Nous avons parlé pendant ses moments de lucidité. Elle m'a demandé de lui raconter beaucoup de choses sur sa petite enfance. Je pense qu'elle avait besoin de se retrouver dans ce cocon bien douillet du passé. De la même façon que j'avais offert un pull angora à Karine, je l'ai entourée autant que je le pouvais. J'essayais de stimuler son imaginaire. Elle m'a demandé de lui rappeler les moments où nous jouions, chez notre grand-mère : « Nous n'avions pas le droit de cueillir des fleurs, n'est-ce pas ? », alors je lui rappelais que, un jour, elle avait cueilli des œillets d'Inde et que notre grand-mère nous avait un peu disputées. Elle me posait aussi des questions sur notre petite chienne Laïka, avec laquelle nous jouions. Je lui fournissais un maximum de détails, pour lui permettre de revivre ces moments. C'était là, vraiment, mon rôle de grande sœur.

Le cinquième jour…

Le quatrième jour, alors que je devais rentrer reprendre le travail, le médecin est venu nous dire que Charlotte vivait ses derniers moments. Je suis restée. Tout cela était assez mystérieux : qu'est-ce qui m'avait poussée à venir la voir, sinon une intuition de sœur ? Une maman aurait peut-être eu la même intuition. Ce cinquième jour, elle est tombée dans le coma. C'est alors que je me suis souvenue des propos d'une voisine : « Il y a un moment où la personne qui est en train de mourir n'arrive pas à partir. Il faut l'aider, en la rassurant, en lui disant qu'on est prêts. » Cela, c'est encore moi qui m'en suis chargée… Pour une mère, c'est bien trop difficile. Une mère ne peut pas dire à sa fille de 27 ans qu'elle l'autorise à mourir.

Dans cette chambre, seule avec Charlotte, j'ai dit : « Je sais que tu attendais que je vienne. Je sais que tu es fatiguée, que tu as envie de partir. Alors moi, je te le dis : tu peux y aller, nous sommes tous prêts. » Et elle est morte, assez rapidement, le cinquième jour, sans subir cette agonie faite de respirations saccadées. Ça n'était pas un moment triste, c'était même très apaisant. Je pense que ceux qui vont mourir, a fortiori s'ils sont jeunes, beaux, aimés, peuvent ressentir une forme de culpabilité. Ils savent bien que leur disparition est terrible et injuste et qu'ils vont faire souffrir leurs proches. Alors, même s'ils n'y sont bien évidemment pour rien, il faut les déculpabiliser. Là encore, j'étais totalement en accord avec mon rôle de sœur aînée. Karine, elle, n'était pas là, ce qui était assez injuste car elle l'avait assistée pendant tous ces derniers mois, jour et nuit. Mais finalement, les deux sœurs aînées se sont relayées. Chacune dans son rôle : l'une dans le quotidien (peut-être plus maternelle ?), et l'autre (moi), dans la présence symbolique, dans l'autorisation.

Concordance des dates

Charlotte est morte le 11 avril 2002. Vianney, notre fils, est né le 11 octobre 2002. Six mois plus tard, jour pour jour ! Un hasard, une coïncidence ? Je ne pense pas vraiment. Notre histoire de sœurs est truffée de dates anniversaires...

Après la naissance de Vianney (mon quatrième enfant), mon mari et moi sommes partis, comme pour les trois autres, quelques jours pour nous retrouver. C'était la fin de l'année, fin novembre. Nous sommes rentrés le 2 décembre (jour de l'anniversaire de la naissance de Charlotte). C'est ce jour-là que j'ai appris que Karine, ma cadette, était elle aussi touchée par le cancer du sein : une tumeur d'un centimètre et demi, de grade III. Quelque chose d'assez méchant. Là, vraiment on ressent un sentiment de cata absolue. Karine avait-elle subi le contrecoup de la maladie de Charlotte ? Mais l'explication psychosomatique ne suffisait pas. Deux cancers de sœurs aussi jeunes, cela interpelle la science. Ma gynéco m'a parlé d'un test génétique, surtout quand je lui ai dit que ma grand-mère paternelle était morte d'un cancer des ovaires à l'âge de 74 ans. Karine a fait la première le prélèvement de salive ; elle a découvert qu'elle était porteuse du gène BRCA1, l'un des deux, avec le BRCA2, qui donnent un risque de 80 % de développer un cancer du sein et un cancer des ovaires. En analysant notre arbre génétique, les médecins ont supputé que ce gène altéré était du côté paternel. Je me suis soumise à ce test dont je redoutais tant le diagnostic : je sais depuis juin 2007 que j'en ai hérité. Trois sœurs, trois porteuses de gène...

Deux sœurs, deux réactions différentes

C'est en janvier 2007 que l'on m'a détecté, à la faveur d'une IRM de contrôle, une petite tumeur de 5 mm dans le sein droit. Chez le médecin, moi qui sais habituellement faire face, je me suis quasi évanouie. Mais je me suis vite ressaisie. Il ne fallait pas que l'histoire de Charlotte n'ait servi à rien. Je ne voulais pas traverser les épreuves qu'elle avait endurées. Là, j'ai repris le dessus, analysé les chiffres – c'est mon métier ! Le médecin m'a proposé soit une radiothérapie, soit, si j'étais porteuse du gène comme ma sœur, une ablation bilatérale prophylactique, avec reconstruction immédiate, solution que j'ai adoptée. Karine, pendant ce temps, subissait les effets secondaires d'une chimiothérapie assez agressive. Elle a réagi selon son tempérament, se promenant crâne nu, ou bien profitant de l'occasion pour expérimenter bandanas, chapeaux, etc. Ça n'est pas facile de voir ses sœurs abîmées par la chimio, vraiment pas.

Avec Karine, nous avons beaucoup parlé de l'opération radicale que j'ai subie. Elle ne voulait pas en entendre parler, elle était terrorisée. Mais elle est si angoissée par ses examens dits « de routine », par cette épée de Damoclès, qu'elle a changé d'avis et a pris date pour l'opération. Je pense lui avoir ouvert la voie, avoir joué mon rôle de sœur aînée, et j'en suis contente.

Nous nous protégeons chacune de l'autre

Même si cette histoire de cancer féminin nous a rapprochées, nous en parlons peu aujourd'hui. Nous cherchons d'abord à nous protéger nous-mêmes. Karine ne m'appelle jamais quand elle passe sa mammographie de contrôle. Je le sais par maman.

Nos parents sont restés à Lyon, avec Charlotte, si je puis dire. Dans ses derniers moments de lucidité, ne leur a-t-elle pas dit : « Si, un jour, vous rentrez à Paris, ne me laissez pas ici toute seule... » La tombe de Charlotte est là-bas et ils ne pourront partir que s'ils font rapatrier le corps à Paris. Aujourd'hui, notre petite sœur vit en chacun de nous. Ma fille Philippine, 11 ans, qui lui ressemble beaucoup, possède dans sa chambre une photo de Charlotte. À Noël dernier, Karine lui a également donné un petit pendentif, un dauphin en or qui avait appartenu à notre chère disparue.

Quelle tête auraient eue ses enfants ?

Quand Charlotte a dû subir sa première chimiothérapie, elle savait qu'elle pouvait devenir stérile. Je crois qu'elle s'est fait prélever des ovocytes pour les faire congeler. Je me souviens parfaitement, à un moment donné, de m'être dit : « S'il le faut, je porterai ses enfants. » Ça me semblait naturel, je l'aurais vraiment fait pour elle si elle avait vécu. Aujourd'hui, bien sûr, il n'en est pas question. Aujourd'hui, Karine et moi nous reparlons peu de ces moments difficiles. Nous sommes extrêmement pudiques, nous nous disons peu « je t'aime ». Mais nous nous le prouvons. Je préfère le geste à la parole. Je prends mon filleul en vacances, je le gâte, ce qui est une façon de dire à ma sœur que je l'aime. Et puis, tous les 2 décembre, date anniversaire de la naissance de Charlotte, j'appelle maman. Côté ressemblance, il y a des croisements entre nous trois, dans la génération de nos enfants. La fille de Karine me ressemble étrangement et ma fille ressemble à Charlotte. Alors… souvent, je m'interroge : quelle tête auraient les enfants de Charlotte ? M'auraient-ils ressemblé à moi ou à Karine ?

Karine, 39 ans, éditrice

« Je l'ai chouchoutée comme une mère »

Sophie Carquain : Karine, vous êtes la sœur numéro deux, la cadette… La rebelle ?

Karine : Oui. Camille faisait bloc avec mes parents. Elle s'est sentie très tôt investie du droit d'aînesse. On s'est beaucoup disputées. Nous sommes très différentes, physiquement et intellectuellement. Je suis aussi beaucoup plus extravertie qu'elle et à un certain moment, on me prenait pour l'aînée – elle n'a pas aimé ça ! À l'adolescence je me suis mise à étouffer dans cette cage dorée : j'avais le sentiment d'avoir trois chaperons au lieu de deux…

Vous souvenez-vous de l'histoire de ce pull angora qu'elle vous a envoyé pour vous faire revenir à la maison ?

Absolument pas ! Mais ça ne m'étonne pas… Camille a toujours été très généreuse. Comme elle n'exprime pas beaucoup ses sentiments, elle fait des cadeaux somptueux. Je lui reproche de ne pas être assez présente, d'être absorbée par son boulot… Mais quand on a vraiment besoin d'elle, elle répond présente. Ça n'a rien à voir avec la relation que j'avais avec Charlotte. Nous nous disions tout ! Elle m'appelait sa « petite maman ». J'avais une attitude très maternante avec elle.

Et puis, la maladie de Charlotte…

Maman était atterrée. Le fait qu'une de ses filles, la plus jeune, soit atteinte d'un cancer aussi grave, c'était impensable. D'ailleurs, quand on a décelé les métastases au cervelet, elle s'est évanouie. J'ai pris les choses en main. Camille a beau être l'aînée, elle a trop peur de la maladie. Donc, sur ce chapitre-là, j'ai pris les rênes. J'ai alors confié mes trois enfants à ma belle-mère pour m'installer chez Charlotte, à Lyon. Mon devoir de sœur était d'être là-bas, à la chouchouter. Je ne suis pas partie en vacances pendant deux ans, contrairement à Camille, qui, elle, venait très peu souvent voir Charlotte. Je n'ai pas apprécié, même si je sais que, derrière tout cela, il y a sans doute la terreur de la maladie!

Qu'avez-vous fait, pendant ces deux ans ?

Tout ce qu'une mère peut faire pour son enfant, tout ce qu'une grande sœur peut faire pour sa petite sœur. Comme avec un enfant, je lui ai fait faire des ateliers de bricolage. Nous avons réaménagé sa maison – elle qui avait toujours rêvé d'avoir une déco marocaine... Quand elle a perdu l'usage de ses jambes, je l'ai poussée dans son fauteuil roulant. Quand elle a perdu la vue, je lui ai lu *Harry Potter*, je lui ai passé des CD. Et puis, sur la fin, je lui donnais à manger. Il fallait la manipuler, elle était retournée à l'état de légume. Le dernier mois, je l'ai mariée...

Elle s'est mariée en se sachant condamnée ?

Steve, son fiancé, voulait être le veuf de Charlotte. Nos parents le voulaient aussi, car ils ne voulaient pas hériter de leur fille – ça n'est pas dans l'ordre des choses. Le jour du mariage, on a fait un petit apéro, j'étais son unique témoin...

Vous questionnait-elle beaucoup sur les souvenirs d'enfance, comme elle l'a fait avec Camille ?

Oui. Elle insistait beaucoup sur les souvenirs d'avant ses 6 ans. Elle me mitraillait de questions sur la maison où nous avons passé toutes nos vacances. C'était un petit éden, avec un ruisseau ; non loin de là, en pleine nature, avait poussé un sapin s'enroulant autour d'un grand hêtre, une vraie curiosité naturelle. Voulait-elle signifier son besoin de ne pas être seule, son besoin d'enchevêtrement ?

Camille a assisté à ses derniers instants… Vous n'étiez pas là ? Vous n'en avez pas souffert ?

Non. J'avais atteint mes propres limites. Je ne pouvais pas la voir mourir. Psychologiquement, j'étais à bout, je n'en pouvais plus. J'avais l'impression que j'allais mourir avec elle…

Et six mois après, la maladie vous a touchée…

Oui, jour pour jour. Au sein droit, le même que celui de Charlotte – pour moi ce n'est pas un hasard (le cancer de Camille s'est déclaré dans le sein gauche). Je l'ai appris en décembre. Chez nous, décembre est un terrible mois. La coïncidence des dates est énorme : Charlotte est née le 2 décembre, on a appris qu'elle était perdue en décembre, j'apprends que je suis atteinte d'un cancer le 4 décembre… et Camille apprend qu'elle est malade en décembre 2006 ! Cela fait beaucoup de coïncidences… Mon cancer, m'a-t-on dit alors, n'était pas hormono-dépendant, mais « fulgurant ». En trois mois seulement, la tumeur a grossi jusqu'à mesurer 1,5 cm. C'est alors que la question du gène s'est posée.

Pensez-vous que le décès de Charlotte ait déclenché la maladie ?

Au fond de moi, même si ça n'est pas scientifique, je pense que j'ai été dans une telle empathie avec elle, pendant tous ces mois, que j'ai développé le même mal qu'elle.

Et puis, vous avez enfin réalisé cette recherche génétique…

Quand j'ai lu, noir sur blanc, que j'étais porteuse du gène BRCA1, celui qui avait probablement causé la mort de Charlotte, j'ai eu beaucoup de mal à le supporter. Je consulte depuis une psycho-oncologue…

En l'apprenant, Camille est tombée dans les pommes, elle aussi. Elle a décidé de subir une ablation des deux seins. C'est une idée très raisonnable – une idée qui lui ressemble – mais c'est surtout d'après moi une façon d'évacuer totalement la maladie. Je n'ai pas pris la même décision tout de suite. De toute façon, j'ai dû subir une chimio, puis une radiothérapie. J'ai eu un vrai gros cancer comme Charlotte ; celui de Camille a été beaucoup plus léger.

Avez-vous eu peur pour Camille, quand elle s'est fait opérer ?

Une telle opération, si mutilante, cela fait peur, oui. Je suis allée la voir à la clinique. Cette fois, c'est moi qui lui ai fait des cadeaux, et une carte, sur laquelle je lui ai écrit mes sentiments, qu'elle lirait à peine réveillée. J'avais peur du réveil, pour elle. Camille est douillette : j'avais tellement peur qu'elle souffre ! Mais elle n'a pas trop souffert.

Hier, mon fils m'a demandé : si tu avais trois vœux à faire, que demanderais-tu ? Je lui ai répondu : être débarrassée de mon gène, vous mettre toujours à l'abri et ressusciter Charlotte. Nous ne pouvons ressusciter Charlotte mais nous pouvons faire attention à nous, les deux sœurs. C'est ce que je dis à Camille : « Je n'ai plus qu'une sœur, alors, je tiens à toi, fais attention à toi ! » Je mesure, par le manque, par l'absence, à quel point les relations entre sœurs sont précieuses. On a passé toute une enfance ensemble, à jouer aux poupées, à la dînette, on a les mêmes souvenirs. On est capables, entre sœurs, de faire ressusciter son enfance. À défaut de faire des miracles sur les morts…

Le courage devant l'épreuve

Trois sœurs, trois filles, quatre femmes

Sophie Carquain: Trois sœurs, les trois Parques, les trois Grâces, les filles du roi Lear, un grand thème mythique et littéraire. En quoi est-ce particulier?

Maryse Vaillant: En effet, la littérature, le théâtre, le cinéma, comme les mythes et les contes, se délectent du chiffre trois. Deux, c'est l'enfer du miroir et un face-à-face assez vite restreint, alors que trois, c'est l'ouverture dans un jeu continu où fonctionne la règle maléfique qui permet tous les scénarios: trois personnages, cela veut dire une coalition, une éviction et les glissements infinis et réciproques entre ces deux pôles. Ainsi se joue l'œdipe cher à Freud et à nos amours infantiles. Un père, une mère, un enfant et la règle des trois va donner du suspense et des rebondissements à l'aventure familiale.

Trois sœurs, c'est trois filles. Trois fois l'espoir déçu de voir arriver un fils. Cette répétition de la féminité en tant que genre, avant d'être la répétition de la féminité en tant que sexe puis de sexualité, va orienter les relations familiales et leur donner de la profondeur. Vont se télescoper des questions de transmission, de patrimoine, de prépondérance des lignées, des jeux de rôle féminins et masculins dans la répartition des dons et des défauts. Trois filles, trois sœurs, trois amoureuses pour un père, trois miroirs différents pour une même mère.

Car trois sœurs, c'est quatre femmes. Pour un homme, autour de lui. Trois filles, trois œdipes pour un seul père. Trois regards sur la mère et le couple parental, quatre amours pour un homme. Trois sœurs, c'est trois styles à trouver pour avoir chacune son identité, son rôle, marquer sa différence, et trouver sa place dans l'amour parental et le système familial.

Comment les filles le vivent-elles ?

Dans l'ordre d'arrivée des naissances, une aînée, une cadette et une benjamine, chacune d'elles se voit offrir une jolie palette de sentiments contradictoires : envie et jalousie des aînées pour la plus jeune et des plus jeunes pour l'aînée, jeux de rôle et de coalition entre les unes et les autres au gré de leur avancée en maturité et de leur franchissement des seuils qui séparent, l'œdipe mais aussi l'école, les règles, les garçons.

Tout va se jouer avec les différences d'âge. Si l'écart est minime entre les deux aînées ou entre les deux cadettes, elles feront corps contre la petite ou contre la grande. C'est la classique règle des trois, une coalition, une éviction. Une règle qui ne manque pas de pimenter les relations sororales comme toutes les relations familiales, au grand dam des parents qui doivent en supporter les plaintes et les chamailleries tout autant que les alliances défensives. Car trois filles, cela peut être trois chipies ou trois grâces. Rares sont les fratries exclusivement féminines, surtout groupées, qui n'offrent pas une belle homogénéité : les sœurs formant souvent une espèce d'unité compacte, presque comme des triplées, qui font face aux parents, toutes ensemble, quitte à jouer entre elles, dès que ces derniers ne sont plus dans le champ, les scénarios les plus cruels.

Cet état des lieux classique peut d'ailleurs évoluer avec le temps. L'adolescence se chargeant parfois de redistribuer sérieusement la carte du tendre familiale. À ce moment-là, chacune des trois filles peut vouloir trouver son mode de résistance personnelle pour échapper à la famille et se différencier de ses sœurs. L'heure n'est plus aux stratégies communes, sauf lorsqu'il s'agit de permettre à chacune des transgressions qui, si elles lui sont facilitées par ses sœurs, risquent également d'être par elles dénoncées aux parents ou chèrement vendues. Car reste valide la règle des trois qui pousse le curseur de la coalition vers l'éviction. La solidarité s'apprend sur fond de rivalité et de concurrence.

Aînée, cadette, benjamine, un rôle pour la vie ?

Que peut-on dire des positions respectives d'aînée et de cadette ?

En général, si la première suit le modèle parental, la suivante s'y oppose. Ou le contraire. En fait, il n'est pas rare de voir l'aînée s'identifier aux parents, assumant un rôle de grande sœur responsable qui lui est volontiers confié et qui la valorise énormément. Elle se sent investie d'une mission éducative, pense qu'elle doit donner l'exemple, ce qui lui est d'ailleurs sans cesse rappelé, et qu'elle doit veiller sur les plus jeunes.

Pour peu qu'elle s'acquitte avec ardeur et sérieux de ce rôle de chef d'équipe, il ne reste à celle qui la suit que la possibilité de faire comme elle – et de perdre toute singularité –, ou de prendre le contre-pied en développant ses dons personnels, si possible en marquant ouvertement ses différences. C'est ainsi qu'il arrive qu'à une aînée raisonnable ou cérébrale succède une cadette farfelue ou artiste.

L'arrivée d'une troisième fille va d'ailleurs contribuer à figer les rôles. L'aînée se trouve d'autant plus investie de son rôle d'aînesse qu'elle a maintenant deux petites sœurs derrière elle à guider. La cadette se voit offrir la possibilité d'être le modèle de quelqu'un, de faire écran entre l'aînée qui représente les directives parentales et la benjamine qu'elle peut vouloir influencer. La troisième, choyée par tout le monde, n'est plus obligée de choisir son camp. Si sa naissance est bienvenue, elle peut s'identifier à l'une et à l'autre de ses sœurs, s'enrichissant de leurs différences.

Tout cela n'est qu'un des scénarios les plus fréquents, chaque famille possédant une histoire singulière où les places des uns et des autres sont inconsciemment connotées. Dans le registre transgénérationnel, les places d'aînée, de benjamine et de cadette ont déjà été occupées et le sont encore par les grands-parents ainsi que les tantes ou les cousines. La lourdeur de leur charge a pu être transmise avec l'ordre des naissances. Par ailleurs, les circonstances entourant la naissance de chaque enfant, ici de chaque fille, lui donnent une destinée fantasmatique singulière qu'il lui faudra traverser pour pouvoir construire sa propre vie. Chacune gardera probablement une partie de ce que sa place dans la fratrie lui aura fait découvrir d'elle-même et des autres, mais elle aura largement le temps d'enrichir ses positions au fil des rencontres, des découvertes et des amours.

Ici, la cadette pense que sa sœur en a toujours trop fait, tout en lui reprochant de ne pas donner assez de son temps. Ces ambivalences-là sont-elles fréquentes ?

Si l'aînée fait alliance avec les parents, elle récolte une part des sentiments qui leur sont adressés. Les autres filles vont transférer sur elle leur amour et ses avatars familiaux, jalousie, frustrations, revendications. Pour peu qu'elle soit autoritaire, son ascendant marquera d'autant plus ses cadettes qu'il renforcera celui des parents. Autrement dit, elle prolongera leur impact surmoïque. En plus, si elle n'est pas revêche, si elle cherche à se faire aimer, elle déclenchera des sentiments ambivalents, comme le sont tous les sentiments affectueux et surtout les attachements filiaux. Une grande sœur qui se veut parfaite – ce qui la rend à peine supportable – mais force à l'idéalisation et qui manque de disponibilité – ce qui la rend inaccessible, mais aussi désirable – constitue un magnifique support identificatoire et projectif pour ses sœurs. C'est un modèle, un idéal, une cible privilégiée pour toutes les attaques. Ses sœurs, qui voudraient tant lui ressembler, lui reprochent tout autant ses qualités que leurs propres défauts.

N'oublions pas que la grande sœur récolte les sentiments que son comportement suscite, mais hérite également de bien des reproches que les plus jeunes ne peuvent adresser ouvertement à leurs parents. Plus accessible, faisant partie de la fratrie, du même genre et du même sexe que les plus jeunes, elle est la cible parfaite pour les désirs, reproches, attentes et ressentiments en tout genre. Comme la mère, elle est une femme, autrement dit, elle représente pour chacune de ses sœurs à la fois une menace et une promesse.

Les sœurs face à la maladie

Face à la maladie de la petite sœur, elles se sont relayées. Comment analyser cette répartition des rôles ?

Il semblerait que les deux aînées aient partagé leur présence au chevet de la benjamine comme elles s'étaient partagé les rôles dans la fratrie ; comme si, à elles deux, elles faisaient un tout, une unité. L'une et l'autre apportant à leur petite sœur l'affection familiale que les parents souffraient trop pour garantir, chacune se chargeait de ce que l'autre ne pouvait donner. C'est une remarquable continuité de présence familiale aimante et protectrice tout au long de la maladie.

En relayant sa cadette qui s'était épuisée au chevet de la petite sœur, Camille reprend sa place d'aînée, de substitut parental, de chef de famille. Elle n'a pu apporter les soins, la tendresse, le cocon, que sa sœur Karine s'est attachée à assurer des années durant. Mais elle prolonge cette dernière en assurant la continuité dont la petite a besoin lorsque approchent la fin inéluctable et son cortège de nouvelles angoisses, de nouveaux besoins, de nouvelles douleurs.

Si leur dévouement est exceptionnel, et qu'il est peu fréquent de voir une sœur quitter sa famille pour soigner dans la durée sa cadette, on peut toutefois remarquer avec quelle intensité les sœurs vivent en général la maladie grave de l'une d'elles. Elles sont vigilantes, soucieuses, présentes. Il est fréquent que des sœurs qui s'étaient largement éloignées l'une de l'autre par leurs mariages et leurs métiers se rapprochent à l'occasion d'une épreuve. Les dissensions ou les différences s'estompent. La maladie grave, qui fait souvent régresser le malade lorsqu'elle le rend vulnérable et dépendant, peut faire régresser la relation. Des sœurs indépendantes et autonomes se rapprochent l'une de l'autre, comme au temps où elles avaient ensemble peur du noir.

Face à la maladie, réagit-on aussi comme une aînée, une cadette ?

Face à la maladie et à la mort, c'est moins la place dans la fratrie qui fait la différence que le positionnement psychique pris par chacune. La maladie est un révélateur. Chaque personne confrontée à une maladie grave, pour elle-même ou pour un proche, s'en trouve profondément remuée. L'épreuve fait découvrir des forces ou des faiblesses jusqu'alors totalement ignorées. En général, se révèlent des trésors de courage, d'énergie, d'empathie, des ressources qui surprennent.

Dans ce témoignage, on voit deux sœurs se comporter en sœurs aînées. Sans s'être concertées, sans avoir conçu un plan bien défini, elles ont développé leurs propres capacités d'accompagnement. Elles se sont relayées auprès de leur petite sœur tout en restant fidèles à elles-mêmes, et sans se désolidariser des autres membres de la famille. Bien au contraire, en se complétant, elles ont assuré la permanence d'amour et d'attention nécessaire aux dernières années et aux derniers instants de la petite. Toutes deux se sont senties pleinement l'aînée de Charlotte, sans que Camille revendique d'être l'aînée de la fratrie. Toutes deux, chacune en fonction de ses craintes et de ses choix, ont pu envelopper leur jeune sœur des soins et des attentions nécessaires à sa maladie et à sa mort. Autrement dit, elles ne se sont pas positionnées en tant qu'aînée ou cadette, mais en tant que sœurs de leurs sœurs et filles de leurs parents, pour assurer à la mourante la totalité de l'affection familiale dont elle avait besoin.

C'est ce que nous apprend la grande plasticité de la relation sororale. L'éventail de ce qu'une sœur peut faire et peut être pour sa sœur est extrêmement étendu, riche et varié. Pour peu qu'elle soit clairement située dans la loi symbolique qui définit les places de chacun, la relation sœur-sœur peut contenir toutes les nuances de la féminité, de la maternité, de la compassion et du don, de la mémoire et du temps.

En revanche, elles réagissent chacune différemment de l'autre lorsqu'il s'agit de leur propre maladie.

C'est leur force. L'une et l'autre font face au cancer avec les ressources de leur propre personnalité. Leur cancer personnel les ramène à leur féminité plus qu'à leur sororité. Et la cadette peut décider de se distinguer de son aînée, puis de changer d'avis. Elle a acquis cette liberté en soignant la benjamine avec dévouement pendant des années. Elle ne se trouve plus contrainte de s'opposer pour exister. Quant à l'aînée, elle reste elle-même, aussi radicale par rapport à la maladie que par rapport à la vie.

Quel est le rôle d'une sœur ?

Toutes les deux se sont substituées à leur mère pour qui c'était trop dur… Est-il moins difficile de supporter la mort d'une sœur que celle d'une fille ?

Je suis frappée par la force de ce relais, les deux sœurs aînées offrant à la petite ce qu'une famille forte peut assurer : une présence chaleureuse, quotidienne, vigilante et aimante pendant la maladie, une présence symbolique forte au moment de la mort. Certes, il s'agit d'un rôle maternel : protecteur, porteur, soignant, aimant ; celui de la mère affective et nourricière, celle qui aide à vivre. C'est la fonction tenue par Karine, des années durant. Camille a tenu, elle, celle du parent symbolique – père ou mère symbolique –, qui aide à se séparer, à grandir, à partir. Qui laisse sa sœur faire ses choix, vivre sa vie, rencontrer sa mort. Lui donne le droit de vivre sa mort, si ce n'est sans regret, du moins sans remords.

Cette fonction symbolique, qu'il est déjà ardu d'assurer tout au long de l'enfance et de l'adolescence, il est très difficile aux parents de la tenir dans les derniers instants de leur enfant. Ce n'est pas dans l'ordre des choses. Même les moins possessifs ne peuvent accepter la mort de leur enfant. Quel que soit son âge. Tous leurs désirs tendent vers un même souhait, une même volonté : qu'il vive. Comme si leur amour était un lien que la mort ne pouvait briser.

Transformer l'amour familial en don, le libérer du poids énorme de sa demande de retour, c'est ce qu'a pu faire Camille. En autorisant sa sœur à mourir, elle lui a fait cadeau de l'amour de toute sa famille, l'allégeant de toute contrainte à vivre. Elle l'a déchargée du poids de l'amour familial, l'acquittant de l'imaginaire dette de vie qui retient si souvent les enfants, même mourants, auprès de leurs parents.

Partager les souvenirs, se rappeler l'enfance, c'est aussi un rôle de sœur?

La sœur rappelle toujours l'enfance, les années vécues ensemble, les souvenirs enfouis, à demi refoulés, les souvenirs-écrans, difficiles à partager, les bribes de mémoire rescapées de l'amnésie infantile. Mais il ne faut pas s'illusionner, chacune, selon sa place dans la fratrie, détient un album singulier qui n'appartient qu'à elle et qu'elle a parfois du mal à partager. Chaque événement de l'enfance, si important soit-il, donne lieu à des souvenirs personnels singuliers, différents pour chaque sœur, même les plus liées.

Chaque sœur peut donc détenir des souvenirs différents. Ainsi, quoi qu'elle fasse pour grandir, quels que soient son caractère et ses réussites personnelles, la plus jeune peut rester pour les autres « la petite dernière », celle dont on raconte la naissance et les mots d'enfant. Lui reste attachée l'aura nostalgique de l'innocence. Avec elle on se remémore les bêtises, les fous rires, les escapades. Elle permet de revivre la chaleur et la légèreté d'une période douillette et choyée.

L'aînée, dont le statut colle à l'histoire de la famille, ne provoquera pas les mêmes évocations futiles et joyeuses. Elle est un repère. On cherche auprès d'elle la confirmation d'événements factuels, la mémoire des dates, des lieux. Ses souvenirs aident à fixer le calendrier fluctuant de la mémoire infantile.

Ne préfère-t-on pas évoquer les bons souvenirs ?

Le côté ensoleillé de l'enfance revient en mémoire lors des réunions familiales amicales. Mille vétilles qui sont dépositaires des joies tendres et du plaisir des jeux, découvertes et transgressions qui marquent toute enfance, toute initiation, tout apprentissage. Partenaire, complice, solidaire et adversaire, la sœur fait partie intégrante du paysage de l'enfance. Plus proche que les parents, souvent moins idéalisée, surtout si elle partage le quotidien, moins bombardée de pulsions œdipiennes, elle détient le meilleur de l'enfance. Mais comme elle est aussi un obstacle sur le chemin œdipien, une rivale ou un boulet, en tout cas un témoin, elle en détient également le pire.

C'est pourquoi certains souvenirs ne sont pas évoqués. Toutes les enfances ne sont pas heureuses. Lorsque la famille est assez unie, les sœurs partagent le trésor immense des premières amours, des joies complices, des solidarités et des chamailleries enfantines. Mais elles sont aussi le témoin des premières paniques. Et la peur fait partie intégrante de l'enfance, tout autant que l'amour et les jeux. C'est pourquoi, quand les souvenirs sont trop douloureux pour faire lien, ils sont facteurs de discorde et de ressentiment. Ils réveillent des blessures sans fin et sont ainsi soigneusement évités.

La mort d'une sœur

Perdre une sœur, c'est perdre une partie de son enfance ?

La sœur est comme une partie de soi-même idéalisée ou déformée. Une projection de ses désirs, de ses peurs. Comme une sorte de témoin, qui porte autant la nostalgie des jours enfuis que la trace des blessures passées.

Sa mort est autant une tragédie familiale qu'un drame personnel. Au-delà de la peine de perdre une personne très chère, avec qui ont été partagées des heures d'enfance, le chagrin lié à la mort d'une sœur est celui de la perte d'une partie ancienne de soi-même. Certes, l'enfance n'est plus.

Elle ne vit que dans la mémoire. Le passé, tel qu'on l'a supporté, idéalisé, reconstruit ou oublié, a disparu. Quelques photos figent les instants heureux, et la mémoire vacille, fluctue, se dérobe à la pensée comme souvent les rêves de la nuit. Seuls les témoins de notre enfance en sont encore dépositaires. Et les témoins à hauteur d'enfant, ce sont nos frères et sœurs. Et les témoins à notre hauteur de fille, c'est notre sœur. C'est ainsi que la mort d'une sœur peut donner l'impression de voir disparaître tout un pan de vie. Comme si disparaissait la preuve avec le témoin qui attestait de sa réalité. Comme si mourait l'enfance à jamais. Comme si une partie de l'âme mourait avec la sœur.

Et perdre une sœur pendant l'enfance ?

Les morts ne vieillissent pas, ils gardent le même âge, la même silhouette, à jamais figés dans la représentation que les enfants avaient d'eux. Ainsi, même une sœur aînée, morte pendant l'enfance, sera à jamais une jeune sœur, une petite sœur. Son âge importera peu. Elle gardera toujours le même visage. Un visage d'enfant, de bébé ou de très jeune fille.

Alors qu'on voit vieillir ses parents et grandir ses enfants tout en gardant avec eux le même écart d'âge, et sans toujours se voir vieillir soi-même, les années qui marquent les frères et sœurs nous touchent de plein fouet. Les filles d'une fratrie le savent bien, elles ont été petites, elles ont grandi, elles vieillissent. Ensemble. Parallèlement. Sauf la sœur morte. Celle-ci reste telle que le temps l'a prise, volée et en même temps épargnée. Une sœur disparue pendant les jeunes années reste très longtemps comme une photo, un arrêt sur image.

Le chagrin des parents marque l'ambiance familiale et impose aux enfants d'incompréhensibles zones d'ombre. La petite morte tient une place essentielle, qui peut devenir envahissante, qui peut aspirer l'amour parental. Le travail des souvenirs en fixera quelques traits essentiels, purifiés par le temps, débarrassés des scories du quotidien. La sœur morte sera une sœur parfaite. Insupportablement parfaite. Idéalisée par la mémoire et par le chagrin, elle représente une douleur pour ses parents et un obstacle pour ses sœurs. On le sait, il est impossible de lutter contre les morts. Pour une fillette, une jeune fille, voire une jeune femme, il est rare de pouvoir se mesurer à une sœur morte. Ses perfections sont impossibles à défier, ses qualités à dépasser, ses défauts à prouver. Et certaines sœurs le savent. Sauf à mourir elles-mêmes, elles perçoivent intuitivement qu'elles ne rejoindront jamais l'absolue présence de celle qui n'est plus.

Magie des partages entre sœurs

Que peut-on dire des concordances de dates ?

Toute histoire familiale se noue sur une série de dates et d'anniversaires fatidiques. Les chiffres envahissent la mémoire de celui qui a souffert dans sa chair et dans son histoire. On comprend que fleurissent les arts de la numérologie et de la superstition, et que pèse parfois le sentiment d'un destin implacable.

La clinique est souvent confrontée à la concordance des dates, à la force des anniversaires. La vie donne des rendez-vous, pour pleurer, pour penser, pour faire le travail du deuil. Ce sont des marquages symboliques qui jalonnent chaque calendrier intime et invitent à honorer des anniversaires inconscients. Ainsi, des sœurs – en particulier des jumelles – peuvent accoucher en même temps ou à un an très exactement l'une de l'autre. Ainsi, un cancer peut être dépisté à la date anniversaire de la mort d'une mère ou de la naissance d'une sœur. On peut aussi avoir la surprise de voir naître et mourir, tomber malade ou guérir, à des dates similaires les membres d'une même famille.

Un certain nombre de ces liens peuvent s'expliquer par nos désirs inconscients. Car l'inconscient compte, il connaît les temps de gestation et toutes les périodicités collectives et singulières, et tient un inventaire méticuleux de toutes les dates fortes qui ont marqué nos vies et celles de notre famille, que nous en soyons conscients ou pas. Mais tout ne s'explique pas. Du moins, je ne m'explique pas tout.

Y aurait-il une empathie spécifique aux sœurs, et plus précisément sur les questions de corps, de maladies ?

Inutile de nier ce que la clinique et les témoignages affirment : il existe une forme d'empathie singulière aux sœurs. Que ce soit pour les maladies ou les grands événements heureux, les sœurs partagent souvent un même calendrier autant factuel qu'intuitif. Il est fait de dates anniversaires, de fêtes singulières, de morts et de crises fortes. C'est le temps subjectif de la mémoire personnelle et familiale. On ne peut douter de sa force. On ne peut nier son importance pour celles qui partagent l'alphabet et la grammaire d'une langue commune, celle de l'enfance partagée. Leurs corps en sont souvent marqués.

L'origine génétique du cancer des trois sœurs permet d'éviter toute tentative d'explication strictement psychologique, ce à quoi je ne me risquerai pas. De toute façon, quelles que soient ses origines, le cancer est une aventure qui fait penser à la vie et au sens de celle-ci. Il n'est pas besoin de psychologiser la maladie pour voir qu'elle a de profondes résonances psychiques. Sans prétendre connaître tous les facteurs déclenchants d'un cancer ou d'une maladie grave, chacun peut associer la découverte de sa maladie avec les événements proches et lointains de sa vie familiale et affective. Ce qui vaut pour l'un ne vaudra pas nécessairement pour l'autre, mais lorsqu'un orage survient dans la vie, nul ne peut faire comme si le ciel était depuis toujours serein. En prenant le temps d'un petit voyage intérieur, on donne du sens à sa maladie et ainsi on la supporte mieux. Les souvenirs d'enfance sont convoqués, la mémoire réveillée et même les rêves nocturnes produisent du matériel qui donne des informations sur les souvenirs refoulés. La maladie, le corps, c'est aussi une histoire de famille.

VI

MA SŒUR, MON SEUL RECOURS

Stéphanie, 43 ans, assistante de direction

« Mes sœurs, mon douloureux bonheur »

Trois sœurs sur une photo du début des années 1970. Une petite blonde aux cheveux frisés est allongée sur son transat ; à droite, une brunette en robe courte, qui semble se déhancher ; à gauche, une aînée placide aux cheveux châtains et au regard tendre. Comme elles sont différentes, les sœurs P. – « les filles du boulanger », comme on les appelait alors. Et pourtant... Solidaires dans l'ombre d'un terrible secret, elles ont été vouées toutes les trois et ensemble aux pulsions sexuelles de leur père. Pendant trente ans, elles se sont tues, même entre elles. Et puis, la cadette, Stéphanie l'impétueuse, « la plus forte », lève le voile. Le passé refait surface.

Stéphanie est très heureuse de témoigner. Mais quand, de temps à autre, au fil de l'entretien elle se met à craquer, c'est toujours en parlant de ses sœurs...

Les filles du boulanger

Je m'appelle Stéphanie, j'ai 43 ans, quinze mois de moins que ma sœur aînée Sandrine, et six ans de plus que la benjamine, Virginie. Nous avons été élevées dans une petite ville de la banlieue de Bordeaux. Aux yeux de nos copines, nous avions une vie de rêve au milieu des bonbons et des chocolats. Qui pouvait imaginer ce que nous endurions ? Nos parents n'étaient jamais disponibles pour nous. Papa dormait la journée ; quant à maman, elle tenait la boulangerie de 7 heures à 20 h 30, venait nous faire le bisou du soir et repartait, la tête dans les comptes. J'ai en mémoire ces scènes déchirantes au cours desquelles Virginie, la petite dernière, tentait de la retenir en s'accrochant à elle.

C'est à la naissance de Virginie que papa a commencé à abuser de nous. Tout cela se déroulait selon un rituel pervers : Virginie regardait, Sandrine et moi subissions. Et puis, quand elle a eu 3, 4 ans, la petite a été aussi violée. Nous étions au supplice, nous souffrions dans notre corps d'enfant. Mais nous nous taisions, menacées par papa. Combien de fois ai-je été punie pour rien ! Combien de fois ai-je pris, moi, la plus révoltée, une gifle ou un coup de ceinture ? Sandrine s'est souvent placée devant moi et a été frappée à ma place. C'était son côté protecteur de sœur aînée. Entre nous, aucun conflit. Nous consacrions notre énergie à nous protéger de lui. Aujourd'hui encore, nous sommes incapables de nous quereller. Quand l'une raccroche au nez de l'autre (ce qui est rarissime) elle rappelle immédiatement, en pleurs, se confondant en excuses.

La peur et le secret

Notre enfance s'est déroulée ainsi : au-dessus de la boutique, dans la peur du père, le silence buté de la mère, dans ce terrible secret. Nous ne nous quittions pas. Nous dormions toutes les trois dans la même chambre, en nous tenant la main, sans doute pour nous rassurer. Nous jouions ensemble parfois, nous invitions des amies qui étaient elles aussi des sœurs et, quand la lumière s'éteignait – était-ce pour éviter de penser et de parler d'autre chose ? –, nous continuions nos jeux, sous forme de calcul mental ou bien de listes : « Trouve des prénoms qui commencent par B, par S, etc. » Tout, plutôt que le silence. Maman était-elle au courant ? Peut-être. Mais elle était dans une sorte de déni inconscient, protégeant mon père, sans doute sous son emprise. Devant nos sous-entendus explicites, elle ne répondait rien.

Nous ne pensions qu'à quitter la maison. Sandrine est partie à 20 ans, moi à 19, laissant alors Virginie, à 14 ans, seule avec nos parents. Nous n'étions parties que dans la rue voisine et je venais souvent à la maison, mais ce départ a été un vrai crève-cœur. Au cours d'un de mes passages, j'ai fait remarquer à Virginie que son visage était tuméfié : « Oh, m'a-t-elle répondu avec une fausse désinvolture. C'est normal, je me suis cognée contre le placard. » Là, le secret s'était refermé sur elle. Je n'ai pas cherché à la faire parler, c'était inutile. Mais notre relation de sœurs était telle que je savais que c'était faux... Et elle savait que je savais !

Le silence des trois sœurs

Jamais une seule fois, en trente ans, nous n'avons reparlé de ce passé incestueux. Tout cela a été soigneusement enfoui en chacune de nous. Nous ne nous rappelions que les bons moments de l'enfance, entre nous trois. Le cerveau est bien fait : il trie, il élague... Il jette au loin tout ce qui est insupportable. Notre père, si monstrueux soit-il, restait un père, et nous ne parlions pas de ce qu'il nous avait fait.

Nous avions quitté Bordeaux pour La Rochelle, où nous nous sommes établies, en famille. Chacune d'entre nous avait construit sa vie, s'était mariée, avait élevé ses enfants. Là encore, les circonstances ont montré à quel point nous étions liées : Virginie avait épousé le frère de mon propre mari, rencontré pendant le mariage de Sandrine. Mes parents ont décidé de nous suivre et de s'établir là-bas aussi, maman souhaitant s'occuper en bonne grand-mère de ses petits-enfants. Nous ne nous sommes pas opposées à cela... Nous avions oublié le passé ! Pour moi, l'inceste, si infâme fût-il, était une chose enterrée...

Nous nous étions mariées très vite. J'ai eu rapidement mes trois enfants, Tiphaine, Léo et Maxime, que je confiais régulièrement à mes parents pendant que je travaillais. Je n'avais, je crois me souvenir, aucune peur, aucun état d'âme. Pour autant, j'avais tout de même demandé à maman de ne jamais laisser ma fille aînée seule avec papa. « Tu me promets ? » lui avais-je demandé. « D'accord », avait-elle promis en se gardant de me demander « pourquoi » ! Cela ne prouvet-il pas qu'elle savait ? Quand je pense à tout cela, j'ai la rage ! Mais je ne l'avais pas, alors. J'étais docile comme un mouton…

Le retour du refoulé

C'est alors que, un jour, le passé m'est revenu en plein visage, comme un boomerang. C'était il y a onze ans. J'avais 32 ans, et mon plus jeune fils Maxime, lui, venait de souffler sa première bougie. J'étais en train de le changer sur la table à langer, et, les fesses libres, il s'est mis à tirer sur son sexe. Léo, le cadet, qui avait alors 8 ans, a lancé : « Tiens, c'est rigolo ! Papy fait la même chose avec moi. » Je ne peux pas vous expliquer la force de la détonation qui s'est produite en moi. Je n'arrivais plus à penser. La plupart des parents auraient sans doute commencé à questionner l'enfant, à vérifier ses propos. Mais moi, je n'avais pas besoin de cette vérification. J'ai juste demandé à ma fille Tiphaine, qui avait 10 ans à l'époque : « Et toi ? Qu'est-ce qu'il t'a fait ? » Elle m'a répondu très évasivement qu'elle ne savait pas… Elle ne se souvenait plus… J'ai décroché en tremblant le combiné. La première à qui j'ai téléphoné, c'est ma petite sœur, Virginie : « Viens garder les enfants, lui ai-je dit. Je dois aller chez les parents. » Pendant que je conduisais, le passé m'est revenu en mémoire. Je tremblais comme une feuille. Je n'aurais pas imaginé que papa puisse toucher à mes fils. Ainsi, il avait recommencé ! Je suis descendue de voiture, il bricolait dans le garage. J'ai hurlé : « Qu'est-ce que tu leur as fait ? » Il a répondu : « Rien de mal ! Je te promets, je ne leur ai rien fait de mal. » Maman est alors sortie, mais elle n'a rien dit.

« Nous devons porter plainte »

Conformément à mon rôle de rebelle, de « mouche du coche », c'est moi qui ai voulu faire éclater la vérité. Il nous fallait porter plainte. Virginie a accepté de le faire, d'autant plus qu'elle avait 27 ans, et le délai de prescription allait jusqu'à ses 28 ans. Sandrine, en revanche, pensait qu'il valait mieux oublier toute cette histoire. Elle ne pouvait se résoudre à envoyer papa en prison, à cause de ses problèmes respiratoires. Elle a donc choisi de se porter simple témoin. Pour Virginie et moi, le recours en justice a été un révélateur. Le passé est revenu, à ce moment-là, comme une gifle. La censure levée, tout le beau passé bétonné, muselé, a volé en éclats. Virginie est devenue anorexique, Sandrine a souffert de terribles crises d'angoisse pendant trois ans, au point de ne pouvoir sortir ou prendre le RER. Quant à moi, j'étais tordue par le mal de ventre. Tout est parti en déliquescence. Nos couples ont également explosé. Mon mari – le père des enfants ! – banalisait le problème : « Enfin, tout cela n'est pas si grave ! Tu en fais toute une histoire ! », ce qui m'a ulcérée. Le mari de Virginie – le frère de mon mari, donc l'oncle de mes enfants – a eu à peu près la même réaction. Le secret se reformait, mine de rien, autour de nous, ce tabou de l'inceste, et cela, nous ne l'avons pas supporté du tout. Nous avons toutes les deux divorcé en même temps.

Le jour du procès

Le premier jour du procès a été terrible. Non seulement parce qu'il fallait tout expliquer dans les détails, mais aussi parce que, pour la première fois de notre vie, nous étions vraiment séparées, nous, les trois sœurs. Sandrine, simple témoin, s'est vu refuser l'accès du tribunal. Elle était dévastée par le fait de nous voir partir seules. Quant à Virginie, qui pesait 32 kg à l'époque, elle tremblait comme une feuille et haletait en témoignant, comme si elle souffrait d'une crise de spasmophilie. J'ai trouvé ça terrible, horrible, et vous voyez, en en parlant, là, je craque à nouveau. J'ai réussi à surmonter le choc pour moi, mais je souffre toujours beaucoup plus pour mes sœurs. Le plus terrible, c'est que notre père a nié les actes qu'il a commis sur Virginie...

Virginie, la plus petite

Je m'en sors bien, moi... Même si j'ai une horrible boule au creux du ventre. C'est mon symptôme. Virginie, la plus petite, est d'après moi la plus intelligente. Elle a un côté très psy. C'est elle qui a fait les études les plus longues, elle a obtenu son DESS avec mention. Mais dans la vie professionnelle, comme dans la vie affective, elle se plante en permanence. Elle est excessive, vulnérable, prend toujours les mauvais chemins, les pires boulots... C'est une vraie malédiction. Elle vient de réussir le concours d'infirmière : j'espère qu'elle supportera ce métier difficile... Moi, j'ai tourné la page. J'ai dû bien sûr le faire violemment : je me suis mariée avec quelqu'un d'autre, j'habite maintenant dans le Midi. J'ai décidé de ne pas déconstruire la vie de mes enfants, qui sont restés à Paris. Je les vois trop peu, bien sûr, mais le changement de vie a été à ce prix, et je l'accepte.

Mes sœurs sont tout ce qu'il me reste !

Cette histoire a fait tout exploser – les relations entre oncles, tantes, cousins... Mais le bloc des trois sœurs est plus fort que jamais. Nous avons fondé, à toutes les trois, une unique famille. Virginie est toujours anorexique, Sandrine un peu trop ronde... Elles craquent de temps en temps et ont déjà essayé, suite à des histoires de cœur, d'attenter à leur vie. Virginie quatre fois, Sandrine deux fois. J'ai réussi à les convaincre de me téléphoner quand ça ne va pas. Mon portable reste allumé jour et nuit, elles le savent. Virginie m'a appelée, il y a peu de temps, en pleine nuit. Elle m'a dit : « Je vais faire une bêtise. » Je lui ai dit : « Tu prends ta voiture, et tu files aux urgences. Tout de suite. » Elle l'a fait.

Toutes les deux pensent que je suis la plus forte ; que j'ai, à bien des égards, un rôle d'aînée. Mais qu'on ne s'y trompe pas : l'angoisse ne me quitte pas – jamais. Surtout l'angoisse de mes sœurs, l'angoisse sororale. Mon vœu le plus cher serait que Virginie s'en sorte. Je ferais tout pour le bonheur de mes sœurs. C'est pourquoi je n'ose pas imaginer ce qui se passerait si je devais perdre l'une d'elles. C'est inimaginable. Une partie de moi disparaîtrait à jamais. Est-ce parce que nous avons été associées dans le pire des drames ? Nous sommes unies jusqu'au bout.

Virginie, 38 ans, élève infirmière

« Nous sommes indissociables »

Sophie Carquain : Virginie, vous avez voulu aussi témoigner des relations avec vos sœurs…

Virginie : Il est important de témoigner de tout cela. Notre passé a structuré nos relations. Mes sœurs sont à la fois mon bonheur et ma tristesse. Quand j'étais petite, j'avais bien plus mal pour mes sœurs que pour moi-même. Les pires souvenirs de mon enfance sont les moments où j'ai vu mes sœurs avec mon père : elles souffraient et je ne pouvais rien pour elles. C'est mon impuissance qui était insupportable. Encore aujourd'hui, je ne peux y penser sans pleurer. Encore aujourd'hui, chaque fois que je revois mes sœurs, même dans d'heureuses circonstances, je pleure.

Avez-vous toujours été la « petite Virginie » ?

C'est moi qui ai subi la plus jeune la violence de cette situation, j'avais 3 ans. C'est moi aussi qui ai été la mouche du coche. Je crois en tout cas avoir été la plus rebelle. Je me battais avec papa. J'étais vraiment révoltée, et plus d'une fois, c'est moi qui ai, comme dans le film *Festen*, essayé d'ouvrir les portes du secret, de le faire sortir. Un jour, je m'en souviens parfaitement bien, il y a eu l'affaire Dutroux, à la télévision. J'avais déjà 20 ans au moins. Et papa, à chaque journal télévisé, grommelait : « Qu'ils arrêtent de nous emmerder avec cette affaire ! » Je lui lançais : « Ah, ça te gêne, de parler de ça ! » Mais personne ne relevait jamais. Un autre jour, je me souviens très bien d'avoir fait une allusion à la sexualité débridée de mon père, devant mon oncle, et demandé : « Tu veux que je raconte tout à tonton Patrick ? » Mais là, mon oncle s'est bouché les oreilles ! Nous étions emmurées dans le secret. Et puis, c'est Stéphanie qui a vraiment fait éclater l'affaire quand ses enfants ont été à leur tour victimes. Il y a donc eu une forme de relais entre nous.

Vous en reparlez ensemble, aujourd'hui ?

Quand nous nous retrouvons, l'une d'entre nous, à un certain moment, lance toujours une allusion à notre père... Comme si désormais, nous ne devions pas nous laisser enfermer par le secret. Mais nous nous voyons fort peu, aujourd'hui. C'est une grande douleur pour moi. Stéphanie habite à Marseille, Sandrine à Bordeaux, et moi en Normandie. La distance nous pèse terriblement. Mais cette séparation a sans doute été l'unique façon de s'en sortir. Je ne peux pas voir mes sœurs sans penser à notre père, au moins une fois dans la journée.

Quels sont les retentissements de cette situation sur vos relations de sœurs ?

Malgré la distance, nous sommes fondamentalement unies, indissociables. Nous avons sans doute moins de pudeur que d'autres sœurs entre elles. Nous avons toujours parlé de nos petits copains, et, en tout cas Stéphanie et moi, de notre sexualité. Nous avons en effet épousé les deux frères, ce qui reflétait certainement encore une situation incestueuse. Or ces deux frères ne nous touchaient quasiment pas. Je l'ai su le jour où j'en ai parlé avec Stéphanie. J'avais un amant, elle aussi. Nous avons comparé nos situations qui étaient identiques : une relation quasi fraternelle avec notre mari. Et un amant pour compenser. Je ne pense pas que les sœurs, habituellement, parlent de façon aussi libre de leur sexualité.

Sandrine, 44 ans, secrétaire

« Nous sentons quand l'une des trois souffre »

Je ne pense pas, au cours de notre histoire, m'être jamais comportée comme une aînée. Pour moi, la plus forte, c'était Stéphanie. Quand nous étions petites, elle n'avait pas peur de notre père. Moi, j'avais peur de lui, mais ça ne m'empêchait pas de me placer face à lui quand il voulait donner une rouste à Stéphanie ; je la protégeais. Aujourd'hui, nous sommes très vigilantes l'une par rapport à l'autre. Nous avons affûté une vraie forme d'intuition de sœur et, avec nos antennes, nous sentons quand l'une des trois souffre, en particulier Virginie et moi. Récemment, avant d'avaler des médicaments car je voulais vraiment en finir, j'ai envoyé des textos à toute ma famille, « gros bisous », cherchant en cela à leur dire au revoir. Virginie a immédiatement appelé les pompiers. Elle avait compris, par-delà les mots, la détresse qui m'habitait.

Survivre avec ses sœurs

L'angoisse de sœur

Sophie Carquain: Regarder ses sœurs souffrir, c'est encore plus douloureux que souffrir soi-même ?

Maryse Vaillant: L'agression sexuelle d'un parent fracasse l'esprit immature de l'enfant. Quels que soient les actes commis par le père, sa sexualité adulte d'homme admiré et aimé fait irruption dans un monde infantile avide de tendresse et de protection. Pour supporter la charge de cette violence psychique, il est fréquent que la fillette abusée se voie contrainte à mettre en œuvre des mécanismes de défense intenses. Il s'agit pour elle de tout faire pour ne pas être anéantie par l'agression paternelle. L'un de ces mécanismes est le clivage, qui permet de s'absenter de la scène. La fillette se retire d'elle-même, fait comme si elle n'était pas présente. Pour oublier, elle fait comme si ce qui se produisait ne la concernait pas.

En revanche, lorsque sa petite sœur subit la même agression, elle est envahie par les sentiments qu'elle ne s'était pas autorisée à ressentir pour elle-même. La submergent des flots de terreur et de douleur · tout ce que l'autre éprouve. C'est une épreuve d'une violence inouïe pour une petite fille, un partage de douleur, une sorte d'ancrage dans la réalité qui contraint l'esprit à souffrir mais qui lui permet également de ne pas s'égarer. Pour les trois sœurs, tout se passe comme si le relais par une autre elle-même leur permettait de surmonter les épreuves. Ainsi deviennent-elles une unité, un tout, plus solide que chacune des parties qui le composent. Elles sont unies par un « contrat de solidarité » dont parle Stéphanie : inséparables dans les scènes incestueuses, dans la nécessité de garder le secret, dans l'effort pour oublier, inséparables pour survivre, inséparables dans la vie.

Stéphanie parle de son « angoisse de sœur » : cette boule au creux du ventre.

Elle parle d'angoisse de sœur, alors qu'elle pourrait aussi parler d'angoisse de viol, ou d'abus, ou d'inceste. Sauf que nommer ce qu'elles subissent est impossible pendant longtemps. Aucune d'elles ne peut penser en termes clairs ce qu'elles doivent taire et qu'il n'est nul besoin d'évoquer pour être comprise de ses sœurs.

Pour elles trois, la sororité est la seule relation, le seul attachement qui soit sans danger, la seule identité qui ne soit pas effrayante, menaçante ou suspecte. Autour de Stéphanie, le terrain est miné. Malgré les sentiments tendres qu'elle peut éprouver pour eux, elle ne peut se sentir la fille d'un homme et d'une femme qui ne se comportent pas comme un père ni comme une mère. C'est vraiment en tant que sœur qu'elle survit, pour ses sœurs, avec elles, grâce à elles.

C'est le paradoxe de l'inceste : le père qui commet le crime ne se comporte pas en père ; c'est pourtant bien parce qu'il est le père que son crime est total. Les parents sont donc défaillants et leur rôle suspect. Seule la place des sœurs reste non entachée par la transgression majeure de l'inceste. Ne dit-elle pas que les copines invitées sont également des sœurs ? Elle et sa sœur épouseront d'ailleurs deux frères. Comme si le fait d'être frère et sœur était une sorte de passeport d'innocuité. Une promesse de protection.

La petite s'en sort mal. Est-ce c'est parce qu'elle a été mise en position de spectatrice ?

Si la toute petite fille qu'était Virginie fut témoin de scènes d'agressions sexuelles répétées, à un âge où l'aspect génital de l'acte sexuel ne pouvait lui être compréhensible, elle en a éprouvé, par identification avec ses sœurs, la douleur, la honte, et un intense sentiment de culpabilité. La culpabilité du témoin impuissant.

La place du témoin, dans des scènes cruelles ou ambiguës, peut causer des dommages profonds. L'impuissance et l'incompréhension ravagent l'esprit de celle qui doit regarder et ne peut agir. En effet, les abus sexuels du père ont pu au début être compris par la petite comme des jeux. Des jeux rituels, secrets, cachés, dont on ne doit pas parler, qui font peur. En être le témoin privilégié a pu lui sembler désirable avant que les menaces, la peur, la honte et la panique qui bouleversent ses sœurs la saisissent à son tour.

Secrets et interdits de penser

On voit les trois sœurs soudées, au point de ne pouvoir se disputer. C'est pour préserver leur secret autant que pour se protéger ?

Oui, l'entente des trois sœurs est une coalition de terreurs. Elles ne se disputent pas, ne laissent jamais la colère les envahir. Si elles se laissaient aller à se chamailler, que ne risqueraient-elles pas de dire ? Dire est interdit. Dire est dangereux. Elles doivent contrôler sans cesse leurs paroles, leurs émotions, leurs pensées.

C'est un phénomène assez fréquent, un des effets étranges du poids d'un secret sur une famille. Le silence qui entoure la chose à cacher peut s'étendre à tout autre chose, par contiguïté, pas simple association verbale ou mentale. Et ainsi, c'est toute la vie d'une maison qui se met à mal respirer, à retenir ses mots, son souffle. Pour ne rien divulguer, on ne dit plus rien. Pour ne plus dire, on ne pense plus. Ici, le secret qui mure les trois sœurs dans le silence tient autant des menaces du père que de la honte qu'elles éprouvent.

Si la mère s'en était mêlée, si elle avait accepté de voir ce qu'elle se refusait de reconnaître, les fillettes auraient eu un appui. Si elles avaient supposé qu'on pouvait les écouter, elles auraient parlé, elles se seraient confiées, elles se seraient plaintes. Ce faisant, la réalité de leurs agressions aurait pris consistance dans leur esprit. Or rien ne se produit. Aucune écoute. Aucune oreille. Aucune compassion qui leur permette de parler, de penser. Elles n'ont personne en dehors d'elles-mêmes, en dehors d'elles trois. Impossible donc de mettre en péril la seule protection dont elles disposent, le groupe des trois. Une unité close sur un terrible secret et une peur commune. Une volonté commune de ne pas penser, de ne pas se souvenir, d'oublier, de chasser de leur tête ce qu'elles ne peuvent penser.

Protéger ses sœurs

En épousant deux frères, les deux sœurs ne prolongent-elles pas d'une certaine manière l'inceste dont elles ont été victimes ?

L'inceste, c'est la non-séparation. Et ses conséquences : confusion des places de chacun, des parents et des enfants ; confusion des sentiments entre l'affection infantile et le désir adulte ; brouillage identitaire par distorsion des rôles ; brouillage mémoriel et émotif. Par ailleurs, l'inceste est une tragédie qu'accompagnent la peur, la honte et le secret. C'est ce qui rend les sœurs vulnérables et malheureuses si elles sont séparées et qui les rend fortes si elles sont ensemble. L'inceste et son halo, la peur, la honte et le secret, enferment la famille dans une nasse serrée de non-dits impossible à démêler. Pour lutter, les fillettes ont fait bloc. Elles tiennent leur survie de la relation établie entre elles, ne pouvant donc ni se séparer ni être séparées. Et l'appui d'un mari peut leur sembler aussi improbable que celui d'un père ou d'une mère. En épousant des frères, elles ont probablement le sentiment de renforcer l'union sororale qui leur est essentielle.

On peut aussi penser que le caractère symptomatique de leur choix conjugal explique en partie que s'établisse une relation décrite comme quasi fraternelle, le désir, la libido, la sexualité génitale, tout ce qui fonde un couple, ne pouvant s'épanouir dans une relation fantasmée comme une relation entre frères et sœurs.

Stéphanie et Sandrine partent lorsqu'elles ont 20 ans, laissant Virginie seule avec leurs parents. Comment peuvent-elles vivre ce départ ?

Stéphanie nous dit qu'elle ne part pas loin, « juste la rue à côté », car il lui est impossible de quitter sa famille et sa jeune sœur. Ce qu'elle a subi enfant, et le silence qui dure depuis, lui a ôté toute autonomie, toute possibilité d'aller et venir, de jouir de sa vie propre, de s'épanouir, de s'émanciper. Toutes trois sont prises dans un filet à mailles denses qui les retient au cœur de leur douleur. Partir est impossible. Fuir autrement que par l'oubli contraint également. Ce qui ne se dit pas, ce dont elles se souviennent à peine, les occupe toutes, totalement. Elles n'en parlent pas, n'y pensent pas, mais elles en sont habitées.

La répétition du pire

Que pensez-vous du dévoilement, lorsque Stéphanie réalise que ses enfants aussi…

Devant son enfant, cède enfin le déni qui l'a protégée lorsqu'elle était enfant. La mère en elle se réveille et va pouvoir agir pour la petite fille qu'elle était en agissant pour ses propres enfants. Enjoliver la mémoire, n'échanger que de bons souvenirs, raconter des histoires de placard, toujours éviter de penser, ne jamais parler du passé… toute cette protection explose lorsque la jeune mère découvre que la réalité continue à être monstrueuse. Rien ne sert de se mentir. L'horreur se poursuit dans l'ombre du secret. *Grâce* à l'ombre du secret.

La réaction de son mari et celle du frère de celui-ci montrent bien le climat général qui entoure souvent ce genre de drame. Comment voulez-vous vous révolter si vous côtoyez des gens qui pensent que ce n'est pas si grave ? C'est ainsi que, bien souvent, l'inceste et le secret, qui ont soudé les familles, lorsqu'ils volent en éclats, font voler en éclats les familles. Chacun prend parti. En silence le plus souvent. Chacun prend position et ne le dit même pas. Les gens ne se voient plus, ne se parlent plus. Celle par qui le scandale arrive peut se sentir bien isolée, car le scandale pour beaucoup est la révélation, plus que l'inceste lui-même.

C'est pourquoi elle parle du « tabou de l'inceste » pour dire le secret qui entoure l'inceste ?

Soumise par la tendresse filiale, la petite fille ne sait pas qu'il est inhumain pour un père d'abuser de ses filles, que ce soit par la violence ou avec le consentement tendre de celles-ci. L'amour et la soumission des enfants aux parents sont la base de l'interdit qui frappe les parents. Ces derniers doivent limiter leurs désirs pour que leur enfant puisse les aimer sans crainte et sans limites. Et vivre ce qu'on appelle l'œdipe. L'enfant aime et désire un parent qui jamais, jamais, ne répond autrement que par son affection.

Dans le témoignage des trois sœurs, nous voyons les parents construire un mur invisible autour de la famille. Tout ce qui risquerait d'inviter les fillettes à se confier, à chercher un secours, un recours, est empêché. Ainsi sont-elles aux prises avec ce qui constitue l'inceste, non seulement les actes du père, mais aussi le halo de honte, de peur, de silence et de secret qui les entoure. Et elles ne réalisent pas que ce qui est tabou est l'inceste lui-même et non son dévoilement.

Une famille de sœurs

Les sœurs disent avoir fondé à elles trois une famille. Que penser d'une « famille de sœurs » ?

Elles ont perdu leur famille, les oncles, les tantes, le procès a fait éclater ce qui leur tenait encore lieu de famille. Elles se sont séparées de leurs maris, de leurs enfants. Le seul lien qui leur reste est celui de la sororité.

Cette identité de sœur leur a permis de survivre à l'explosion de leur identité de fille (au sens généalogique) et de fillette (au sens d'enfant). Aujourd'hui adultes, elles se voient incapables d'assumer une identité de mère. Toute la gamme des rôles féminins est saccagée en elles. Stéphanie nous parle de l'anorexie de Virginie et des inhibitions de Sandrine, de son incapacité personnelle à pouvoir penser la séparation d'avec ses sœurs, de leurs tentatives de suicide, de leurs difficultés à nouer des relations affectives stables. Pour reconstruire leur vie de femmes, elles n'ont que leurs sœurs et le fait d'être sœur. Ce lien qui leur a permis de survivre à leur enfance est le seul lien auquel elles peuvent encore faire confiance aujourd'hui.

La famille de sœurs est une notion qu'on peut retrouver chez les femmes solidaires, combattantes, victimes, révoltées, qui s'entraident et refusent de se laisser plomber par les violences en tout genre qu'elles ont pu subir, du fait même de leur féminité.

Les groupes de femmes qui aident les femmes forment alors une « famille de sœurs », une communauté hors génération, quasi horizontale, liée par le fait d'avoir connu la terreur, la douleur, l'isolement, du fait même de leur point commun, être des femmes. Quand aucune instance – la famille, le groupe, le clan, la société, la culture, la justice – ne leur a porté secours, quand n'existe aucune voie de recours, quand la famille – le père, le mari, les autres femmes – est l'agresseur ou le complice, quand la société – les lois, les hommes, la culture – aussi, les femmes ne peuvent que se revendiquer « sœurs ».

Ni fille, ni fillette, ni femme, ni mère, seule la sororité les protège, leur permet d'exister, d'être libres, d'être des femmes.

VII

MON ENFANT, MA SŒUR

Lou, 44 ans, styliste

« Nathalie, mon beau souci »

Lou, 44 ans, a le teint pâle, des cheveux auburn coupés au carré, de grands yeux noisette. « Tout va bien », dit-elle d'une voix flûtée. Tout va toujours bien pour elle, qui veille en permanence sur les autres : ses enfants, ses amies, son frère et surtout sa petite sœur, qui lui cause un souci très maternel…

J'avais 6 ans quand Nathalie est née. J'ai le souvenir d'une petite fille, dans ma chambre, une brunette à couettes, assise en tailleur sur le couvre-lit orange de mon lit d'enfant, qui m'observait de son regard d'écureuil curieux et admiratif. Elle m'observait pendant que je faisais mes devoirs, pendant que je dessinais… à tout moment ! De temps en temps, je levais les yeux de mes cahiers, je jetais un œil sur elle, et, devant cette toute petite fille suçotant ses deux doigts, enfournant le biberon dans la bouche de sa poupée, je sentais une vague d'amour m'envahir. Alors, je laissais mes cahiers et je la serrais dans mes bras.

Je me suis un peu occupée d'elle, mais sans excès. Avec ce sentiment, très fort, que je devais la surveiller assez souvent, dans ma chambre. Elle courait dans le couloir, pour se jeter dans mes bras, en criant « Lou ». J'éclatais de rire.

Nous avons d'abord vécu à Paris, puis nous sommes partis à Lyon, papa ayant été nommé dans un service de cardiologie là-bas. Maman ne travaillait pas. Nous étions donc la famille traditionnelle bourgeoise typique, de trois enfants, avec une maman au foyer et un papa qui travaillait beaucoup. Une famille heureuse... sauf que papa était souvent très triste, et je n'en comprenais pas la cause. Un jour, j'avais 13 ans, notre grand-père nous a annoncé, comme ça, à mon frère, à Nathalie et à moi, que papa était « parti ». Je n'ai pas immédiatement compris qu'il était décédé. Cela peut paraître étonnant, mais je n'ai pas de souvenir précis de l'émotion que j'ai pu ressentir alors. Nous étions là, tous les trois, emmurés dans le silence. Ai-je demandé comment il était mort ? J'ai certainement dû le faire, quel enfant ne le ferait pas ? Mais, d'une part, je ne m'en souviens pas, et secundo, je n'ai obtenu pour toute réponse que le plus grand silence. Un silence à partir duquel Philippe et moi échafaudions toutes les hypothèses possibles : avait-il pris des médicaments, avait-il utilisé un flingue ? Avait-il eu une crise cardiaque, ou un accident de voiture ? Nous ne posions pas la question à maman, qu'il fallait également protéger. Mais c'est maman qui, bien plus tard, m'a révélé la vérité : il s'était suicidé.

Maman bis

Dès la disparition de papa, je suis, je crois, devenue hyperprotectrice envers Nathalie. Mon frère ne me causait pas autant de souci. Peut-être parce qu'elle avait 7 ans à peine au moment de cet événement. À l'adolescence, je me suis transformée en « maman bis ». Je m'inquiétais de ses « mauvaises fréquentations ». Avec quelques copines, elle se livrait à des séances de spiritisme, faisait tourner les tables... Elle invoquait les esprits, sans doute pour essayer de percer le mystère de la mort de papa, et je n'aimais pas ça... Plus elle grandissait, plus elle s'échappait dans une sorte de bougonnerie classique à l'adolescence. Elle devenait mutique par moments, tandis que mon « instinct maternel » se renforçait. Nathalie avait 13 ans (l'âge où j'avais appris moi-même la terrible nouvelle), j'en avais six de plus. Je me suis embarquée dans des études d'histoire de l'art, elle a suivi le parcours classique des étudiants en école de commerce. Bref, nous avons mené chacune notre barque, mais je l'avais à l'œil en permanence. Je pense que quand, dans votre entourage, quelqu'un met fin à ses jours de façon si brutale, vous devenez hypervigilant. Tout devient possible. Le moindre état d'âme de Nathalie me plongeait dans de graves crises d'angoisse.

Voyage à Mexico

En 1990, elle devait partir pour Mexico dans le cadre de son école. Avant le départ, une de ses copines m'a téléphoné. Un coup de fil assez étrange : « Il faut que tu surveilles ta sœur, attention à la drogue. » Ce coup de téléphone, qui partait sans doute d'un bon sentiment, m'a plongée dans un réel état de panique. Je savais que Nathalie fumait du cannabis, de temps en temps, et je me suis monté la tête en imaginant qu'elle partait là-bas dans l'unique but de se droguer. À cette époque, j'avais décroché un gros job de styliste auprès d'un grand couturier, le premier de ma carrière. J'y suis restée un mois et demi, travaillant, bien sûr… mais pensant à Nathalie en permanence, l'imaginant tantôt droguée dans un squat, ou bien avec des gens qui la maltraitaient. C'était devenu insupportable, et les quelques coups de fil que je lui passais alors ne parvenaient pas à me rassurer. Ma sœur, pensais-je, n'avait pas assez de cadre, elle ne savait pas distinguer le bien du mal. Elle n'avait aucune arme pour lutter contre la méchanceté.

Ma priorité, c'était elle. N'avais-je pas été à sa disposition totale, de jour comme de nuit ? Il lui était arrivé de me téléphoner, la nuit, parce qu'elle était perdue, elle ne savait pas quelle décision prendre… Et je me retrouvais à faire de la déco, ce qui me semblait soudain bien superflu. Je suis allée voir le DRH et, sans autre forme de procès, je suis partie ! J'avais déjà démissionné une première fois, pour la même raison, ce qui m'avait valu une longue période de pénitence, à être vendeuse dans une boutique de bijoux fantaisie, sous la houlette d'une chef totalement hystérique et malfaisante. Nathalie passait avant tout ! À l'époque, des amis m'ont alertée : « C'est la crise de l'emploi, ce que tu fais est complètement fou. Tu auras du mal à retrouver du travail. » Ça m'était totalement égal. J'avais tellement peur qu'il ne lui arrive quelque chose ! Le jour de ma démission, j'avais envie de sautiller partout comme une gamine. J'avais le cœur léger, j'étais heureuse. Je l'ai appelée : « Devine ? J'ai mon billet pour Mexico, j'arrive ! » Au téléphone, j'ai senti un énorme soulagement dans sa voix. À peine sortie de l'avion, je me suis jetée dans ses bras. J'étais tellement contente de la voir ! Son état m'a rassurée, elle avait l'air d'aller bien. Oui, elle semblait heureuse et, soudain, le poids qui avait pesé sur moi pendant ces deux mois de travail s'envolait.

Je devais rester quinze jours, mais j'ai prolongé un mois. Pendant un mois et demi je ne l'ai pas quittée d'une semelle. Oui, j'ai franchement eu des attitudes maternelles, et même à la limite de l'intrusion. Un matin, alors que nous étions toujours à Mexico, Nathalie m'a annoncé qu'elle avait rendez-vous avec un garçon et qu'elle voulait s'y rendre seule. Bref, elle me demandait de lui lâcher les baskets. « J'ai 22 ans », m'a-t-elle dit alors. « Pas question, lui ai-je répondu. Je t'accompagne. » Je pensais à la drogue. Nous avons discuté ainsi dix minutes, mais sans jamais nous énerver. « Tu ne peux pas m'interdire d'y aller », disait Nathalie. Puis elle a capitulé : « OK, je vais le rappeler, je n'irai pas. » J'ai soufflé. Mon intuition ne m'avait pas trompée : le type avec qui elle avait rendez-vous devait être louche.

Un mari malade

Tout cela, c'était il y a longtemps... Avant que nous ne rencontrions nos maris respectifs et que nous ne concevions nos enfants. Quand j'ai accouché de ma première fille, puis de mon fils, la pression sur Nathalie s'est un peu relâchée... Jusqu'au jour où Tanguy, son mari, a révélé de graves troubles psychiques. Ce garçon était malade, perfectionniste, psychorigide. Il avait la phobie de la saleté et piquait une crise dès qu'une assiette n'était pas bien rangée où il fallait. Il a cherché également à mettre Nathalie sous cloche.

Il l'a poussée à démissionner de son poste de cadre, pour qu'elle reste s'occuper des enfants. Ainsi, tout ce que j'avais tant redouté – la mauvaise influence, les mauvais traitements sur ma petite sœur – trouvait là une incarnation.

J'étais en colère de la voir sacrifier sa vie professionnelle pour satisfaire les lubies d'un mari malade. J'ai eu peur pour elle. Tout cela réveillait de vagues souvenirs liés à papa... J'avais une obsession, alors, à l'époque : pousser cet homme à aller consulter un bon médecin. Mais mon beau-frère freinait des quatre fers. Alors j'appelais Nathalie : « Tu devrais le quitter. Tant qu'il ne consultera pas, il ne changera pas. » Avec ma mère, nous nous relayions au téléphone, à la fois pour soutenir Nathalie et lui suggérer de quitter cet homme qui la rendait malheureuse. Et puis, alors que le couple était en train de se désagréger, un jour, son mari s'est enfin décidé à consulter un psychiatre. Je pense qu'il est maintenant en de bonnes mains. Et je respire enfin : je n'ai plus peur pour Nathalie.

Elle me materne aussi

Quand mes enfants sont nés, en particulier Hélène, ma fille aînée, toute mon angoisse s'est semble-t-il reportée sur elle, du moins pendant les premiers mois. Hélène souffrait de doubles otites à répétition, en particulier quand mon mari partait en voyage d'affaires. C'était même systématique et j'y vois, là encore, une résurgence de l'angoisse par rapport à l'absence du père. Très souvent, j'appelais Nathalie qui, sans être mère, savait écouter mes angoisses. Mes amies n'avaient pas cette qualité d'écoute, elles ne me comprenaient pas. Nathalie, si. Et c'est elle, encore, qui m'accompagnait aux urgences avec la petite.

Nos étés à l'île d'Yeu

Aujourd'hui, alors que nos enfants ont grandi, ce que je préfère, ce sont les étés à l'île d'Yeu. Nous nous retrouvons chez moi, rien qu'entre filles ! Ma sœur, ma mère, ma belle-sœur et tous nos enfants (nous n'avons que des filles entre 5 et 10 ans)… Les hommes, qui viennent le week-end, ne l'ignorent pas : nous avons réellement besoin de nous retrouver entre femmes, pendant quinze jours. Et pourtant… il ne s'y passe rien que de très classique ! Maman se lève tôt, elle va au marché puis prépare le repas pour tout le monde, Nathalie, Louise (ma belle-sœur) et moi nous rendons sur la plage tranquillement, nous allons déguster une glace… Ma plus grande joie, c'est de voir nos enfants ensemble. Au moment où nous nous sommes mariées, nous avions déjà envisagé ce rêve : « Plus tard, nous disions-nous, nos enfants joueront ensemble au jardin. » Nous avions vu juste.

Cette maison est devenue une maison de famille. Maman s'y rend, sans moi, et il arrive fréquemment à Nathalie aussi de poursuivre ses vacances, avec mari et enfants. Peut-être est-ce là encore une attitude de sœur aînée ?

Quand vient l'heure de nous séparer, à la fin de ces quinze jours de rêve, un grand chagrin m'envahit. Même si je continue mes vacances en famille réduite, avec mari et enfants, le fait de quitter Nathalie est, chaque été, un vrai déchirement.

Quand la grande protège la petite

L'amour pour une grande sœur

Sophie Carquain : Nous avons le regard d'une cadette éperdue d'admiration pour la grande sœur. Ce n'est pas le même regard que l'on adresse à la mère, n'est-ce pas ?

Maryse Vaillant : La grande sœur peut en effet hériter de bien des sentiments adressés en général à la mère, admiration, amour, désir, reproches, etc. Mais elle n'est pas en position œdipienne. Seule la mère occupe chez le père une place qui peut faire fantasmer la petite, comme elle a fait ou fait encore fantasmer la grande. Ainsi les deux sœurs, malgré la qualité des sentiments tendres qui peuvent les unir, ont-elles un amour secret commun, leur père. Et un obstacle commun, la mère. Pour être refoulés et en grande partie inconscients, ces sentiments traversent l'enfance et sont comme un trait d'union entre les sœurs. Un lien fort, ambivalent, secret, unique. La quintessence, la base même du lien sororal : les variations d'une aventure œdipienne féminine partagée et ses différentes issues.

On le sait, la chronologie des naissances vient broder sur le canevas familial un dessin différent pour chaque enfant, dans une histoire d'amour entre les parents où les aînés ont déjà un rôle attribué. La présence d'une sœur aînée va orienter forcément les désirs et les amours de la cadette qui vient au monde dans un univers dont elle fait partie intégrante. Elle sera donc un élément du firmament de la petite.

Si les accidents de la vie conduisent la grande à prendre en charge sa sœur, elle devient *comme* une mère, mais ne peut se substituer à elle sous peine de grandement bousculer l'équilibre familial et l'épanouissement de la petite. Une grande sœur, même très maternante, n'est pas une mère de substitution. Elle n'entre pas comme mère dans les scénarios œdipiens de ses sœurs, n'a pas avec le père des relations érotisées. En conséquence, même jalousée, enviée ou adorée, elle reste une sœur pour ses sœurs, une figure avancée d'elles-mêmes, tout autant qu'elles privée de la jouissance secrète du père. Pour toute fillette, la sœur aînée est avant tout une *grande* fille. Une *fille* plus grande.

En quoi l'amour pour une grande sœur est-il différent ?

Elle est pour sa sœur une image d'elle-même projetée dans un futur assez proche. Comme une étape intermédiaire avant d'être adulte, d'être femme, et pourquoi pas d'être mère. Dans le contexte œdipien classique d'une famille, alors que prendre la place de sa mère peut sembler inaccessible à la petite amoureuse, ressembler à la sœur aînée constitue souvent un projet tout à fait raisonnable. Les sentiments éprouvés pour la sœur aînée sont donc un mélange d'amour de soi et de projections œdipiennes.

C'est ce que semble ressentir Nathalie : elle voit sa grande sœur comme un modèle, une aînée disponible et aimante, qui lui consacre du temps pour jouer avec elle et la câliner. Le lien sororal comprend cette qualité d'attachement, affectif, stimulant et protecteur, sans être un lien filial. Même si l'amour éprouvé par l'aînée est maternel, l'attachement entre les sœurs n'est pas filial.

En revanche, si une aînée élève sa sœur, depuis sa naissance ou pendant toute son enfance, la petite peut éprouver pour elle exactement les sentiments qu'elle éprouverait pour sa mère, avec la charge de toutes les nuances et ambivalences œdipiennes, comme elle le ferait pour une nourrice, une mère adoptive ou toute mère de substitution. Si le lien est filial, l'attachement l'est aussi.

L'amour pour une petite sœur

Le souci de Lou, ses angoisses pour sa petite sœur, est-ce dû au suicide du père ?

Lou fait le constat que la petite a, au moment de la mort du père, l'âge qu'elle-même avait au moment de sa naissance : 6-7 ans, l'âge œdipien. Elle-même entre alors en puberté et doit affronter ce qui menace tout adolescent, le retour des enjeux œdipiens, et, plus précisément pour toute adolescente, l'évolution de la relation au père. Les deux filles ont donc l'âge critique pour affronter la mort de celui qu'elles aiment. Elles sont toutes deux confrontées à leur désir d'amour pour lui et à la violence que peuvent provoquer son départ et surtout sa mort volontaire.

Ainsi, Lou, au lieu d'affronter ses propres troubles adolescents, déplace leur charge sur sa sœur. Prendre soin de la petite, c'est comme prendre soin d'elle-même. Veiller sur elle, c'est se protéger elle-même de la menace d'effondrement causée par la mort du père. Elle transforme ses angoisses personnelles – angoisses d'abandon, angoisses de mort, pulsions agressives – en pulsions de réparation projetées sur sa petite sœur.

En protégeant la plus jeune, en qui elle se reconnaît, elle combat sa révolte personnelle devant la mort du père et les secrets et non-dits qui l'ont entourée. La période qui suit cette mort est difficile à vivre pour les enfants. En voulant leur épargner la réalité du suicide, les adultes les plongent dans le doute, l'incertitude, un terrain propice pour les fantasmes les plus horribles.

Lou lutterait contre ses propres angoisses en protégeant sa sœur ?

Une mort volontaire – et les tentatives des adultes pour la dissimuler – constitue un mystère, une zone d'incertitude, donc un foisonnement d'angoisses chez les enfants à l'imagination fertile. Les fantasmes circulent entre les enfants, la mort rôde et les mille représentations de l'horreur côtoient celles de l'abandon. La grande sœur prend alors en charge la petite pour la protéger. Elle l'intègre dans son univers. Par identification, elle projette sur elle ses propres angoisses ; par empathie, elle ressent ses peurs. Ainsi, les émotions passent de l'une à l'autre, par contagion, par osmose.

C'est une réaction fréquente chez des sœurs confrontées à un drame. Si l'aînée prend l'initiative de se rapprocher de sa sœur, cette dernière se réfugie dans le giron protecteur qui l'aide à traverser l'épreuve. Tout se passe comme si parfois un drame familial faisait mûrir les aînées et régresser les plus jeunes. La singularité des positions des unes et des autres se renforçant tandis que se creuse l'écart d'âge qui les sépare et les réunit. Des positions psychiques qu'elles peuvent avoir du mal à quitter, même lorsqu'elles deviennent adultes.

Veiller sur sa sœur

Comment Lou pourrait-elle quitter cette position parentale ?

Elle se déclare « maman bis » et qualifie ses sentiments de maternels. Ils le sont, certes, mais ils sont aussi paternels. Elle garde toujours un œil sur la petite, veille sur elle, surveille ses fréquentations, intervient même dans une relation amoureuse. Autrement dit, elle relaie auprès de sa sœur la protection manquante. On peut même penser qu'elle remplace celui qui les a quittées toutes deux alors que leur maturation psychique exigeait sa présence.

Au moment du suicide du père, l'une et l'autre sont en pleine crise œdipienne – infantile pour Nathalie, adolescente pour Lou –, elles ont donc pris sa mort pour un abandon. Toutes deux avaient besoin de lui, non seulement pour l'aimer, mais aussi pour pouvoir se séparer de lui, pour le quitter. Il est dans la nature même de la relation entre une fille et son père qu'elle ait besoin de le quitter avant qu'il ne la quitte. Sa mort précoce a privé ses enfants de l'élaboration complexe de l'amour filial œdipien et de son issue vers d'autres attachements amoureux.

Tout se passe comme si le fait de protéger sa sœur donnait à Lou un statut, un but, un rôle. Tout à la fois celui de protéger sa sœur et celui de faire revivre l'absent, le père aimé. Sa difficulté consistera à revenir sur elle-même, à se recentrer sur ses propres besoins pour vivre sa propre vie et non celle du père mort ou de la sœur abandonnée.

Comment réagit une sœur, dont le père s'est suicidé, en voyant sa cadette épouser un homme psychiquement malade ?

Les sœurs regardent vivre leurs sœurs et observent souvent ce que ces dernières ne voient pas. Car il est toujours plus facile de percevoir les effets de l'inconscient des autres que du sien. En particulier, les grandes sœurs remarquent toujours les répétitions familiales lorsque celles-ci surviennent dans la vie de leur cadette. Et réciproquement. Les unes et les autres ont même un regard acéré pour cela. C'est d'autant plus aigu quand l'une ou l'autre a projeté ses désirs sur sa sœur. Lorsque la relation infantile est forte, même si les sœurs s'éloignent l'une de l'autre, elles gardent une certaine vigilance pour ce qui advient dans la vie de leur sœur.

Lou cherche à pousser le mari de sa sœur vers les soins. Et elle incite Nathalie à le quitter. Autrement dit, avec assiduité, elle persiste à s'immiscer dans sa vie, à se vouloir garante, conseillère. Derrière cette sollicitude peuvent se profiler d'autres enjeux. Il n'est pas impossible que Lou tente inconsciemment de revivre ce qui s'est produit pour elle à la mort de son père, en tentant de trouver une nouvelle issue au drame qui a marqué sa vie. En conseillant à sa cadette de quitter son homme ou de le faire soigner, avec l'aide de sa mère, elle cherche peut-être confusément à rejouer la scène de son adolescence, lorsqu'elle apprit la brutale et tragique nouvelle et comprit trop tard la dépression du père. Tout se passe comme si elle réagissait à ce moment-là, pour cet homme-là, comme elle se reprochait de ne pas l'avoir fait alors pour son père.

Consciemment ou pas, elle ne peut éviter les questions que se posent tous les enfants dont les parents ont voulu mourir. « Que pouvais-je faire pour qu'il reste en vie ? Aurais-je pu l'aider ? Pourquoi son amour pour moi n'a-t-il pas retenu son geste ? Qu'aurais-je dû faire ? » Ces questions qui n'ont pas trouvé de réponses au moment du drame ne cessent de chercher l'occasion de se poser à nouveau. Pour tenter désespérément de trouver enfin une réponse.

Filles et femmes entre elles

Que penser du regroupement féminin, de la formation d'un gynécée ?

La mort du père a marqué ses filles, son épouse. Son suicide n'a pas creusé une simple et douloureuse absence, il a signifié un abandon volontaire. Les femmes qu'il a laissées en décidant de mourir choisissent de se réunir entre elles, le temps des vacances, dans une sorte de retraite sans lui et sans les autres hommes.

Construire une unité sans homme, c'est un peu comme décider de se passer de ce qui manque. C'est une construction psychique qui protège de la douleur. C'est ainsi que les filles et les femmes qui ont souffert des hommes aiment à se réunir entre femmes pour se rassurer, se consoler, se consolider, se battre. Un repli féminin, un repli sur du féminin, qui est un recours contre l'angoisse et le chagrin et aussi une force et une arme pour l'action.

On sous-estime l'importance du gynécée dans la construction d'une identité féminine et la traversée des épreuves. Aujourd'hui, rompues à la mixité sexuelle, nos cultures occidentales semblent oublier la force des solidarités féminines et du réconfort que les femmes s'apportent entre elles lors des douleurs et des peines, et aussi à l'occasion des passages difficiles de la maturation ordinaire. Ponctuels, transitoires, secondaires par rapport à une vie de famille ou une vie sociale, s'ils sont choisis et désirés, des temps et des lieux réservés aux femmes et aux filles apportent à ces dernières non seulement du réconfort mais une forme de liberté de parole et de sensualité que la vie en couple et en famille ne permet pas toujours d'extérioriser.

L'évitement des hommes n'est pas une démarche agressive ?

Ici, nous ne sommes pas dans le registre du militantisme ou de la résistance, nous sommes dans la recherche de réconfort, d'apaisement. Dans le monde de la consolation. Une démarche apparemment paisible mais dont une forme de ressentiment n'est pas totalement exclue. En effet, les composantes agressives ne sont jamais totalement absentes des mécanismes de défense et de protection qui aident à surmonter les épreuves. Il s'agit de survivre, donc de mobiliser son énergie pour vivre. Trouver les forces et les raisons de résister à la dépression et au marasme.

L'enjeu est de se guérir d'une perte. De reconstituer son unité, son identité mise à mal par une tragédie familiale. Il ne s'agit donc pas de fuir l'homme ou de s'en préserver, mais de jouir du bien-être de se sentir femme et fille, non pour séduire un père, un fils ou un mari, mais pour apprendre à connaître et à savourer sa féminité au cœur d'autres féminités. Se retrouver entre femmes, c'est bien sûr écarter les hommes, mais c'est surtout pouvoir en toute liberté savourer les plaisirs de la féminité. Une féminité que n'ombragent pas les luttes et les rivalités, les envies phalliques et les compétitions de pouvoir.

S'il est une illusion de penser un monde féminin vierge de tout rapport de force, il est pertinent de constater combien des haltes de solidarité féminine peuvent jalonner le parcours de toute femme. Certes, cette entraide féminine trouve moins d'écho dans l'inconscient collectif et la culture actuelle que la prétendue rivalité qui dresserait toute femme contre ses sœurs – entendues au sens large –, mais elle n'en demeure pas moins un point essentiel de la construction de la féminité et surtout de son rayonnement.

Inutile de prétendre que la sœur est toujours l'amie de sa sœur. Nous avons vu l'intensité des hostilités sororales, et la complexité ambivalente des sentiments en jeu. Reste que l'extrême étendue des variations possibles des relations entre sœurs trouve sa richesse dans la richesse du féminin, sa complexité, ses ambivalences, son immensité dans la complexité, les ambivalences et l'immensité de la féminité.

Agnès, 40 ans, réalisatrice de documentaires

« Elle est devenue comme ma fille... »

Brune, les yeux noirs en amande, parfaite fille du Midi, Agnès porte un manteau à capuchon gris, style « créateur ». Ses lèvres tremblent quand elle évoque l'accident de mobylette de sa sœur, l'année de ses 16 ans. « Un tremblement de terre. J'ai souffert, je crois, comme une mère avec son enfant... »

Sophie Carquain : Quels souvenirs gardez-vous de votre sœur, avant l'accident ?

Agnès : C'était une petite fille charmante, avec ses longues couettes blondes et ses immenses yeux marron. J'étais son aînée de quatre ans et demi, et je m'occupais beaucoup d'elle, je l'accompagnais à l'école, j'allais la rechercher. J'étais fière d'elle. Nous étions très différentes, elle, très BCBG, suivant en cela les codes de la famille, moi, plus baba...

Et à l'école, comment vous situiez-vous ? Aviez-vous chacune un « rôle » ?

Oui, elle était excellente élève, meilleure que moi, mais je me souviens d'une fille qui faisait ses devoirs avec aisance, assise au bord de son lit, et non à sa table de travail. J'ai d'elle cette image-là : une fille qui réfléchit facilement ! Moi, j'étais plutôt la cancre. Le vilain petit canard de la famille.

Le jour de l'accident a-t-il tout modifié ?

C'était un jour d'été, à Bordeaux, en 1981. Elle avait

16 ans, circulait à mobylette, dûment casquée... Elle devait se rendre à une soirée, et moi, coïncidence, je passais la nuit à l'hôtel pour la première fois avec mon copain. Ma mère elle-même passait la nuit chez son ami (mes parents sont séparés). Ma sœur devait dormir à la maison. Quand je suis rentrée, je n'ai trouvé qu'un seul mot de ma grand-mère, invitée pour déjeuner, sur le paillasson : « Il n'y a personne, je m'en vais. » La maison était vide. Je commençais à m'inquiéter, quand le téléphone a sonné : c'était mon frère. Il m'a dit : « Marie a eu un grave traumatisme crânien. » Il m'a fait comprendre qu'elle était entre la vie et la mort. La déflagration a été terrible. Au niveau du cœur et de l'estomac, un grand coup de poing, le sentiment que des plaques tectoniques bougent. J'étais sous le choc, sidérée. Mais je n'ai pu poser des mots qu'après l'avoir vue à l'hôpital. Elle était en réa, intubée de partout, dans le coma... Quand je suis rentrée à la maison, et que j'ai retrouvé maman, j'ai pensé alors que ma fille mourait. C'était un sentiment étrange, inconnu de moi jusqu'alors.

Pouvez-vous m'en dire plus sur ce sentiment ?

Notre lien sororal s'est transformé en lien filial. Ça n'a pas été fulgurant, c'était progressif, diffus, envahissant, et inexplicable. C'était comme si la probabilité de la mort avait modifié quelque chose en moi – et fait évoluer de façon subtile et irrémédiable notre lien de sœur à sœur. Je ne suis pas devenue sa mère, elle est devenue ma fille. Je m'en suis parfaitement souvenu le jour où j'ai accouché de ma fille, Anna. À la maternité, j'ai ressenti la même chose, un sentiment de tendresse, d'émotion, un désir de protection devant ce petit corps vulnérable. Cela m'a bien évidemment rapprochée de ma mère, qui jusqu'alors n'avait été à mes yeux qu'une grande bourgeoise inaccessible, très belle et lointaine. Pendant l'accident de ma sœur, je pensais que nous ressentions toutes deux une immense douleur. Mais dès l'instant où je suis devenue maman moi-même, j'ai compris à quel point la souffrance avait été pire pour elle. Je ne sais pas si mon frère et mon père ont ressenti la même chose... C'est peut-être un sentiment partagé entre femmes.

Alliez-vous souvent la voir à l'hôpital ?

Oui, presque tous les jours. Elle était intubée, allongée, pâle, comme morte sur son lit. J'arrivais avec mon magnétophone, et je lui programmais la musique qu'elle aimait. Je lui parlais aussi en anglais, cette langue qu'elle adorait. Je connaissais mieux que quiconque tout ce qu'elle aimait, comme une grande sœur probablement, le sait… Et mieux qu'une mère le saurait : à l'adolescence, on développe ses goûts culturels, de mode… loin du regard maternel. La grande sœur ne devient-elle pas alors une spectatrice privilégiée ?

Je ne l'ai pas mesuré sur le coup, mais cet accident a profondément changé le cours de ma vie : en sortant de l'hôpital, elle était toujours avec moi, je ne pouvais plus du tout me concentrer. J'avais sur le feu un mémoire de maîtrise en littérature, mais je n'ai pas pu remettre le nez dans mes dossiers. Creuser l'intime, c'était bien trop douloureux ! Il fallait que je referme cette case « émotion » qui me mettait en danger. Je me suis alors attelée au concours de Sciences po, qui exigeait du « par cœur », du bourrage de crâne. C'était les seuls moments où je ne souffrais pas de ma sœur. Pendant toutes ces années, je me suis renfermée. Je me suis verrouillée de l'intérieur, m'interdisant de vivre ou de ressentir des émotions fortes. Comme si, par loyauté envers ma sœur, ça m'était désormais interdit.

Et puis, elle est sortie du coma…

Oui, trois mois après, elle s'est réveillée. Mais alors il a fallu qu'elle réapprenne tout ! Elle a subi trois trépanations, et on lui a posé une valve dans le cerveau, pour que le liquide céphalorachidien s'écoule normalement. Elle s'est rendue d'établissement en établissement. Le processus de rééducation était long, difficile. Et puis, un jour, j'ai décidé d'emmener ma sœur…

Où l'avez-vous emmenée ?

J'ai loué une voiture pour la première fois de ma vie et nous avons passé un week-end toutes les deux. Je l'ai emmenée se promener, j'avais loué une chambre dans un hôtel. Jusqu'alors, je n'avais jamais rien fait d'aussi adulte et responsable. Nous nous sommes promenées près de la mer, je poussais son fauteuil roulant... J'avais vraiment eu besoin de retrouver ça avec elle. Là encore, c'est une chose que l'on fait pour un enfant. D'ailleurs, je crois bien me souvenir que c'était une « pré-pré-maternité ». Coïncidence ou pas ? J'ai eu ma fille peu de temps après.

Moi qui avais incarné la sœur rebelle, soudain, j'étais la grande sœur responsable. Encore un changement profond. C'est ça, la relation entre sœurs : une interaction redéfinie sans cesse.

Elle devenait la rebelle et vous, la jeune fille raisonnable ?

La caractéristique du traumatisme crânien est l'anosognosie : le déni de la maladie. Ce sont des gens qui ont l'air parfaitement bien, donc qui s'imaginent pouvoir vivre comme les autres. Ils ont encore toute leur intelligence mais, de temps en temps, ça dérape. Un exemple me revient : elle a décidé un jour de partir toute seule au Canada, sur un coup de tête ; elle avait réservé l'avion, un motel... mais elle n'avait pas son permis pour louer une voiture ! Là-bas, elle nous appelle, affolée : aucun moyen de se rendre au motel... Ma mère et moi avons contacté l'agence de voyages et l'avons déplacée dans un autre hôtel, en plein cœur de Montréal. C'est ma mère qui la porte en permanence. Mais il m'arrive d'être là aussi pour l'épreuve de réalité. Quand on me propose pour elle des petits boulots (baby-sitting pendant les vacances, menus travaux de secrétariat...), et même si je sais qu'elle en serait heureuse, je suis obligée de censurer : elle n'est pas capable de le faire. Et ça, c'est ma douleur.

Et aujourd'hui, à quoi ressemblent vos relations ?

Nous sommes toujours liées par l'enfance, par cette complicité précieuse, ces petits riens qu'on ne peut partager qu'avec une sœur. Vous savez, ces crises de fous rires, ces danses spontanées, ces régressions bienheureuses. Franchement, avec qui voulez-vous partager cela ? À part avec une amie d'enfance que vous connaîtriez depuis l'âge de 3 ans ? On a un truc qui peut paraître gamin mais qui nous fait rire. Je l'appelle : « Allô Trifouillis, c'est les oies ? », « Allô Bécon, c'est les bruyères ? », « Allô Spinoza, c'est Descartes à l'appareil. » Et hop, on part directement les deux pieds dans l'enfance !

J'aime aussi passionnément la relation qu'elle a avec ma fille Anna. Anna vient parfois la voir, chez elle, et elles discutent toutes les deux. Marie rêve tant d'avoir un enfant, elle l'a toujours voulu, et je suis si contente qu'elle puisse profiter de ma fille à sa manière… Ce que j'aime nettement moins, en revanche, c'est mon rôle de sœur responsable, qui doit trahir, va répéter à maman quand « la petite » fait des bêtises. D'après moi, deux sœurs doivent faire bloc contre les parents. La relation entre sœurs est précieuse pour se protéger des parents, de leur emprise, pour exister sans eux. La complicité fraternelle est faite de gloussements, de confidences, de chuchotements : « Ne le dis pas à maman, hein ? » Et moi, je ne peux pas lui promettre ça. Je sais que, quand elle dérape et qu'elle délire, je dois être cette grande sœur protectrice – je dois même aller « dire à maman », pour la protéger. Et ça me fait souffrir ! Mais avec les années, nous grandissons toutes les deux. Il nous arrive de retrouver nos conversations intimes, des moments de partage. Je l'ai intégrée récemment à mon groupe d'amis pendant une soirée, et, le jour de mon anniversaire, quand je l'ai vue arriver, par surprise, au milieu de mes copains, j'ai éclaté en sanglots. C'était un moment miraculeux. C'était comme si l'accident n'avait pas eu lieu, et que je retrouvais ma sœur. Pas ma fille, mais ma sœur…

Complicité et sollicitude

Les accidents de la vie

Sophie Carquain: Pourquoi les accidents sont-ils si importants dans les témoignages de sœurs?

Maryse Vaillant: Le cours ordinaire de l'existence se charge de séparer les fratries et d'éloigner les sœurs les unes des autres ou de les rapprocher. Comment décrire ce phénomène lent et usant, celui de l'inéluctable érosion et transformation du paysage familial et des amours sororales en relations adultes de solidarité ou de haine familiale? La rupture – drame, maladie, accident, tragédie –, autrement dit les accidents de la vie permettent à celles qui veulent parler de leurs sœurs de tenter d'explorer le monde complexe de leurs sentiments.

Il serait difficile de témoigner d'une histoire de vie sans relief. Rien ne pourrait se dire. Et nos questions ne trouveraient aucune réponse. Les femmes qui ont accepté de nous confier une part importante d'elles-mêmes avaient déjà construit en partie le roman de leur vie, celui de leurs relations avec leurs sœurs. Comment elles se sont aimées ou déchirées, comment elles ont ensemble ou séparément traversé l'adversité.

Les accidents de la vie sont des projecteurs puissants qui permettent d'éclairer le passé et l'avenir autant que l'intimité de celles qui veulent conter leurs histoires. Et pour nous, de saisir les nuances d'une relation qu'un événement tragique broie ou déploie.

Que s'est-il passé pour Agnès lors de l'accident de sa sœur ?

La déflagration de douleur est d'autant plus violente qu'Agnès vient de passer sa première nuit avec son copain. Elle apprend l'accident alors qu'elle vient de franchir le seuil symbolique de l'émancipation. À sa liberté personnelle toute fraîche répond l'horreur de l'accident et du traumatisme crânien de sa sœur. Comment ne pas se sentir assaillie d'un intense sentiment de culpabilité ? Celui que peuvent provoquer les instants de bonheur alors que le malheur frappe ailleurs, celui du survivant lorsque l'autre est atteint, celui de la grande sœur qui a passé sa vie à essayer de trouver son espace à côté d'une cadette trop charmante et trop douée. La culpabilité d'un retour de l'envie si soigneusement rejetée.

La tragédie a rapproché Agnès de sa mère. Par un étrange concours de circonstances, toutes les deux ont passé la nuit de l'accident avec leur ami. Elles peuvent donc ressentir la même atroce et déraisonnable culpabilité. Et la même douleur. Une douleur « de mère » qui a donné à Agnès l'impression que sa sœur à ce moment-là devenait sa fille. En s'identifiant à sa mère, Agnès a pu donner un statut à sa douleur, la nommer, l'affronter. Et repousser la morsure d'une culpabilité aussi insupportable que l'était l'envie qu'elle a pu réveiller. En veillant ensuite sur sa sœur, elle poursuit son combat contre la culpabilité. Pour vivre sa vie de femme, devenir elle-même, il lui faut s'autoriser à le faire. Il lui faut donc faire la paix avec elle-même.

Coupable de ce qui arrive à sa sœur

Comment vivre cette culpabilité ?

Le sentiment de culpabilité est la question fondamentale que pose l'accident d'un frère ou d'une sœur à ses frères et sœurs. Aucun de ceux qui survivent ne sort indemne au plan psychique. Tous sont touchés, mais surtout ceux et celles qui entretenaient la relation la plus forte avec l'enfant accidenté. Certes, cette culpabilité est imaginaire, elle n'a aucune base factuelle. Ce qui ne l'empêche pas d'être corrosive. Sous le choc, on voit Agnès devenir l'ange gardien de sa sœur. On la voit également emmener la jeune fille en week-end à l'hôtel, dans ce qui peut ressembler à une tentative de réparation.

La réparation est le mécanisme psychique le plus efficace pour supporter l'angoisse et les tourments de la culpabilité. Le vilain petit canard, la rebelle, devenue ange gardien, fait à sa sœur tout le bien qu'elle se reproche de ne pas lui avoir fait plus tôt. Elle cherche à lui donner, à lui rendre, ce que la vie lui a pris. Elle veut lui offrir les joies et la protection dont l'accident l'a privée. Elle cherche à recréer un monde pour que sa sœur puisse y vivre. Un monde dont elle serait l'auteur, dont elle détiendrait les clés et qui pourrait combler le trou que l'accident a créé.

Complicité et connivences entre sœurs

Agnès parle de la complicité entre sœurs. Une grande sœur, même maternante, est donc avant tout une sœur ?

Dans les souvenirs de ses jeunes années, Agnès évoque peu cette complicité. Elle se présente comme une ado rebelle avec une petite sœur très belle et très sophistiquée. La connivence d'aujourd'hui ne s'est peut-être pas révélée hier, et peut-être ne pouvait-elle pas se révéler.

Agnès rencontre le dilemme qui est celui des grandes sœurs lorsque la différence d'âge ou les aléas de l'existence les propulsent en position parentale conjointement aux parents – et non en substitution. Elle se voit soudain invitée à tenir un rôle pour lequel elle ne s'était pas préparée. Ainsi doit-elle apprendre à naviguer entre un rôle maternel qu'elle relaie et dont elle se fait solidaire et un rôle sororal, complice et infantile. Ambivalence nécessaire, que la situation justifie et qui permet à l'aînée de tenter d'être aimée des deux femmes qui ont marqué sa vie.

Pour protéger sa sœur d'elle-même et des conséquences de son accident, elle se fait l'alliée de la mère ; pour se protéger de la douleur que lui a causée l'accident, elle se fait l'alliée de sa sœur. Et c'est à partir de la question de l'amour maternel qu'elle peut prendre position.

La grande sœur peut être parfois vécue comme une mère de substitution. Est-ce facile pour elle ? Comment le vivent ses frères et sœurs ?

Partagée entre l'enfance, ses joies, ses jeux, et la vie adulte, ses soucis, ses responsabilités, la sœur aînée peut en effet être amenée à se poser en interface entre la fratrie et les parents. Elle reçoit les confidences des enfants tout en ayant ses entrées avec les adultes. Poste d'avant-garde le mieux placé, elle peut obtenir des renseignements sur les stratégies parentales et en faire profiter ses frères et sœurs, comme elle peut informer ou conseiller les parents sur ces derniers. Elle peut divulguer ou conserver les informations reçues tout comme les confidences et les secrets recueillis. Cette place lui donne un pouvoir unique sur la fratrie, et sur les parents. Pour les plus jeunes, elle est comme une adulte, une seconde maman parfois, un relais, une mère de substitution. Ou, ce qui est nettement mieux, une mère de délégation. Car elle agit au nom de cette dernière et pas à sa place. En aucun cas, pour la bonne santé de l'ensemble de la famille, il ne faudrait que l'aînée se substitue à sa mère. Ainsi, il arrive souvent que la grande sœur fasse tiers lorsque les conflits agitent la famille. Mais n'oublions pas que ce tiers n'a pas la fonction symbolique du père. Il peut alléger l'ambiance familiale, effectivement soulager la mère et soulager *de* la mère, mais ne peut en aucun cas se substituer au tiers qu'est le père.

Grande fille, petite femme ?

La grande sœur ne serait-elle pas un formidable contrepoids à l'emprise maternelle ?

Pour les filles, la grande sœur représente une figure avancée de la féminité, une projection intermédiaire entre les lourdeurs de l'enfance et l'image de la mère. Une escale, une étape. Les plus jeunes peuvent s'en prendre à elle pour épargner leur mère si celle-ci requiert de la compassion ou vouloir l'imiter si la mère est inaccessible. C'est donc plus une grande « fille » qu'une petite « mère ». Une grande fille qui peut faire parfois contrepoids aux décisions des parents ou à quelques-unes de leurs carences éducatives, elle devient alors un contre-exemple, une issue de secours, une alternative possible aux parents et surtout à la mère.

Par ailleurs, lorsque les parents sont défaillants ou absents, il arrive fréquemment que la fille aînée prenne leur place, s'y essaie ou y soit contrainte. Notons qu'il s'agit rarement du frère aîné, même si celui-ci a des velléités d'être chef de famille. Dans la réalité, c'est plus souvent l'aînée que l'aîné qui se voit assignée à ce rôle, les filles étant plus facilement happées par le maternage nécessaire au relais de la protection parentale. Il s'agit souvent d'un renforcement plus affectif que matériel, confidences, soutiens, conseils. La grande sœur veillant à tenir la nichée sous son aile protectrice pour la plus grande joie ou la plus grande irritation de tous. Il peut s'agir également d'une aide financière, ce qui ne manque pas alors d'alimenter querelles et rancœurs.

Une grande sœur a-t-elle un rôle d'autorité ?

La grande sœur peut choisir un style de vie qui l'éloigne de ses sœurs plus jeunes, elle peut ne jamais avoir d'enfants alors que celles-ci fondent de grandes familles, elle peut de mille manières ne plus représenter la « grande fille », la « petite mère », le modèle de l'enfance. Mais elle reste l'aînée. Elle garde une forme d'autorité, d'ascendant, une aura qui lui vient de l'époque où elle représentait une alternative au modèle parental.

Certaines aînées en profitent pour tyranniser leurs cadettes, désirant prolonger bien au-delà du raisonnable le pouvoir que leur naissance leur a donné, d'autres au contraire voudront fuir des responsabilités qu'elles ont estimées trop lourdes pour elles.

La position d'aînée perd en effet de sa pertinence dans une société où l'âge est loin d'être un atout, surtout dans le domaine de la féminité. Quant à la maternité, l'ordre des naissances ne place pas toujours l'aînée en position d'avant-garde et aucune pertinence éducative ne peut lui être acquise de sa place d'aînée. Reste que dans la petite compétition imaginaire qui peut se jouer au moment de faire des parents des grands-parents, on peut voir des cadettes se réjouir de griller la priorité à leur grande sœur !

La grande sœur peut avoir été un modèle, une alternative parentale, une protection et un guide, elle peut avoir été adorée, admirée, elle reste un objet d'amour familial, donc ambivalent. Ambivalents sont les sentiments qu'elle suscite, et ceux qu'elle ressent.

VIII

MA SŒUR, MA CHANCE

Caroline, 35 ans, intermittente du spectacle

« Ma grande sœur est mon idole »

Claire, 48 ans, professeur agrégée

« J'ai eu un plaisir fou à tout lui apprendre »

Elles ont treize ans d'écart. Mais, de loin, ce que l'on voit d'elles, c'est deux boules de cheveux auburn frisés, le même teint pâle et les mêmes yeux noisette. Deux silhouettes quasi identiques, l'aînée plus romantique, arborant bottines lacées et jupe longue, la cadette plus excentrique, vêtue d'un pantalon de clown. Interview à deux voix…

Sophie Carquain : Claire, racontez-nous avant la naissance de Caroline…

J'habitais à Rouen, au-dessus du théâtre municipal dirigé par mon père. Toute mon enfance, dans ce coin de Normandie où je m'ennuyais, ces jours aussi longs que les plages du débarquement, j'ai attendu une petite sœur qui n'est pas venue. Et puis, au moment où j'entrais dans l'adolescence, ma mère m'a annoncé qu'elle attendait un bébé. Elle avait 42 ans, moi, 13. Cette année-là, j'ai demandé pour Noël une grosse peluche et une poupée – plus précisément un baigneur qui pleurait quand on le prenait dans ses bras !

Ma vraie petite sœur, Caroline, est née le 22 décembre. Je me souviens de cette nuit où mon père, tout joyeux, m'a réveillée, en me disant : « C'est une fille ! Tu as une petite sœur ! » Je m'étais couchée tard, je me suis retournée et j'ai grogné : « Pourquoi tu n'as pas attendu demain matin pour me le dire ? » On rêverait d'un accueil plus chaleureux…

Dès le premier jour, m'a mère n'a pas particulièrement encouragé notre relation. Au contraire ! Son refrain sempiternel était : « Je ne veux pas t'empêcher de vivre ton adolescence. » Pourquoi ? Était-elle effrayée à l'idée de voir évoluer et grandir notre couple de sœurs, d'y perdre de son pouvoir maternel ? Du coup, je ne me suis pas investie au départ. Ma petite sœur était une gêneuse, que j'envoyais balader dès que mes copains arrivaient. Entre nous, pas de câlins, de consolations, de mamours… Ça n'est pas notre genre. Quand je « bisoute », c'est trop fort, c'est mal… Je me souviens d'un jour où je lui ai tapoté les cuisses, pour l'amuser, mais elle s'est mise à pleurer ! Je lui avais fait mal !

Caroline, avez-vous les mêmes souvenirs ?

J'étais fascinée par elle. Ça peut vous paraître surprenant, mais ce visage d'une petite sœur tendu vers celui de la grande, c'est toute l'image que je garde de mon enfance. Elle était mon idole. Sans Claire, j'aurais perdu la tête, entre un père sans sensibilité, sévère, et une mère qui pleurnichait en permanence. Notre mère est totalement privée de vie intérieure. Elle n'est là que pour nous, dévouée corps et âme à ses filles, et ne peut en aucun cas faire office de modèle. Mon enfance a été triste, ennuyée, malheureuse et… admirative. Claire était cette grande sœur rebelle, elle s'est toujours opposée aux parents. Moi, je ne mouftais pas devant eux. Je devais tenir. Mais Claire, pour moi, représentait l'espoir d'un autre monde, avec des valeurs, de la culture… loin du cadre petit-bourgeois provincial qui nous oppressait.

Avec treize ans d'écart, vous avez dû vous séparer tôt ?

Consciente d'un danger qui nous menaçait, j'ai filé à 18 ans, le bac en poche, fuyant cette mère qui exigeait tant de nous de façon implicite. Je me suis inscrite au cours Florent, à Paris, laissant Caroline, 5 ans, avec mes parents. Elle a beaucoup souffert de cette séparation. Je n'étais plus la grande sœur tampon, qui s'interposait entre elle et les parents.

Caroline, en avez-vous souffert ?

Oui, terriblement. J'étais privée de mon modèle, coupée de mon espoir, de mon futur proche. Désormais, je ne vivais plus que pour les week-ends où elle rentrait à la maison. Je n'étais rien, sans elle ! Ce sentiment de désarroi s'est accentué à l'adolescence.

Le jour de la rentrée au lycée, un prof de français qui avait été le prof de Claire nous a demandé un autoportrait. J'étais déroutée. Qu'est-ce que j'allais bien pouvoir écrire ? Allais-je raconter mes journées dans ma chambre, à rêvasser ? Je ne sortais pas, je n'avais pas beaucoup d'amis. J'ai écrit : « Moi, je ne suis rien. Alors, je vais vous parler de ma grande sœur. » C'était il y a vingt ans... Aujourd'hui, on enverrait le gamin chez le psy pour moins que ça !

Claire était votre bouée de sauvetage ?

Elle était ma bouffée d'oxygène. Elle apportait de la vie dans cette maison où je m'asphyxiais. De temps en temps, elle faisait des surprises, et ces surprises, inattendues, inespérées, c'était la vie même ! Un vendredi matin, je m'en souviens encore, le téléphone a sonné, j'ai décroché. C'était elle, sa voix tout excitée : « Caroline ! J'ai acheté un chien ! » Vous ne pouvez pas savoir ce que cela a signifié pour moi ! J'avais réclamé à cor et à cri un hamster, un chien, un cochon d'Inde... une boule de poils et de vie à la maison. Mais mes parents ne nous ont autorisées qu'à avoir des colombes, symbole de paix ! Quand Claire est arrivée avec le petit scottish blanc, nous sommes allées nous promener sur la plage. C'était merveilleux.

Et vous, Claire, aviez-vous le sentiment d'être à ce point source de vie pour votre petite sœur ?

Je me souviens, en effet, que Caroline m'accueillait avec des cris de joie le week-end. Récemment, elle m'a dit qu'elle avait été momifiée et qu'elle reprenait vie, dès que je pénétrais dans la maison... J'ai trouvé ça très étonnant. D'autant que Caroline, qui est artiste de rue, joue souvent le rôle de la statue ! Elle m'a dit aussi que, pendant toutes ces années-là, j'avais été sa déesse. Et pourtant... J'étais si mal, alors, j'étais seule, dans mon studio à Paris, il me fallait mener ma vie, dans cette jungle du théâtre pour lequel je n'étais pas faite ! J'étais perdue, je pleurais au téléphone, je rentrais souvent pour me faire consoler...

Caroline : Il n'y en avait que pour Claire. Alors, mes désarrois d'enfant et d'ado, je les ai ravalés ! Ce que je voulais plus que tout, c'était que Claire m'entraîne sur son chemin. Les week-ends servaient à raviver l'espoir. Ma sœur arrivait, belle, brillante, dans mon champ de vision – vêtue avec goût, avec cette élégance décontractée à la parisienne... Elle arrivait drapée dans sa culture bohème, à mille lieues des boutiques ringardes de Rouen. Et je n'attendais qu'une chose : qu'elle me transmette par perfusion sa culture.

Claire, avez-vous transmis beaucoup à votre petite sœur ?

Oui, j'ai le sentiment de lui avoir tout appris, que ce soit le week-end ou, plus tard, à Paris, quand je l'invitais chez moi pour quelques jours. Ça, c'était mon grand bonheur. Je lui passais des disques en boucle... J'avais autant soif de transmettre qu'elle avait soif d'apprendre ! Je l'ai aussi « déniaisée » en l'emmenant dans des parcs d'attractions, à la foire du Trône, sur le grand huit, etc. Je buvais dans ses yeux le plaisir qu'elle avait de découvrir tout cela – et ce plaisir m'était rendu au centuple. Je lui ai acheté *Voyage au bout de la nuit* en Pléiade, je lui racontais comment faire des contrepèteries, des jeux de mots littéraires... Je prenais ma tâche extrêmement au sérieux, pour la sortir de ce vide intersidéral dans lequel elle baignait à Rouen, et sans doute aussi pour l'extraire de l'emprise de nos parents. En fait, je compensais toutes les lacunes de notre enfance.

Caroline : J'adorais les leçons de Claire. Un jour, en CE1, il fallait écrire cinq phrases en incluant cinq mots. Elle m'a dit : « On va faire plus drôle : on va écrire une seule phrase, avec tous ces mots. » Tout était jubilatoire, avec elle. Encore aujourd'hui, elle continue... Il y a peu de temps, elle m'a lu les premières pages de *Du côté de chez Swann*, afin que j'accroche... Un peu comme elle fait avec ses enfants. Et j'ai 35 ans ! Elle me fait des éclairages brillantissimes sur des textes. Elle m'a tout appris en musique. Quand elle est partie à Paris, elle a laissé dans sa chambre ses disques derrière elle – je me suis précipitée pour les prendre, comme une voleuse.

En dehors de cette fonction de transmission, quel rôle exerciez-vous, Claire ?

Mes parents assuraient le côté matériel – ils la logeaient, la nourrissaient. Mais pour les nourritures intellectuelles, c'était moi ! Plus je réfléchis, plus je me dis que j'ai eu, avec ma sœur, un rôle plus paternel que maternel. Je l'ai aussi confortée dans les grandes décisions de sa vie… À 18 ans, Caroline a eu un vague flirt qui lui a proposé de le suivre en Chine. Elle me l'a dit un jour : « C'est dingue, non ? Je ne vais pas y aller ? » Je l'ai regardée : « Pourquoi n'irais-tu pas ? » Elle est partie en Chine, et, récemment, au Japon pour suivre un stage de buto. Chaque fois, c'est moi qu'elle appelle. Et je l'autorise à partir. Elle me dit souvent qu'elle ne pourrait prendre la décision toute seule…

Caroline vous aide aussi, dans votre vie quotidienne ?

Bien sûr ! Quand, il y a trois ans, j'ai décidé de passer l'agrégation de lettres modernes, elle m'a aidée… Comme une petite maman, elle aussi ! Sans elle, je n'aurais jamais décroché le concours.

Caroline : J'ai vécu sur le canapé du salon pendant quatre mois. Je me levais le matin, j'accompagnais mes neveux à l'école, je préparais le déjeuner pour eux, j'allais les chercher à l'école, je les couchais. Le soir, je me transformais en répétitrice pour Claire. Je lui faisais réviser ses fiches en littérature. J'étais son alter ego.

Claire : Je n'aurais pu trouver cette aide auprès de personne d'autre que ma sœur. Caroline était un clone de moi-même. Quelqu'un qui me ressemble autant, qui me remplace, qui assure les devoirs. Aujourd'hui, elle continue à m'aider. Elle qui a réussi dans le spectacle, elle vient très souvent à la maison, apporter de l'humour en quelque sorte, jouer le « bouffon » ! C'est comme si elle incarnait la partie de moi qui n'avait pas existé : la partie théâtrale, la partie spectacle ! Nous sommes parfaitement complémentaires : moi plongée dans ma vie structurée et tranquille, elle est intermittente du spectacle. Nous sommes chacune la partie compensatoire de l'autre !

Et quand elle n'est pas chez vous ?

Quand elle part, je l'aime aussi, et peut-être plus encore… Caroline est ma muse. Assez mystérieusement, elle délie ma plume, moi qui aimerais tant écrire et qui n'y parviens pas. J'adore nos relations épistolaires, nos longs mails.

Caroline : Moi aussi j'adore ses mails, qui sont drôles ! Elle est brillante… J'aimerais qu'elle écrive et soit publiée. Mais elle a zéro confiance en elle. Peut-être est-ce moi qui l'aide à en avoir, quand elle m'écrit par mail ? Nous nous donnons l'une l'autre confiance en nous. Nous sommes bancales l'une sans l'autre.

Et quand l'une a un coup de blues, l'autre la soutient ?

Caroline : Oui ! Ce qui est drôle, c'est que nous avons la même voix, les mêmes intonations. C'est un peu moi que j'appelle, pendant ces moments-là. C'est vraiment ma bouée quand tout se met à tanguer autour de moi. C'est une amie que je ne peux pas perdre.

Claire : À d'autres moments, quand nous nous retrouvons toutes les deux, dans la maison de Rouen, dans cette ambiance sinistre, quand notre mère se met à pleurnicher comme quand nous étions petites, nous nous regardons. L'une dit à l'autre, implicitement : « Je sais, c'est pénible, mais ne craque pas ! »

Caroline : Ce qui peut nous arriver de pire, c'est de craquer en même temps. Il y a quelques jours, Claire s'est mise à pleurer devant moi. J'ai commencé par essayer de la rassurer, et puis j'ai sangloté moi aussi. C'est Claire qui a pris le dessus, finalement, en disant : « Allez, ça ne va pas, ça ! On ne va pas se mettre à fondre comme maman… »

Et votre maman, précisément ? Vous ne l'appelez jamais ? Vous vous suffisez à vous-mêmes ?

Pendant quelque temps, ma mère m'appelait pour me donner des nouvelles de Caroline, et elle faisait la même chose avec moi. « Tu as vu ta sœur ? Que fait-elle ? » Elle voulait tout savoir. Il faut que toutes les infos soient centralisées par elle. Je lui dis : « Maman, ça n'est pas la peine, je viens d'avoir Caroline ! » Je crois qu'elle est très amère. La bulle dont ma mère rêvait, pour elle et ses filles, c'est nous qui l'avons formée. Quand je suis à bout, après mes cours, Caroline me rappelle volontiers la philosophie des petits bonheurs quotidiens que je lui ai enseignée : « Rappelle-toi, me dit-elle, la vie est désespérée, on va tous crever, alors, pourquoi ne pas faire des crêpes ? » C'est ce que je lui ai toujours appris : l'importance de la littérature, de la peinture, de l'art, pour sauver sa peau. La saveur de ces petits riens. Alors, je souris à travers mes larmes. Et je pense : « Je l'ai bien éduquée, ma petite sœur. »

Du bonheur d'avoir une sœur

Entente et mésentente entre sœurs

Sophie Carquain : Dans l'histoire de Claire et Caroline, la mère n'a pas encouragé leur entente. Et pourtant, elles se sont trouvées. Pourquoi ?

Maryse Vaillant : Étant donné l'âge de Claire à la naissance de sa sœur, le début de la puberté, leur mère a été bien inspirée de ne pas insister pour forcer la relation entre ses filles. Ainsi l'a-t-elle rendue possible. Aurait-elle voulu qu'un lien fort finisse par s'établir qu'elle n'aurait pas fait autrement. Car l'adolescente ne pouvait s'intéresser au bébé sans que se réveillent des fantasmes œdipiens embarrassants pour elle : 13 ans, presque 14, c'est l'âge de la puberté, des désirs complexes au niveau génital, un âge où la grossesse d'une mère n'est pas facile à accepter. Elle peut inconsciemment reprocher à sa mère de lui prendre sa place sur la scène sociale du désir. Elle peut aussi, selon le type de relation qu'elle a établi avec elle, fantasmer que cet enfant lui est dû ou lui appartient. Rien de bon ne peut donc advenir d'une relation forcée entre elle et la petite.

En laissant son aînée vivre son adolescence, la mère a permis à ses deux filles de se retrouver un jour. L'aînée a pu vivre sa vie sans se charger de sa sœur ni de la sexualité de sa mère. Elle a grandi, elle est partie. La relation à sa sœur est venue plus tard lorsque la petite a fait appel à elle. Les choses étaient alors rendues possibles par la distance et les années. Certes, la petite fille s'est ennuyée. Mais sa grande sœur n'y pouvait pas grand-chose. En évoluant en dehors du cercle gris de la famille, elle a pu jouer un rôle essentiel le moment venu, celui de guide, de mentor, d'initiatrice aux arts et à la culture. Une chance pour toutes les deux.

Une mère peut-elle être responsable de l'entente ou de la mésentente des sœurs entre elles ?

Je ne dirais pas « responsable », pour éviter toute idée de culpabilité. Si les parents infléchissent les relations entre les sœurs, c'est en général sans le vouloir et parfois sans le savoir. En cultivant la compétition ou la rivalité, en comparant le moindre progrès, en hiérarchisant l'intelligence, la joliesse ou la féminité, comme en forçant les aînées à prendre des responsabilités qui les agacent autant qu'elles exaspèrent les cadettes, les parents établissent les conditions de la jalousie et des rapports de force.

Dans l'exemple de Claire et Caroline, quelles que soient par ailleurs les motivations personnelles de la mère, celle-ci a tenu compte de l'important écart d'âge entre ses filles. Ce faisant, elle a respecté leur maturation personnelle. Un écart d'âge proche d'un écart générationnel est difficile à vivre pour une adolescente. Surtout si aucune naissance n'est venue entre-temps lui rappeler que sa mère est une femme active sexuellement, et une mère potentielle. Un tel écart est fréquent dans les familles nombreuses où la fratrie s'étage sur plusieurs années ; les filles témoignent alors de la difficulté à faire vraiment la connaissance de leur grande aînée ou de leur petite dernière, les rôles familiaux attribués à l'une et à l'autre rendant le rapprochement ardu.

C'est pour la petite que l'épreuve a été difficile. Elle aurait probablement bénéficié d'une grande sœur présente entre elle et ses parents, comme d'autres sœurs intermédiaires entre elle et Claire. Mais l'adolescence est un âge égoïste. Nécessairement tourné vers soi-même et vers l'extérieur. Incompatible avec la vie de famille. Incompatible avec le sauvetage d'une petite sœur.

Un modèle et un guide

Comment comprendre le type de sœur qu'est Claire pour Caroline ?

Claire et Caroline ne partagent pas un corpus de souvenirs d'enfance, elles ne se racontent pas le bon vieux temps des amours enfantines ni les sales moments qu'elles ont pu traverser ensemble. Leur sororité ne fonctionne pas sur l'identification au double, mais sur l'identification à un maître, un modèle, un guide. Autrement dit, Claire bénéficie de la capacité de transfert de sa petite sœur qui déplace sur son aînée tout l'amour qu'elle a pu éprouver plus jeune sur ses parents, un amour avide, gourmand, disponible. La grande sœur est pour elle le modèle, l'espoir, l'idéal à atteindre.

Dans la torpeur de sa vie morne, la figure de sa sœur étincelle. Parce que cette dernière est partie. Parce qu'elle ne la connaît pas. Une grande sœur plus proche, mieux connue, aurait pu difficilement être parée de toutes les vertus. C'est la distance, psychique, familiale, géographique, qui rend l'idéalisation possible et la rencontre fructueuse.

Elle assure la transmission des valeurs ?

En général, pour grandir et s'ouvrir à la vie, les parents ne sont pas suffisants. L'école, les pairs jouent un rôle essentiel. Sans oublier les relations extérieures au couple parental et leur importance dans la construction d'un enfant. Les grands-parents, les oncles et les tantes, les parrains et les marraines. Et les grandes sœurs lorsque celles-ci ont quitté la maison.

La construction d'un enfant se nourrit également des rencontres symboliques essentielles – un professeur, un entraîneur, une amie intime, un prêtre, etc. – qui peuvent décider d'une carrière, d'une orientation sexuelle ou sociale forte. Pour Caroline, Claire est celle qui donne les clés du monde hors la famille. C'est une fonction primordiale d'ouverture au monde. Et une des clés pour se découvrir soi-même.

On sait que beaucoup de jeunes gens souffrent de manquer de repères. Il ne s'agit pas toujours des parents, mais bien souvent de repères en dehors de la famille. Un maître d'apprentissage, un manager, un éducateur, un animateur socioculturel, un chef de groupe, un leader chef de bande, des figures identificatoires sont nécessaires pour sortir de la famille sans se perdre dans la jungle de la vie sociale et professionnelle. Claire joue le rôle de « maître » pour sa sœur. Un maître à penser qui aide à apprendre et permet ainsi de savoir penser. Autrement dit, la relation entre sœurs prend alors la figure classique du maître et de son élève, une relation forte, tonique, une initiation aux savoirs et à la connaissance. Pour ce qui concerne la féminité et plus encore, pour tout ce qui est de la vie.

Égalité, liberté et fraternité entre sœurs

Pourquoi une « grande sœur » est-elle un tel modèle pour une petite sœur ?

Ici, la petite n'a que 5 ans quand son aînée quitte la maison. L'écart d'âge permet que la relation ne s'altère pas dans les tensions quotidiennes et ne se dissolve pas dans le fil des jours. Ainsi la grande sœur est-elle idéalisée, alors que la mère, surtout dépressive, paie le prix de l'usure du temps. Figure de liberté, semblant jouir de tous les pouvoirs qui font défaut à une adolescente, une grande sœur parisienne, étudiante, émancipée, brille de tous ses feux. Même si sa réalité économique et affective n'a rien à voir avec ce qu'imagine sa sœur, l'aînée sait que sa groupie l'admirera toujours. Elle peut donc tenir son rôle avec d'autant plus d'ardeur. Il est fortement gratifiant. C'est bon d'être admiré !

Une des bases de la relation grande sœur-petite sœur est mise ici en évidence. Il ne s'agit pas de maternage, ni de protection contre la nuisance ou toxicité parentale, ni de complicité joyeuse, ni de jalousies et de rivalités stériles et envahissantes. La grande sœur est vécue comme un idéal féminin. Si elle a quitté la famille, son ouverture au monde, ses intérêts intellectuels, son mode de vie, tout ce qu'elle fait et qui n'appartient pas au modèle initial peut stimuler l'imagination et les projets de la petite sœur. Cette dernière suivra le modèle qui a enchanté ses jeunes années ou, au contraire, fera tout pour ne jamais ressembler à sa sœur aînée !

Caroline a pu inverser les rôles et payer sa dette en aidant sa sœur, est-ce fréquent ?

L'épisode de l'agrégation est très intéressant. En effet, en inversant les rôles, Caroline a rétabli l'équilibre entre les deux sœurs. L'élève vient au secours du maître. Ce qui prouve à ce dernier que son enseignement a porté ses fruits. C'est bien la différence avec la relation parentale. Dans le couple maître-élève, les rapports peuvent s'inverser sans dommage lorsque l'enseignement a conduit l'élève à pouvoir être maître à son tour. C'est le but de l'éducation, la finalité de l'initiation. À la fin du processus, les partenaires sont égaux, en savoir-faire si ce n'est en sagesse.

Il en va autrement de la relation parent-enfant. Quel que soit l'âge de son parent, aucun enfant ne peut réduire l'écart générationnel qui les sépare. Il ne sera jamais son égal, quand bien même ce dernier deviendrait chenu, grabataire, ou mourant. Même si, adultes, nous devons soigner ou choyer nos parents, ils ne deviennent pas pour autant nos complices, nos partenaires, nos égaux, et jamais nos enfants.

Il n'existe pas de sœur archaïque

Une grande sœur, avec un grand écart d'âge, c'est comme une mère moins « dangereuse » pour la petite ?

Je crois en effet que la question de l'évitement œdipien est fondamentale dans ce genre de relations. La grande sœur n'est pas concernée en premier chef par les grands mouvements œdipiens de la première enfance et de leur réveil gênant au moment de la puberté. Elle entre dans le jeu œdipien comme un autre soi-même, une sorte de doublure parfois, et tient sa place dans les rivalités et compétitions qui stimulent ou inhibent les relations entre frères et sœurs, mais elle n'est pas, comme la mère, un amour impossible et obligé. Ainsi peut-elle être aimée plus facilement. Et détestée de même. Plus directement. Un refoulement de l'agressivité étant moins nécessaire, il est bien plus facile d'envier, de moquer, de bousculer sa sœur que de s'en prendre à sa mère. Elle est moins menaçante également car elle a fantasmatiquement moins de pouvoir que la mère.

Sans dire que cette relation échapperait aux ambivalences ordinaires qui enrichissent toutes les amours humaines, qu'elles soient érotiques ou familiales, nous pouvons penser que la sœur est moins potentiellement dangereuse que l'est la mère. Car elle est moins essentielle. Elle ne provient pas de la nuit fantasmatique – on pourrait dire qu'il n'y a pas de *sœur archaïque.*

La mère archaïque est la figure maternelle de la toute-puissance. Un fantasme qui habite les rêves et les cauchemars du tout-petit et de ceux qui n'ont pas encore bien grandi. C'est une mère potentiellement source de vie et de mort. Omnipotente, omnisciente, omniprésente, elle habite les fantasmes et sévit dans l'inconscient tant que l'œdipe de la fillette ne la ramène pas à de plus justes proportions. La grande sœur n'est pas habitée par la violence de cette représentation. Sur elle, peuvent donc être déplacées les amours et les haines que la relation à la mère ne permet pas toujours de bien vivre.

On a le sentiment que ces deux sœurs se sont liguées face à une mère un peu dépressive ? Ce genre de coalition est-il fréquent ?

Caroline rend très bien compte de la lourdeur de la vie qu'elle menait à la maison en dehors des apparitions de sa sœur. Sentiment d'errer dans une vie sans lumière, ennui constant, vide permanent. Ce manque de vie, cette lourdeur sont souvent soulignés par ceux qui vivent dans l'ombre de la dépression parentale, surtout maternelle. Avec, en plus, la culpabilité de voir ceux qu'on aime ne pas aimer ce qu'ils vivent, de voir qu'on n'est pas assez aimable pour réjouir le cœur de ceux qu'on voudrait voir sourire.

En dehors de toute dépression parentale, notons que la plupart des adolescentes trouvent la vie de leurs parents monotone, étriquée, sans entrain et sans envergure.

Lorsque la relation entre les sœurs est dynamique, l'entraide est la seule issue pour tenir le coup et résister à la spirale morbide de la dépression ou à l'ennui qui ronge tant d'adolescentes. Il est nécessaire pour cela que la grande sœur ne soit pas trop identifiée à la mère, qu'elle ne représente pas la prolongation des choix parentaux, mais au contraire leur alternative.

Une âme sœur

Claire arrive à écrire... quand sa sœur est loin. Écrit-on toujours pour parler à sa sœur ? À son âme sœur ? Ou pour s'en libérer ?

L'écriture est effectivement un lien fréquent entre les sœurs. Par-delà l'éloignement et l'absence, écrire permet de garder un contact, une connivence, voire une stimulation, une créativité commune. Ce lien intellectuel et affectif, grâce à la créativité qu'il nécessite et qu'il entretient, permet aux sœurs non seulement de communiquer, mais surtout d'exister, l'une et l'autre, l'une par rapport à l'autre. Ce lien, sur fond de séparation, permet la relation, à l'autre et à soi-même, comme une quête identitaire, personnelle et partagée. L'écriture, qui suppose séparation, permet d'éviter la confrontation orale, la proximité, les rapports de force et le retour de bouffées de rage ou d'amertume infantiles.

Votre idée de l'âme sœur me plaît beaucoup. C'est ce que Claire a apporté à Caroline, un supplément d'âme pendant son adolescence morose. Et c'est peut-être ce que Caroline lui rend aujourd'hui, grâce à sa philosophie des petits bonheurs quotidiens. Une âme sœur, ce pourrait donc être une personne avec qui partager l'essentiel, le rêve, l'esprit, l'imagination, l'art de vivre, au-delà des multiples prisons douloureuses des ennuis, soucis et angoisses. Une âme égale, connectée, connivente, mais différente. Dépositaire d'une part de passé commun, mais ouverte sur un autre avenir. Une âme complice, apparentée, sans être fusionnée, sœur mais pas jumelle. Une âme femme. Car l'âme sœur est pour moi une âme féminine, irradiant de la force des femmes, irradiées de leurs brûlures. Ainsi est-ce peut-être l'adresse de toutes nos écritures. Comme une communication essentielle avec une sœur en âme, une femme, toutes les femmes, celles qui partagent nos racines, et qui s'ouvrent à d'autres cieux, qui construisent d'autres destins.

Les trois filles de la parfumerie Fragonard

« Pudeur et complicité »

Elles sont trois, joyeuses, souriantes, rayonnantes : Anne, l'aînée, 48 ans, médecin, Agnès, celle du milieu, 46 ans, l'excentrique, et Françoise, 44 ans, plus rêveuse, plus philosophe. Toutes les trois président à la destinée des parfumeries Fragonard. Ce jour-là, dans leur immense bureau rue Scribe, avec vue sur les ors et les toits de l'Opéra, où de temps en temps elles contemplent les petits rats, peut-être comme de lointaines images d'elles enfants, Anne, en twin-set gris, est assise face à sa jeune sœur, la volubile et bouillonnante Agnès, portant une robe noir et blanc très décolletée sous un manteau de fourrure, et Françoise qui, souvent, conclut... Note de tête, note de cœur, note de fond ? Et si nous tenions là la recette d'un « parfum de sœurs » ?

Sophie Carquain : Aviez-vous décidé depuis toujours de travailler ensemble ?

Anne, l'aînée : Pas du tout ! Si nous avions été des garçons, nos parents auraient certainement fait pression sur nous. Mais on nous a laissées totalement libres. Agnès a fait des études de droit, Françoise une école de commerce à Paris ; et moi, j'ai fait ma médecine, à Nice. J'ai ensuite exercé quatre ans en adorant mon métier. Mais l'appel de la famille et des sœurs a été plus fort que tout. C'est Agnès, la première, qui, à 22 ans, a appelé Françoise à la rescousse...

Françoise, la benjamine : Oui, un an et demi après son arrivée à l'entreprise Fragonard – ce qui est notre écart d'âge –, Agnès m'a appelée au secours. La vie dans le Midi pour une jeune femme qui devait diriger des cadres plus âgés n'était pas la panacée. J'ai avancé mon entrée dans l'entreprise pour être avec elle. Anne est venue plus tard. Son autorité, elle l'a mise au service de la médecine, en développant une compétence que nous n'avions pas !

Comment ça se passe, au travail ?

Anne : Nous sommes très complémentaires : Agnès est chargée de la communication et du marketing, Françoise de la gestion et je m'occupe de la partie « hygiène, santé ». Je suis la caution scientifique.

Agnès, la cadette : Nous sommes complémentaires et très soudées. Quand nous sommes en réunion et que l'on nous présente des projets, je n'ai même pas besoin de regarder mes sœurs pour savoir si l'idée nous plaît ou si nous la rejetons d'un bloc.

Françoise, la benjamine : Oui, c'est très étonnant. Notre complémentarité est une chance. C'est la même chose pour le lancement des produits. L'une trouve une idée, l'autre la développe, la troisième la commercialise... Un jour, je suis allée en Asie, et j'en ai rapporté l'idée de lancer des pochons de soie. C'est Agnès qui a pris le relais et a imaginé la collection, qui s'appelle « En voyage ». Et voilà.

Il vous arrive tout de même de n'être pas d'accord !?

Françoise : Pour les parfums, il est vrai, nous avons des goûts qui reflètent notre personnalité. Je les préfère hespérides, frais, Agnès a un faible pour les orientaux, capiteux... Nous en parlons, nous argumentons, et nous parvenons à nous harmoniser.

Anne : Parfois, c'est une entente au-delà des mots ! Et gare à celui qui tente de la faire voler en éclats...

Agnès : Oui, quand un des cadres ou des employés fait jouer la division – « Françoise ne m'a pas dit cela », « Il faudrait vous mettre d'accord toutes les deux » –, il ne fait pas long feu dans l'entreprise. Nous nous protégeons.

Vous êtes-vous toujours aussi bien entendues ?

Agnès : Certainement pas ! Je me souviens de notre

enfance comme d'un vaste terrain de chamailleries. On n'arrêtait pas de se disputer.

Françoise : Oui, c'était monstrueux ! Pour un oui, pour un non. Pour une pelle, un râteau. Je me souviens d'avoir mordu ! Anne, elle, donnait parfois des coups. Nous les rendions. Ça faisait un bruit infernal, dans la maison. Ça devait être épuisant pour notre mère.

Agnès : Oui, mais on jouait énormément ensemble. J'organisais souvent des petites pièces de théâtre, derrière le castelet. C'était à qui aurait le meilleur rôle, le rôle de princesse, de reine.

Anne : J'étais la plus autoritaire, en tant qu'aînée… la plus difficile. Il fallait absolument entrer dans mes jeux. Je m'en souviens.

Françoise : Autoritaire ? Oui, tu as toujours eu conscience vraiment de ta position d'aînée. Je me souviens que l'on jouait au sacre du shah d'Iran – on intronisait nos petits chats. Eh bien, c'était Anne qui portait le coussin avec le chat dessus. C'était Anne qui avait les plus beaux rôles. La plupart du temps, on l'acceptait. Ça nous semblait normal. On n'échappe pas à son rang de naissance…

Et vous, Françoise, avez-vous bénéficié du statut de « petite dernière » ?

Françoise : Oui, je dois dire que mes parents étaient nettement moins exigeants avec moi sur le plan scolaire, à l'école élémentaire du moins. Ça devait agacer mes sœurs ! J'arrivais avec une note moyenne et on me félicitait. Alors qu'Agnès et Anne s'entendaient dire, avec un 15 : « Pourquoi n'as-tu pas eu 18 ? »

Cela vous semble-t-il important de vous être chamaillées, toutes petites ?

Françoise : Oui, c'est évident. Cela évite, à mon avis, de voir grossir des jalousies, des rancœurs, qui peuvent se fossiliser à l'âge adulte. Les chamailleries des filles entre elles ont quelque chose de « sportif », de sain. Mais les disputes des sœurs adultes sont, à mon avis, terribles.

Quelles sont les activités qui vous ont soudées pendant l'enfance ?

Agnès : Le sport. Le ski, surtout, nous a beaucoup rapprochées.

Françoise : L'équitation – Anne et moi avons adoré ça. Agnès, tu étais nettement moins sportive, beaucoup plus créative. Tu avais créé un petit journal du lycée, tu t'en souviens ? Au fond, Agnès et moi sommes liées ensemble par le travail, et Anne et moi par le sport. Nous avons chacune une personnalité singulière et des attachements singuliers à l'une, à l'autre.

Diriez-vous que vous êtes amies ? Quelle différence faites-vous entre les relations entre sœurs et entre amies intimes ?

Anne : Je dirais que c'est, paradoxalement, la pudeur. Je n'irais jamais raconter ma vie intime à mes sœurs, et encore moins les petits coups de blues. Je les protège. On ne dit pas tout à ses sœurs. Je suis paradoxalement plus libre dans les confidences avec mes amies.

Agnès : Peut-être parce qu'on n'a pas besoin de se parler pour se dire que l'on s'aime ? Il ne nous viendrait pas à l'idée non plus de nous téléphoner à 2 heures du matin. C'est une question de respect de l'autre... Nous nous respectons énormément.

Françoise : Ne pas tout se dire aide à mieux s'entendre. Ça fait régner cette magie entre nous. Le silence entre les sœurs, la complicité par-delà les mots est une chose belle. Quand, chacune à notre tour, nous avons été un peu malheureuses dans notre vie, nous avons délégué auprès d'un tiers... en consultant un psy.

D'où vous est venue cette formidable entente ? Pouvez-vous nous l'expliquer ?

Agnès : De nos parents. De notre mère, qui n'a jamais été pesante, qui n'a jamais fait jouer le chantage affectif sur nous. Je dirais également qu'elle a toujours été extrêmement contente d'avoir des filles. Elle nous a dit et répété qu'elle avait énormément de chance d'avoir trois filles.

Françoise : Maman riait de ce dicton provençal qui dit qu'avoir des enfants, c'est avoir « des fils ». Quand on lui demandait si elle avait des enfants, elle plaisantait en répondant : « Non, je n'ai pas d'enfants. J'ai trois filles. » Papa, bien sûr, aurait aimé un fils.

Anne : N'était-ce pas plutôt notre grand-père ? Quand tu es née, Françoise, grand-père a refusé de venir te voir. Il aurait dit : « Encore une fille ? Je n'y vais pas ! » Pour lui, cela signifiait que personne n'allait reprendre l'entreprise Fragonard.

Agnès : Et aujourd'hui nous sommes trois sœurs à la tête de l'entreprise, qui remplaçons le fils rêvé.

Françoise : Oui, maman était un être incroyable. C'est elle qui nous a aimées, nous a fait aimer notre enfance. Elle nous a toutes aimées avec la même force, mais chacune dans notre singularité. Comment, après cela, ne pas s'apprécier comme sœurs ?

Donc votre maman aurait été le ciment de votre entente ?

Françoise : Elle était belle, mais simple. Féminine mais jamais apprêtée à outrance. Elle était zen. Elle nous respectait comme des individus, non pas comme des enfants sur qui on projette ses propres désirs. Elle n'avait pas le sens de la possession. Elle avait plutôt le goût des familles élargies. Elle a d'ailleurs accueilli comme siens d'autres enfants dont les parents travaillaient. Il n'y avait pas d'enfermement familial, chez nous.

Comment protégez-vous cette entente ?

Agnès : Il y a des choses que nous ne ferions jamais : dénigrer quelqu'un de notre connaissance… Et bien évidemment, séduire le mari de l'autre sœur !

Françoise : Nous respectons nos différences. Nos amis sont très différents, à notre image.

Anne : Les miens sont surtout des médecins. Ceux d'Agnès plus artistes.

Agnès : Nos maris sont également on ne peut plus différents et tant mieux !

Anne : Nous nous voyons assez peu en dehors du travail.

Je dois dire que nous sommes surtout liées par le travail. C'est notre « bébé » en commun.

Françoise : Nous avons une vie intime qui ne regarde pas les autres. Une vie faite de rêveries. Nous avons chacune un imaginaire très riche !

Et dans les moments difficiles ?

Anne : La première grande épreuve de notre vie a été la difficulté communément partagée à avoir des enfants. À 48 ans, je n'en ai pas eu et je n'aurai pas d'enfant. Quand mes deux sœurs ont commencé à avoir des bébés – assez tard, Agnès à 44 ans, Françoise à 42 ans –, j'ai trouvé ça très injuste. Aujourd'hui, je suis ravie pour elles.

Françoise : La peine d'une sœur rend très triste. Je sais, pour l'avoir vécu, qu'attendre une grossesse est une vraie épreuve. Nous, nous sommes devenues mères, pas Anne. C'est une blessure que nous partageons toutes les trois.

Agnès : Nos fils aînés ont sept jours d'écart. Le mien s'appelle Jim, le fils de Françoise Jean…

Seconde épreuve : l'an dernier, votre maman est morte…

Agnès : Sa mort a été lente et douloureuse. Anne a tout arrêté, elle est allée soigner maman jusqu'à la fin. Françoise et moi nous y rendions tous les jours. Quand maman ne pouvait plus parler, nous avons parlé, nous lui avons joué encore « les trois sœurs », avec notre gaieté, nos jeux, nos enthousiasmes.

Françoise : Elle avait tant aimé nous avoir auprès d'elle, quand nous étions petites. Certains parents reprochent à leurs enfants de considérer la maison comme un hôtel. Maman était le contraire : elle nous demandait même d'amener nos amis, à l'adolescence, pour qu'il y ait de la vie, toujours.

Anne : Je me demande comment la mort des parents peut être supportée quand on est seule. Pour moi, c'est inimaginable. Être trois filles, pour supporter cette épreuve, c'est une grande force.

Françoise : Oui, et même si entre nous, nous ne parlons pas beaucoup de maman. C'est encore trop douloureux, trop nostalgique. Mais nous savons qu'entre nous trois, le potentiel d'enfance est toujours là ; que cette enfance, ces jeux partagés, qui nous ont construites, sont toujours là...

Françoise, êtes-vous toujours « la petite » ?
Françoise : Oh non ! Heureusement ! Je crois que le statut de « petite dernière » passe avec l'âge ! (rires).

Vous êtes certaine ?
Françoise : Bon... À bien y réfléchir, à de nombreuses reprises, mes sœurs – en particulier Agnès – m'ont montré le chemin. C'est Agnès qui m'indique les livres à lire, pour mes enfants et pour moi. Elle m'a donné les coordonnées d'un médecin qui m'a guérie de mon infertilité, et également d'un psy quand, à 19 ans, j'ai souffert d'une relation amoureuse. Agnès est une cadette idéale. Je pense que c'est la plus sensible de nous trois, peut-être comme les « numéros deux ».

Anne, êtes-vous toujours la « grande sœur » des trois ?
Anne : Non, pas du tout ! Quoique...
Quoique ?
Anne : En tant que médecin, j'ai le devoir de veiller sur mes sœurs. C'est moi qu'elles contactent, dès qu'elles ont un petit souci de santé, ou quand leurs enfants ont un peu de fièvre. Je pense que je suis plus médecin, dans ces cas-là, que grande sœur. Même si la protection, ce désir de les protéger, de les soigner, peut être, bien sûr, considéré comme un trait de caractère maternel.

De l'importance d'être sœurs

Savoir se chamailler

Sophie Carquain: On voit les sœurs se chamailler pendant leur enfance. Pensez-vous ces disputes importantes pour l'établissement d'une relation forte ?

Maryse Vaillant: Essentielles. La qualité des rapports ultérieurs repose en grande partie sur ce fonds. Tout à la fois recherche d'équilibre et affirmation de singularité, les chamailleries permettent à chacune des sœurs de trouver sa place, son style, de se faire entendre, de ne rien céder sur l'essentiel tout en apprenant à composer avec les statuts, les places, les personnalités et les désirs des autres.

On ne peut se chamailler avec un supérieur, un parent ou un étranger. On se chamaille avec son égal, quelqu'un qui peut prétendre à un même territoire et qui doit aussi trouver le sien. Ce n'est pas une lutte pour la vie, une compétition forcenée, une prise de risque vitale. Les chamailleries sont de l'ordre de la quête, du jeu, de l'expression, de la communication et permettent un réajustement constant des singularités de chacun. C'est pourquoi cet exercice, bien que foncièrement salutaire, est souvent difficile chez les jumelles, trop semblables, ou entre les aînées et les benjamines si l'écart d'âge est trop important. On se chamaille souvent avec la sœur ou le frère le plus proche dans la fratrie, celui avec qui il est essentiel d'affirmer sa différence, celui qu'on préfère par exemple, ou en qui on craint de se reconnaître. Dis-moi avec qui tu te chamailles, je te dirai qui tu es...

Ces régulations ont permis leur complémentarité. De la différence, donc.

Le témoignage des trois sœurs exprime parfaitement la régulation qu'opère la chamaillerie dans une fratrie et les conditions pour que ces disputes soient constructives. Le plus important : la place symbolique des unes et des autres n'est pas remise en question, pas plus que l'affection égale et inconditionnelle de leur mère. Pas de lutte donc, ni pour le pouvoir ni pour l'affection. Pas de querelles violentes pour *être*, pas besoin de revendiquer son droit à l'existence, pas besoin de prendre ce que l'une possède et dont l'autre est dépourvue. Non. Des luttes pour s'affirmer, chacune à sa place. Pour être reconnue et bien différenciée des autres, elles aussi reconnues comme étant différentes et complémentaires, sans éprouver la nécessité de forcer le ton, de rigidifier ses positions.

Ainsi voit-on comment chacune prend place dans l'équilibre des forces et des places de cette fratrie de filles. La première-née prend la place classique d'autorité sans avoir besoin de jouer le rôle de meneuse. Femme affirmée, elle fait les études qu'aurait faites un fils aîné et maintient dans l'entreprise son aura d'aînée sans tendre à diriger les autres. Comme souvent, la deuxième-née marque son originalité par rapport à sa grande sœur. Plus excentrique, elle cultive sa sensibilité, ce qui ne l'empêche pas de travailler en complémentarité avec elle. De même, nous voyons la dernière choisir sa voie sans faire ni comme ni contre ses aînées. L'important ici, c'est que chacune existe sans ses sœurs. Et leurs différences permettent leur accord.

De l'agressivité

Pourtant, les chamailleries sont souvent difficiles à supporter pour les parents...

C'est du bruit et de la fureur à domicile tout au long du

jour. Les filles hurlent, les garçons cognent, tout le monde pleure. Pour les parents, c'est difficile à supporter, or la présence parentale est essentielle. Leur haute autorité est à la fois la condition d'un bon exercice de la dispute et l'origine de sa nécessité. Les parents sont visés. Leurs préférences, leurs diktats, leurs aveuglements, leurs goûts comme leurs choix. Et c'est leur contrôle, s'il est discret, qui tempère ce que leur présence provoque.

Grâce à ce cadre parental, protecteur et rassurant, nous avons vu que la première fonction des chamailleries est la quête de singularité. La seconde est l'évacuation de l'agressivité. Car l'agressivité explose dans tout enfant. Découvrir, apprendre, partager, comparer exploits et progrès, apprendre à se connaître, subir émotions, troubles, contrariétés, peurs... L'enfance demande beaucoup d'efforts. Il en faut de l'énergie pour grandir ! Énergie, vitalité, agressivité, tout ce qui pulse contribue à l'animation, à la vie d'une fratrie. Les enfants ont besoin de bouger, de crier, de pleurer, de rire. Ils ont besoin de décharger les tensions accumulées et d'exprimer leurs ressentis comme leurs ressentiments.

Certes, on peut empêcher tous ces débordements. À force d'interdits, les parents peuvent retenir, ou calmer à la source, l'expression de ces bouffées d'ardeur. Par peur de la violence, ils peuvent vouloir écarter toute agressivité, toute expression déplacée, que ce soit la jalousie, l'envie, la colère, voire la peur ou le chagrin. Le résultat peut être le calme. Mais ce calme ment. Car la vie est violente. Et ce qui est refoulé finit toujours par revenir à la surface, sous forme de symptômes divers. La régulation que permettent les chamailleries est donc très bénéfique. Certes, les cris et les disputes fatiguent les parents, mais si tout est tempéré par leur affectueuse autorité, les chamailleries créent une véritable liberté chez les enfants. La liberté de se décharger des tensions dues à l'enfance, à la vie en famille, à l'éducation et aux rêves parentaux tout autant qu'à la vie entre filles. À la nécessité d'être une fille au milieu d'autres filles.

Un féminin pacifié

Tout cela grâce à la mère, n'est-ce pas ? Elle a fait beaucoup pour l'entente entre sœurs. Il y a une sorte de paix autour de la notion du féminin.

La mère est le régulateur central. Ses filles mettent en avant son intelligence, son calme, sa générosité, sa volonté d'ouvrir la famille sur l'extérieur, sa féminité sereine. Elles sont animées à son égard d'un sentiment fort et paisible de reconnaissance. Son influence est reconnue et acceptée.

En fait, dans beaucoup d'histoires de sœurs, nous voyons la prépondérance de la mère. C'est le personnage le plus proche, qui règne toujours sur l'enfance puisque c'est sous sa houlette que se vit le quotidien. Pour des filles, la mère est bien sûr la femme du père, celle qui détient un pouvoir sur lui – pouvoir que les filles peuvent envier –, mais elle est aussi un modèle de femme. À copier, dépasser, rejeter. Son art de vivre, sa féminité, son assurance dans ce domaine font beaucoup pour permettre à ses filles de s'aimer. D'aimer leur genre et leur sexe.

La naissance des filles fait souvent ressurgir la haine des femmes pour elles-mêmes. Haine des femmes que trop de mères diffusent avec leur lait pour en imprégner leurs filles. Comme si, même pour elles, le féminin était vécu comme second choix par rapport au masculin. Héritage archaïque du monde patriarcal, trop de femmes ne s'aiment pas, et vivent leur sexe et leur genre comme des blessures. C'est en partie ce qui pousse parfois les femmes à la mascarade – la séduction et la coquetterie visant à camoufler la meurtrissure d'être une femme, de n'être qu'une femme.

Lorsqu'une mère aime sa féminité, lorsqu'elle aime la féminité de ses filles, elle peut contribuer à les mettre en harmonie avec elles-mêmes et leur laisser le choix de vivre cette féminité librement, selon des critères personnels, liés à la culture et non à la mode. Une grande liberté que les femmes revendiquent en s'en prenant souvent plus aux hommes qu'à leurs propres mères.

Peut-on dire que s'il n'y a pas de compétition mère-fille, cela amoindrit les risques de déclencher des rivalités sœurs-sœurs ?

Beaucoup de rivalités entre sœurs tiennent à l'équation : séduction = pouvoir. L'identification à la mère permettant l'espoir de séduire le père, la fille peut faire de la séduction un enjeu féminin phallique. Derrière la compétition amoureuse œdipienne qui stimule toute fille, se profile la manière dont la mère vit sa féminité et perçoit celle de ses filles. Une féminité vécue comme une blessure peut donner lieu à une recherche de compensations, via la coquetterie et une volonté ostensible de séduction, dans quoi les sœurs peuvent s'engager très précocement.

Une mère qui aime être femme et qui aime avoir des enfants filles ne va pas forcer l'apprentissage de la coquetterie, vanter les bienfaits de la rouerie, des séductions forcées et du pouvoir de la femme par ses charmes féminins. Elle ne va pas mettre ses filles en compétition les unes par rapport aux autres, car elle ne se mettra pas en compétition avec elles. Ainsi ne dénigrera-t-elle ni le père ni les hommes et permettra-t-elle à ses filles d'aimer leur père et d'aimer les hommes.

Une féminité assumée, celle d'une mère qui ne se sent pas menacée par ses filles, parce que sa féminité a peut-être été bien acceptée par sa propre mère, peut contribuer à permettre à ces dernières de jouir de leur genre et de leur sexualité sans avoir besoin de se mesurer sans cesse les unes aux autres. Bien au contraire, en apprenant à faire confiance à d'autres femmes, elles savent que leurs forces peuvent se conjuguer.

Ainsi les chamailleries d'enfance peuvent-elles non seulement éviter l'accumulation de ressentiments larvés à l'âge adulte, mais permettre également aux sœurs d'explorer et d'exprimer la force et les différents aspects de leur féminité naissante. Elles apprennent à être une fille parmi des filles et se préparent à être une femme parmi des femmes. Une force inégalable pour traverser les épreuves et construire la vie choisie.

Désirer un fils, avoir une fille

Que penser alors des questions d'héritage et de ces filles qui reprennent l'entreprise familiale ?

Le désir de fils ne provient pas uniquement de la mère. Le plus souvent, celle-ci est traversée par les attentes qui proviennent de la génération directement précédente, celle des grands-parents. Leur attente d'un héritier mâle pèse sur le dos de toute jeune épousée, quoi qu'elle pense elle-même de la nécessité d'avoir un fils. C'est pourquoi, bien souvent, malgré la mère et sa position personnelle, pour peu que la famille détienne pouvoir, nom ou patrimoine, le fils est attendu. L'héritier mâle. Et la naissance de plusieurs filles est vécue comme un échec. Une panne dans la transmission du nom, une déperdition d'héritage. La déception, plus ou moins exprimée, qui entoure la naissance d'une fille va donc s'accentuer avec celle de ses sœurs. Être une sœur de sœurs n'est donc pas toujours un titre de gloire. Sans la volonté acharnée de la mère, la dévalorisation des filles aurait pu jouer contre chacune d'elles et contre les relations qu'elles ont établies entre elles.

Être fille n'est pas une tare. La mère ici l'a affirmé et fait partager son point de vue, ce qui a donné à ses filles la liberté de choisir leurs orientations et de s'y lancer avant de venir reprendre l'entreprise familiale. Ainsi ont-elles pu hériter librement.

Les sœurs ont donc pu devenir des héritières, comme l'auraient été des fils ?

Rien à voir avec la destinée qui pèse sur les épaules d'un héritier, et qui ne lui laisse pas grand choix. Très tôt, il connaît sa chance et son devoir. L'héritage n'est pas pour lui une option mais une obligation.

Là où des frères auraient vu se profiler depuis leur plus jeune âge la nécessité de reprendre l'entreprise familiale, sans espoir de pouvoir découvrir leurs propres talents, les sœurs ont pu faire le détour de choisir leur voie avant de se décider. Rien d'explicite ne les y obligeait. Tout se passe comme si le fait d'être des filles les avait libérées de cette injonction et du risque d'en être momifiées et leur avait permis de *choisir* de reprendre l'entreprise et de s'en partager le pouvoir.

L'éducation des fils, en particulier des héritiers, ne les ouvre pas toujours au partage. Sur eux pèsent d'autres modèles éducatifs, d'autres attentes. Des enjeux infiniment plus phalliques, compétitifs voire concurrentiels. Difficile d'être un fils parmi ses frères. C'est la mère qui va donner à ses filles le droit de devenir des héritières. Aux femmes, dit-on, se lèguent les bijoux ; un privilège qui ne saurait dissimuler que leur est surtout exigé de donner des héritiers aux héritiers. De mères en filles se sont transmis la contrainte et l'honneur de prolonger les lignées. Seule une femme peut désirer faire autre chose de son destin, seule une mère peut donner d'autres options à ses filles.

Une éducation à la féminité

Les sœurs restent très respectueuses de la pudeur, du respect de l'autre... Est-ce également une condition pour réussir la relation entre sœurs ?

La plupart du temps, les filles découvrent leur genre, leurs sœurs et leur féminité sans beaucoup d'autre soutien que le bain culturel de la famille et l'idée que chacun des parents se fait des femmes et de la féminité. En traversant l'aventure œdipienne, qui pose l'objet de désir dans sa différence sexuelle et son autorité de genre, à la difficulté de n'être pas le seul amour de leurs parents, elles doivent ajouter la proximité voire la promiscuité dans laquelle on les met. Découvrir les changements de son corps, partager cette découverte avec d'autres, traverser les troubles et les émois de l'âge tout en étant le témoin de ceux des autres, c'est le lot de tous les frères et sœurs qui partagent le quotidien de la vie de famille.

Entre filles, ces jeux de miroirs sont souvent confinés dans un espace clos, comme si le gynécée avait besoin de moins de place que la mixité. Or, nous l'avons vu, il importe à chaque fille d'être elle-même *parmi* les autres semblables. Différente, singulière. Et certaines fillettes recherchent plus que d'autres la discrétion et la pudeur. Une sœur peut ne pas aimer la nudité de sa sœur ni accepter de partager ses états d'âme à tout moment. La puberté, qui les saisit chacune à son heure, peut leur faire repousser, provisoirement ou définitivement, le corps de leurs sœurs, tout autant que leurs confidences. Chacune a besoin que son rythme et sa singularité soient respectés.

Le genre ne définit pas un enfant. Toutes les filles ne se ressemblent pas, bien des frères en témoignent. En permettant à chacune d'elles d'être différente des autres tout en leur ressemblant, dans un espace qui la protège et qui la respecte, les parents peuvent faciliter son rapport à chacune de ses sœurs tout autant qu'au groupe qu'elles forment parfois, et en conséquence à elle-même. Nul n'est besoin pour cela d'habiter de grandes maisons. L'intimité est affaire de regard. La pudeur est dans la distance psychique plus que physique. C'est une question de respect et d'acceptation de la différence et de la féminité. De la différence dans la féminité.

La complémentarité des sœurs dans l'entreprise est aussi un résultat d'une certaine éducation à la féminité ?

Pour que des sœurs s'entendent, il faut qu'elles s'aiment *bien*. Que chacune s'aime bien *elle-même* et aime bien les *autres*. Il ne peut pas s'agir de passion, de fusion ou de jalousie, d'envie ou de ressentiment. Et pourtant, comme nous l'avons vu, l'enfance est souvent le réservoir premier de paroxysmes affectifs en tout genre. Surtout entre des sœurs proches au niveau des âges. Or, pour gérer une entreprise commune, il s'agit de savoir être soi parmi les autres. Femme parmi les femmes, sœur parmi les sœurs, dirigeante parmi les dirigeantes. Ce que savent particulièrement bien faire les femmes.

Je ne veux pas dire que des femmes ne dirigent pas les entreprises *comme* des hommes, car c'est souvent le modèle autoritaire, phallique et patriarcal qui domine le monde des affaires comme celui de la politique. Compétition, concurrence, rivalité, rapports de force, nombre de femmes sont des tueuses comme des hommes. Là où est le pouvoir, sont les modes masculins de son exercice. Mais certaines femmes savent mettre en œuvre d'autres manières de diriger. Partager, déléguer, donner, échanger, être créatif, solidaire, c'est la force de celles qui savent que la complémentarité est une richesse. Ainsi un trio de sœurs peut bien gérer une lourde entreprise et bénéficier de la fécondité de chacune des patronnes.

Si la femme est une sœur pour ses sœurs au sens large – ses collaboratrices, ses employées –, autrement dit si elle les considère comme des alter ego, des ressources, des appuis, dans un imaginaire de réciprocité plus que de compétition, comme nous l'avons vu pour les groupes de femmes unies dans la résistance ou la lutte, alors elle bénéficie d'une large palette de richesses et de créativités. Ce qui est efficace et confirmé dans l'action, les réseaux de solidarité, peut tout à fait s'appliquer à de nombreux autres domaines professionnels, sociaux ou familiaux. Certes, ce regard sur les femmes est loin d'avoir la priorité aujourd'hui où seules la séduction et la maternité semblent être redevenues des destins féminins. Il reste néanmoins que la solidarité sied aux femmes et qu'à sa base repose l'acceptation et l'amour du sexe et du genre féminins. C'est ce qu'une mère peut transmettre à ses filles. Bien au-delà des chamailleries de l'enfance et grâce à leur régulation, c'est ce qu'une sœur peut apprendre de ses sœurs, avec ses sœurs. Ce qui se découvre et se cultive entre sœurs.

Conclusion

Démons et merveilles

N'existerait-il pour une femme de pire ennemie ou de meilleure amie que sa sœur ? La relation qui s'établit dans l'enfance semble garder souvent l'âpreté des amertumes et le miel des promesses infantiles. Comment expliquer une telle intensité de sentiments, une telle persistance de la plainte ? Pourquoi les haines sont-elles à ce point intenses et les amours si fortes ? Quelle est l'essence de cette relation affective sans pareille ?

Demi-sœur, sœur adoptive, quasi-sœur... les liens du sang ont ici moins d'importance que les liens du cœur et surtout du lait. Car la relation qui nous intéresse se noue dans la brume d'une enfance partagée, au giron d'une mère commune, entre filles, avec un seul homme, le père, pour plusieurs femmes. Pour comprendre en quoi consiste la relation entre les filles d'une même famille, bien au-delà de l'enfance, bien au-delà de la famille, nous avons choisi d'écouter les témoignages de femmes porteuses d'une lourde histoire de sœurs. Toutes ont pris conscience des fragilités de leur famille. Leur parcours tragique ou douloureux a rendu visible ce que des vies plus paisibles ne laissent pas toujours percevoir. C'est ainsi que nous avons vu surgir des problématiques convergeant autour de quatre questions centrales :

• la *famille* – œdipienne, généalogique et élective –, élargie, recomposée ou nucléaire, qui offre le cadre symbolique et la niche sensorielle et affective de l'enfance partagée ;

• le *pouvoir* – domination, rivalité, rapports de force –, pouvoir des mères, des femmes, du patriarcat, pouvoir de la séduction et de l'emprise ;

• l'*amour* – attachement, affection, désirs –, les sentiments rayonnant sur la carte du tendre familial, entre l'interdit de l'inceste et les drames du complexe d'Œdipe ;

• la *féminité* – genre, sexe, complexité –, l'aventure des sœurs étant celle de fillettes devenant femmes sous le regard de leurs sœurs autant que sous celui de leurs parents.

Regarder naître, vivre et se déployer les multiples dimensions de la féminité à travers les questions de famille, d'amour et de pouvoir, c'est l'aventure puissante que nous permet d'engager l'étude de la relation entre sœurs. Une véritable épopée, celle des mythes d'hier et des femmes d'aujourd'hui.

Variations sur le thème œdipien

Les sœurs, mêmes devenues adultes, ont des amours communes, plus ou moins enfouies dans les tréfonds d'une enfance oubliée. Ce sont ces amours, parentales, qui nourrissent en grande partie la quête de réciprocité sororale, lui donnent sa densité et sa double polarité, amoureuse et haineuse, envieuse ou solidaire. Dans l'ombre portée des inaccessibles figures parentales, au sein des fratries, se répètent les scénarios plus ou moins cruels des passions œdipiennes. Une sœur semble toujours moins lointaine qu'une mère, moins dangereuse également, plus facile à défier, à atteindre, à blesser.

Dans un élan de rivalité œdipienne jamais rassasiée, certaines sœurs prolongent parfois une guerre nécessaire, celle qui les maintient en lien avec une enfance dont elles n'ont pas apuré les comptes. Avec obstination, elles tiennent la position de victime qui semble devenue leur seul réconfort. L'enfance, même la plus ordinaire, est une aventure amoureuse difficile à guérir. Il est des chagrins qui durent et des blessures que la vie ne cesse de rouvrir.

Croire que le père est le seul enjeu de ces vieilles rancunes serait oublier que les vicissitudes œdipiennes ne commencent pas à l'âge où les petites princesses projettent d'épouser papa. Dès la naissance, elles sont prises dans le nœud vivant de proscriptions et d'injonctions qui fait notre humanité : l'interdit de l'inceste – la structure qui retient l'amour du parent pour permettre celui de l'enfant – et le complexe d'Œdipe – la version infantile des amours familiales. Même pour ses filles, la mère est désirée car la mère est taboue. Dans le meilleur des cas, elle sait que la consommation de ses enfants – même des filles – lui est interdite et qu'il est de son devoir de les aimer « suffisamment » pour leur donner la force de vivre sans elle. Mais elle en sait parfois trop sur celles qui lui ressemblent et qu'elle oublie d'écouter, les englobant dans son histoire au point de ne pas les ouvrir à la leur.

Les filles de leur mère

La mère sait ce que naître fille et grandir femme impose. Elle le tient de sa mère encore plus que de sa vie, les imprégnations infantiles laissant souvent plus de marques que l'expérience ultérieure. Sur ce point, les filles peuvent avoir une lucidité qui n'effleure pas leurs frères ; elles savent mieux que quiconque comment la mère souffre et ce qui l'inquiète. Il arrive qu'elles s'y perdent. Surtout si le père ne réussit pas à endiguer la force qui coule là, de mère en filles. De femme en femmes.

Devenir une femme, pour une fille, c'est quitter sa mère, non pas pour trouver son père, mais pour se trouver soi-même, trouver sa propre féminité, sa place de femme dans la société des hommes et dans l'histoire des femmes. Ce chemin de liberté ne se fait pas *sans* le père, mais pas non plus *avec* lui. D'ailleurs, pour peu que les filles soient nombreuses à la maison, le pauvre homme ne sait trop comment réagir. La mère et les filles forment parfois un bataillon complexe, solidaire ou agressif, où se trament d'invisibles complots, se livrent de dures guerres. C'est entre elles que les batailles se perdent et se gagnent, c'est entre elles que l'histoire se noue. Car ce sont des filles, car ce sont des femmes.

Les sœurs sont des filles

Les sœurs sont des *filles*. Elles sont aussi les filles *de* leurs parents. Comme les frères sont des garçons et sont aussi les fils de leurs parents. Le mot *fille* désigne le genre (en opposition à *garçon*) et le lien de parenté (en opposition à *fils*). Fille et non fils, fille et non garçon, cette différence va traverser bien des domaines de la vie familiale et sororale, dans le quotidien affectif et éducatif comme au niveau symbolique et fantasmatique. Vont ainsi se profiler des drames d'héritage et de partages entre sœurs, qu'il s'agisse d'un patrimoine culturel ou génétique. La relation entre sœurs peut paraître habitée, voire hantée, par les ombres de la transmission par les femmes tout autant que par la nécessité de perpétuer le nom des hommes, leur héritage, leur culture.

Les sœurs ne sont pas des fils

Aux femmes, aux filles, le devoir de mettre au monde les enfants des hommes, de donner des héritiers aux héritiers, de prolonger leur nom. Là est le pouvoir des mères et le devoir des femmes, celui de la survie, sinon de l'espèce, du moins de la lignée. Et pèsent sur elles les attentes des générations précédentes.

Fécondité requise, stérilité maudite. L'emprise familiale est une machine à faire des bébés, des héritiers, des futurs pères. Dès la nubilité, les mères couvent leurs filles d'un regard anxieux et les sœurs leurs sœurs d'un regard envieux: quand naît le fils se renforce le pouvoir des femmes. En effet, la place des femmes dans l'éducation des enfants leur octroie une importance primordiale pour tout ce qui appartient à la transmission des valeurs, personnelles et familiales. Même au temps d'Internet, les mères, les tantes, les femmes d'une famille bricolent et ravaudent pour entretenir la mémoire familiale, son patrimoine culturel, son image sociale. Elles en construisent la version simplifiée et policée qui sera transmise aux enfants.

Les sœurs ne sont pas des garçons

Au patrimoine familial, souvent masculin, qui appartient aux générations précédentes, entremêlé des apports des différentes lignées, s'ajoute ce qui n'échoit qu'aux mères : transmettre la féminité, celle qu'elles ont reçue de leurs mères et grands-mères, celle qui provient des aïeules, une vieille histoire de femmes, pas toujours bien acceptée, pas toujours facile à léguer.

Les femmes savent qu'une grande partie de la féminité ne passe pas par le père mais se transmet par les femmes. S'il n'est pas facile pour elles de résister au vertige de la complétude que promet la naissance d'un garçon, que dire des menaces de ravages qu'annonce celle d'une fille ? Il s'agit alors de sortir des pièges abyssaux tendus par le pouvoir du double, par le trouble menteur des miroirs. Devenir la mère de sa fille, de ses filles, être une mère de sœurs, c'est voir parfois se déployer l'infinie richesse d'une féminité inconnue ou inespérée. Puissance, force, créativité, compassion, sensibilité, intuition, originalité, compétition, solidarité… pour peu que la mère en accepte l'augure, le kaléidoscope de la féminité rayonne ou se voit cantonné dans la mièvrerie apparente et la cruauté cachée d'une agressive séduction.

Certaines femmes ne peuvent que transmettre leur propre subjectivité de filles, de fillettes – même devenues femmes, même devenues mères –, les échecs et les tourments qu'elles redoutent ou espèrent voir se perpétuer : un héritage de ressentiments explique peut-être en partie la haine du féminin qui circule parfois entre les femmes et que les sœurs se répartissent avec plus ou moins de bonheur en fonction de la chronologie de leur naissance ou des scénarios imaginaires qui les ont entourées.

Les places dans la fratrie

Sœur aînée enviée ou adorée, qui fuit la maison ou s'occupe avec tendresse des plus jeunes, cadette rivale, adoratrice, querelleuse ou envieuse, benjamine insupportable, fuyante, plaintive ou collante... Écouter les sœurs raconter leurs sœurs, c'est voir défiler les figures de l'oppression et de la cruauté mais aussi parfois celles du dévouement et du sacrifice. On se croirait dans les contes et légendes racontés aux enfants. Femme adulte, mal-aimée qui ressasse ses tourments passés, femme aigrie, blessée par l'ingratitude de la vie, femme plaintive, toujours sous l'autorité d'une aînée et les caprices d'une benjamine, il arrive que les positions infantiles restent fixes et ne bougent pas avec l'âge. Les jeux de rôle familiaux sont complexes, sauvages parfois, et peuvent rester incrustés dans les relations entre sœurs. C'est ainsi qu'une aînée autoritaire dans l'enfance sera perçue par ses sœurs comme une femme autoritaire dans la vie et qu'une cadette réputée plaintive le restera toujours pour ses sœurs, qu'elles aient changé ou pas.

Contrairement aux idées reçues, toutes les aînées ne se ressemblent pas, pas plus que les cadettes ou les benjamines. Certes, la deuxième-née se positionne souvent par rapport à la première et les autres développent leurs singularités en fonction des aînées. Mais chaque sœur doit dessiner sa vie sur un canevas préexistant dont elle reste prisonnière ou dont elle se libère. Son monde de fille prend sa forme et sa cohérence au sein d'un microcosme plus ou moins fermé, dans lequel elle sera amenée à occuper des places imaginaires dont la plasticité peut surprendre. On voit la sœur relayer les parents ou se substituer à eux, la jumelle naître cadette et devenir aînée, la petite devenir la fille de la grande, cette dernière son mentor ou son père...

Cris et chuchotements

Les filles se chamaillent. Tous les parents s'en plaignent. Elles crient, se tirent les cheveux et viennent rapporter en pleurant. On connaît la mauvaise réputation des milieux exclusivement féminins et la grande crainte de l'hystérie féminine. Les filles ont des secrets, sont cachottières, boudent, gloussent en se poussant du coude. Elles persiflent, racontent, jacassent. On connaît la mauvaise réputation des bavardages féminins.

Or ces guéguerres infantiles, même virulentes, ne sont pas annonciatrices de conflits ultérieurs. À une condition expresse : qu'elles se développent sous la houlette tolérante et bienveillante des parents. Si ceux-ci contrôlent la situation, évitant que s'installent sadisme et cruauté, ils donnent aux filles la possibilité d'évacuer l'agressivité naturelle qui les habite et de tester l'intensité de leurs sentiments. Car ces magistrats omnipotents qui régulent le monde des conflits infantiles ont le pouvoir de dire la loi familiale, celle de l'équilibre si ce n'est celle de l'équité. La justice n'est pas de ce monde, pas plus dans les familles qu'au tribunal. Ainsi les préférences parentales figent-elles parfois la peine d'un jour en douleur de toujours. Dans le cœur de certaines sœurs s'incruste parfois le sentiment profond d'une injustice que rien ne pourra jamais réparer.

Sortir de la plainte

Bien des plaintes adultes proviennent des blessures infantiles, le plus souvent à l'insu de celui qui se plaint. Or, s'il est une plainte spécifiquement féminine, spécifiquement exprimée par les femmes, c'est celle d'une enfance marquée par l'injustice et les inégalités. Les femmes s'y exercent avec bien plus de vigueur que les hommes. Comme si elles pouvaient mieux qu'eux retrouver la source de leurs maux, sans savoir toutefois comment affronter et dépasser cette souffrance. Elles ne peuvent que pointer les carences. À défaut de garder rancune à leurs parents, beaucoup s'en prennent à leur enfance et donc à leurs sœurs, toujours mieux dotées qu'elles.

Les effets de cette plainte sororale peuvent être dramatiques. Confrontées aux difficultés de l'existence, aux inégalités et injustices que la vie réserve aux femmes, comme à leurs propres épreuves, certaines femmes ne trouvent pas la force de se battre tant elles ressentent les morsures premières avec acuité. Pire, il arrive que ces souffrances infantiles les fassent réagir en enfants. Rejouant à leur insu les scénarios dont elles ont souffert jadis, elles se font petites pour éviter les coups. Cherchant tout autant querelle que protection, elles se vivent en victimes et agissent comme telles.

Ces petites plaignantes que rien ne peut apaiser sont convaincues que rien ne peut être restauré. Car sortir de la plainte serait s'extraire de ce qui les définit. Si elles ne se donnent pas les moyens thérapeutiques de mûrir, et ainsi de changer de position, elles restent à jamais meurtries, à jamais en souffrance. Sœurs bafouées dans l'enfance, femmes bafouées par la vie.

Le conservatoire de l'enfance

Même les sœurs qui se sont beaucoup chamaillées – et peut-être surtout elles – aiment évoquer les morceaux choisis de leur enfance. Entre elles, circule une petite musique qui ne fait chantonner qu'elles. Il suffit d'un geste ou d'une remarque pour déclencher un fou rire ou un regard rageur. Car chaque sœur détient une part de l'enfance des autres. Sa version apaisée, celle qu'on aime évoquer. Toute sœur est une petite madeleine à savourer quand la nostalgie fait regarder le passé avec tendresse.

Il faut toutefois que la mémoire soit suffisamment apaisée pour s'harmoniser au fil des souvenirs de chacune. La plainte ne permet pas de construire une mémoire pacifiée, sa fonction étant de conserver la douleur. Vivants reproches pour les autres, cultivant les ressentiments, maintenant la sombre version d'une enfance malmenée, certaines sœurs luttent contre le révisionnisme qui sévit dans bien des familles.

La sœur peut être également le témoin du pire. Elle sait ce que les photos ne montrent pas et que la mémoire veut ignorer. Dans ces cas-là, elle est la preuve vivante que les cauchemars de l'enfance n'ont pas été rêvés. Elle incarne une vérité difficile à vivre, souvent impossible à supporter, qui peut faire éclater le lien de sororité ou le renforcer. La lutte pour survivre à son enfance est un combat solitaire que la mémoire des sœurs peut envenimer mais que leur solidarité permet aussi parfois d'affronter. La plainte qu'elles porteront alors sera collective, organisée. Elle leur servira de point d'appui pour changer leur vie et parfois aussi pour changer le monde.

La communauté des sœurs

En effet, la sœur peut être l'archétype de l'entraide féminine, la figure généreuse de la solidarité familiale ou de voisinage, autant que celle de la combativité, des engagements militants et des luttes féminines. Depuis longtemps, à travers les guerres et les disettes, l'absence des hommes, les maladies, les naissances et les morts, les femmes savent le prix du partage, de l'entraide. Depuis longtemps, celles qui souffrent solitaires et en silence, dans l'ombre conjugale ou familiale, dans leur genre et dans leur sexe, leur corps, leur histoire et leur culture, ont su ce que pouvaient leur apporter d'autres femmes, pour échanger, s'informer, se confier, partager. Lutter. Se libérer. Bien au-delà des familles et des institutions, les femmes savent que leur seul recours, leur seule chance de parvenir à exister et d'être secourues, ce sont les femmes, solitaires ou organisées. Les sœurs se battent pour leurs sœurs, avec elles. Sœurs de la compassion ou du combat, les femmes sont alors les meilleures amies de leurs sœurs.

Une telle vision de la solidarité féminine ne peut

convaincre ceux et celles qui sont persuadés que la femme est une furie pour ses comparses et la sœur l'ennemie de sa sœur. Par principe – un principe aussi foncier que le patriarcat, fondé sur la vision œdipienne de la petite amoureuse du pouvoir paternel prête à tout pour le voler à ses sœurs. Concevoir la femme mineure ou fragile, dépendante et vulnérable, jalouse de toutes les autres femmes, envieuse de leurs atouts et de leurs capacités de séduction, autrement dit des figures de femmes, correspond en tout point au fantasme des hommes persuadés d'être au centre du désir féminin.

Le pouvoir féminin

Les petites filles grandissent, les plus chanceuses quittent un père qui n'est pas encore parti et s'ouvrent alors aux destins que leur traversée de l'œdipe leur aura permis d'envisager. De l'enfant captive du regard de son père, naît une femme qui s'octroie le droit de regarder la vie et de la construire. Avec d'autres hommes. Avec des femmes aussi. Dans la maternité ou pas. C'est son droit et aussi son pouvoir. Un pouvoir féminin mal compris, mal connu, que l'aventure de la sororité nous a permis de mieux dessiner.

On connaissait la caricature, le pouvoir du sexe qu'on dit faible, le beau sexe, le deuxième, celui de la machiavélique Lilith aux sombres desseins, de la vamp qui ravit aux hommes leur capacité de penser, de la mauvaise femme qui détourne le mari de son épouse, ou de la suffragette aigrie et mal baisée. Comme si le pouvoir féminin, ou sa revendication, lorsqu'il ne s'agit pas de celui de la mère, toujours incontestable, ne pouvait être que maléfique ou ridicule. À moins que ce ne soit le pouvoir de la plainte. Se plaindre de la vie. Se plaindre d'être une femme. Cette plainte, parfois née dans l'enfance, nous fait penser à la haine que les femmes peuvent concevoir pour elles-mêmes. La haine de la féminité. La haine de soi. Une triste intériorisation des vieux discours phalliques qui déclenchent tant de rivalités mimétiques entre sœurs pendant l'enfance et entre femmes ensuite. On en voit les effets dans les relations amicales, professionnelles et sociales, les femmes qui portent en elles des blessures de filles, des douleurs de sœurs, réanimant sans cesse la flamme blessée ou agressive qui les anime. Pour qui veut souffrir, il est toujours possible de rencontrer chez ses collègues, ses amies, ses voisines, la figure autoritaire d'une sœur aînée ou la moue plaintive d'une cadette collante... Rares sont les femmes ayant dépassé la plainte que la relation entre sœurs a pu faire germer dans leur enfance et ayant renoncé aux bénéfices secondaires majeurs du statut de victime que la société leur octroie à défaut de justice.

Un autre regard sur la féminité

Difficile de sortir des figures classiques du pouvoir féminin – la mère, la séductrice ou la victime. En effet, une féminité qui n'accepte pas d'être cantonnée dans la séduction œdipienne, victimisée ou assignée aux triomphes de la maternité, fait peur. On comprend donc que sa face lumineuse et vigoureuse, celle de la solidarité et de l'entraide, perce difficilement la muraille invisible qui sépare les genres. Le pouvoir féminin est perçu comme une transgression, voire une subversion.

Une féminité assumée, généreuse, puissante et solidaire serait-elle impossible ? Non, pour peu que les femmes sortent de la plainte et de la haine, et osent être des sœurs les unes pour les autres. Car la sœur est le prototype de ce qui se partage entre femmes, dans la famille, dans la culture, dans l'histoire, une sorte d'extension de la notion de féminité. Comme si la relation entre sœurs, y compris pour les filles uniques, ouvrait à l'aventure des femmes, de l'amour et du pouvoir. Comme si l'aventure des femmes pouvait constituer, grâce à la relation entre sœurs, une aventure pour l'humanité. À une condition, expresse, celle d'un dépassement des problématiques infantiles. Sinon la relation entre sœurs reste une question individuelle, de plainte et de ressentiment.

Trésor de guerre, trésor de vie, la relation sororale peut permettre à celle qui accepte de ne plus être simplement une fille de devenir une femme. Pour aimer les hommes, pour aider les femmes. Une aventure aujourd'hui, une promesse pour le monde de demain.

Maryse Vaillant

Table

Des mêmes auteurs

Récits de divan, propos de fauteuil. Comment la psychanalyse peut changer la vie, Albin Michel, 2007

De Sophie Carquain

Le Livre jamais lu et autres histoires d'objets, Albin Michel Jeunesse, 2008
Le Père Noël chez les trois petits cochons et autres histoires, Albin Michel Jeunesse, 2008
Les Objets bavards, Le Rocher, 2008
Petites leçons de vie, Albin Michel, 2008
Cent histoires du soir, Marabout, 2005
Petites histoires pour devenir grand, 2. Des contes pour leur apprendre à bien s'occuper d'eux, Albin Michel, 2005
Petites histoires pour devenir grand. À lire le soir pour aborder avec l'enfant ses peurs, ses tracas, ses questions, Albin Michel, 2003

De Maryse Vaillant

Une année singulière avec mon cancer du sein, Albin Michel, 2007
Comment aiment les femmes. Du désir et des hommes, Le Seuil, 2006
Il m'a tuée. Au cœur des secrets de famille, Pocket, 2005
Pardonner à ses parents. Il n'est jamais trop tard pour se libérer des secrets de famille, Pocket, 2004
L'Adolescence au quotidien. De quelques principes utiles à l'usage quotidien, Pocket, 2003
La Réparation. De la délinquance à la découverte de la responsabilité, Gallimard, 1999

sous la direction de Maryse Vaillant

Encyclopédie de la vie de famille. Les psys en parlent, La Martinière, 2004 avec Judith Leroy

Range ta chambre ! Petit traité d'éducation familiale, J'ai lu, 2006
Cuisine et dépendances affectives. Pour mieux comprendre nos rapports à l'alimentation, Flammarion, 2006
Vivre avec elle. Mères et filles racontent, Pocket, 2004

Composition IGS
Impression Bussière, août 2008
Éditions Albin Michel
22, rue Huyghens, 75014 Paris
www.albin-michel.fr
ISBN : 978-2-226-18686-7
N° d'édition : 25706 – N° d'impression : 082374/4
Dépôt légal : septembre 2008
Imprimé en France.